편지들

정암고전총서 플라톤 전집

편지들

플라톤

강철웅 · 김주일 · 이정호 옮김

아카넷

정암고전총서는 윤독의 과정을 거쳐 책을 펴냅니다.
아래의 정암학당 연구원들이 『편지들』 원고를 함께 읽고
번역에 도움을 주셨습니다.
김인곤, 이기백, 정준영, 이현정

'정암고전총서'를 펴내며

그리스·로마 고전은 서양 지성사의 뿌리이며 지혜의 보고이다. 그러나 이를 우리말로 직접 읽고 검토할 수 있는 원전 번역은 여전히 드물다. 이런 탓에 우리는 서양 사람들의 해석을 수동적으로 수용하는 처지를 완전히 극복하지 못하고 있다. 사상의 수입은 있지만 우리 자신의 사유는 결여된 불균형의 문제를 안고 있는 것이다. 이런 상황은 우리의 삶과 현실을 서양의 문화유산과 연관 지어 사색하고자 할 때 특히 심각한 문제를 야기한다. 우리 자신이 부닥친 문제를 자기 사유 없이 남의 사유를 통해 이해하거나 해결하는 것은 거의 불가능하기 때문이다. 우리의 문제에 대한 인문학적 대안들이 때로는 현실을 적확하게 꼬집지 못하는 공허한 메아리로 들리는 것도 그런 이유 때문일 것이다.

한 공동체에서 살아가는 사람들이 자신들의 생각과 말을 나누며 함께 고민하는 문제와 만날 때 인문학은 진정한 울림이 있는 메아리가 될 수 있다. 이것은 우리가 우리의 현실을 함께 고민하는 문제의식을 공유함으로써 가능하겠지만, 그조차도 함께 사유할 수 있는 텍스트가 없다면 요원한 일일 것이다. 사유를 공유할 텍스트가 없을 때는 앎과 말과 함이 분열될 위험에 노출될 수 있기 때문이다. 이런 점에서 진정한 인문학적 탐색은 삶의 현실이라는 텍스트, 그리고 생각을 나눌 수 있는 문헌 텍스트와 만나는 이중의 노력에 의해 가능할 것이다.

현재 한국의 인문학적 상황은 기묘한 이중성을 보이고 있다. 대학 강단의 인문학은 시들어 가고 있는 반면 대중 사회의 인문학은 뜨거운 열풍이 불어 마치 중흥기를 맞이한 듯하다. 그러나 현재의 대중 인문학은 비판적으로 사유하는 인문학이 되지 못하고 자신의 삶을 합리화하는 도구로 전락하는 경향이 없지 않다. 사유 없는 인문학은 대중의 욕망을 충족시키기 위해 소비되는 상품에 지나지 않는다. '정암고전총서' 기획은 이와 같은 한계상황을 극복할 수 있는 기본적인 토대를 마련하고자 하는 절실한 문제의식에서 시작되었다.

정암학당은 철학과 문학을 아우르는 서양 고전 문헌의 연구와 번역을 목표로 2000년 임의 학술 단체로 출범하였다. 그리고 그 첫 열매로 서양 고전 철학의 시원이라 할 『소크라테스 이전 철학자들의 단편 선집』을 2005년도에 펴냈다. 2008년에는 비영리 공익법인의 자격을 갖는 공적인 학술 단체의 면모를 갖추고 플라톤 원전 번역을 완결할 목표 아래 지금까지 20여 종에 이르는 플라톤 번역서를 내놓고 있다. 이제 '플라톤 전집' 완간을 눈앞에 두고 있는 시점에 정암학당은 지금까지의 시행착오를 밑거름 삼아 그리스 · 로마의 문사철 고전 문헌을 우리말로 옮기는 고전 번역 운동을 본격적으로 펼치려 한다.

정암학당의 번역 작업은 철저한 연구에 기반한 번역이 되도록 하기 위해 처음부터 공동 독회와 토론을 통해 이루어진다. 번역 초고를 여러 번에 걸쳐 교열 · 비평하는 공동 독회 세미나를 수행하여 이를 기초로 옮긴이가 최종 수정하는 방식으로 진행된다. 이같이 공동 독회를 통해 번역서를 출간하는 방식은 서양에서도 유래를 찾기 어려운 번역 시스템이다. 공동 독회를 통한 번역은 매우 더디고 고통스러운 작업이지만, 우리는 이 같은 체계적인 비평의 과정을 거칠 때 믿고 읽을 수 있는 텍스트가 탄생할 수 있다고 확신한다. 이런 번역 시스템 때문에 모든 '정암고전총서'에는 공동 윤독자를 병기하기로 한다. 그러나 윤독자들의 비판을 수용할지 여부는 결국 옮긴이가 결정한다는 점에서 번역의 최종 책임은 어디까지나 옮긴이에게 있다. 따라서 공동 윤독에 의한 비판의 과정을 거치되 옮긴이들의 창조적 연구 역량이 자유롭게 발휘될 수 있도록 노력하였다.

정암학당은 앞으로 세부 전공 연구자들이 각각의 연구팀을 이루어 연구와 번역을 병행함으로써 아리스토텔레스 철학 원전, 키케로 전집, 헬레니즘 선집 등의 번역본을 출간할 계획이다. 그리고 이렇게 출간될 번역본에 대한 대중 강연을 마련하여 시민들과 함께 호흡할 수 있는 장을 열어 나갈 것이다. 공익법인인 정암학당은 전적으로 회원들의 후원으로 유지된다는 점에서 '정암고전총서'는 연구자들의 의지뿐만 아니라 시민들의 소중한 뜻이 모여 세상 밖에 나올 수 있는 셈이다. 이런 점에서 '정암고전총서'가 일종의 고전 번역 운동으로 자리매김되길 기대한다.

'정암고전총서'를 시작하는 이 시점에 두려운 마음이 없지 않으나, 이런 노력이 서양 고전 연구의 디딤돌이 될 것이라는 희망, 그리고 새로운 독자들과 만나 새로운 사유의 향연이 펼쳐질 수 있으리라는 기대감 또한 적지 않다. 어려운 출판 여건에도 '정암고전총서' 출간의 큰 결단을 내린 아카넷 김정호 대표에게 경의와 감사의 뜻을 전한다. 끝으로 정암학당의 기틀을 마련했을 뿐만 아니라 앎과 실천이 일치된 삶의 본을 보여 주신 이정호 선생님께 존경의 마음을 표한다. 그 큰 뜻이 이어질 수 있도록 앞으로도 치열한 연구와 좋은 번역을 내놓는 노력을 다할 것이다.

2018년 11월
정암학당 연구자 일동

'정암학당 플라톤 전집'을 새롭게 펴내며

플라톤의 사상과 철학은 서양 사상의 뿌리이자 서양 문화가 이루어 온 지적 성취들의 모태가 되었다는 점에서 큰 의미를 지니고 있다. 특히 그의 작품들 대부분은 풍성하고도 심오한 철학적 문제의식을 담고 있을 뿐만 아니라 생동감 넘치는 대화 형식으로 쓰여 있어서, 오늘날까지 많은 사람이 최고의 철학 고전이자 문학사에 길이 남을 걸작으로 손꼽고 있다. 화이트헤드는 '유럽철학의 전통은 플라톤에 대한 일련의 각주'라고까지 하지 않았던가.

정암학당은 플라톤의 작품 전체를 우리말로 공유할 수 있도록 하자는 취지에서 뜻있는 학자들이 모여 2000년에 문을 열었다. 그 이래로 플라톤의 작품들을 함께 읽고 번역하는 데 매달려 왔다. 정암학당의 연구자들은 애초부터 공동 탐구의 작업 방식을 취해 왔으며, 이에 따라 공동 독회와 토론을 통해 텍스트를 이해하는 노력을 기울여 왔고, 초고를 여러 번에 걸쳐 교열·비평하는 수고 또한 마다하지 않았다. 2007년에 『뤼시스』를 비롯한 3종의 번역서를 낸 이후 지금까지 출간된 정암학당 플라톤 번역서들은 모두 이 같은 작업 방식으로 이루어진 성과물들이다.

정암학당의 이러한 작업 방식 때문에 번역 텍스트를 출간하는 데 출판사 쪽의 애로가 없지 않았다. 그동안 출판을 맡아 준 이제이북스는 어려운 여건에서도 플라톤 전집 출간의 의미를 이해하고 전집 출간 사업에 동참하여 많은 노력을 기울여주었다. 그 결과 2007년부터 2018년까지 20여 종의 플라톤 전집 번역서가 출간되었다. 그러나 최근 이제이북스의 여러 사정으로 인해 전집 출간을 마무리하기가 어려워졌다. 정암학당은 플라톤 전집 출간을 이제이북스와 완결하지 못하게 된 것에 대해 아쉬움을 표하는 동시에 그동안의 노고에 고마움을 전한다.

정암학당은 이 기회에 플라톤 전집의 번역과 출간 체계를 전반적으로 정비하기로 했고, 이런 취지에서 '정암학당 플라톤 전집'을 '정암고전총서'에 포함시켜 아카넷 출판사를 통해 출간할 것이다. 아카넷은 정암학당이라는 학술 공간의 의미를 이해하고 '정암학당 플라톤 전집' 출간의 가치를 공감해주었다. 여러 가지 측면에서 많은 어려움이 있었음에도 어려운 결단을 내린 아카넷 출판사에 감사를 표한다.

　정암학당은 기존에 출간한 20여 종의 번역 텍스트를 '정암고
전총서'에 편입시켜 앞으로 2년 동안 순차적으로 이전 출간할 예
정이다. 그러나 이런 작업이 짧은 시간에 추진되었기 때문에 번
역자들에게 전면적인 수정을 할 시간적 여유가 주어지지는 않았
다. 따라서 아카넷 출판사로 이전 출간하는 플라톤 전집은 일부
의 내용을 보완하고 오식을 수정하는 선에서 새로운 판형과 조
판으로 출간한다. 이 점에 대해서는 독자들께 양해를 구한다. 정
암학당은 출판사를 옮겨 출간하는 작업을 진행하는 동시에, 플
라톤 전집 중 남아 있는 텍스트들에 대한 번역본 출간 시기도 앞
당길 수 있도록 노력할 것이다. 그리하여 오랜 공동 연구의 결실
인 '정암학당 플라톤 전집' 전체를 독자들이 조만간 음미할 수 있
도록 최선을 다할 것이다.

　끝으로 정암학당의 기반을 마련해 주신 고 정암(鼎巖) 이종건
(李鍾健) 선생을 추모하며, 새 출판사에서 플라톤 전집을 완간하
는 일에 박차를 가할 것을 다짐한다.

2019년 6월
정암학당 연구자 일동

차례

부록

작품 내용 요약

　사실 어떤 종류의 '작품 안내'든 정도 차이는 있겠지만 감수자의 음미를 미리 헤살('스포일')할 소지가 있는 것이고, 이제부터 풀어 놓게 될 '요약'은 더더욱 그렇다. 당연한 이야기지만, 지금 제시하는 요약이나 안내는 그것을 행하는 사람의 관심이나 해석이 개입된, 여러 읽는 방식 가운데 하나일 뿐이다. 작품이 가진 면모를 남김없이 포괄하는 것도 물론 아니다. 특히 위작 여부나 집필 추정 연대는 논란의 여지가 많다. 이런 방식의 안내를 덧붙이는 목적은 『편지들』 전체를 조감하면서 읽기의 방향을 가늠해 보는 데 도움을 주기 위한 편의상의 것 이상도 이하도 아니다. 작품의 구석구석을 탐색하고 음미하는 것은 독자들 각자의 몫이다. 더 이상의 김 빼기가 필요 없다고 생각하는 이는 곧바로 본문으로 들어가도 좋을 것이다.

　1.『첫째 편지』

　수신인 디오뉘시오스 2세와의 결별이 시사되고 있다는 점에서, 플라톤의 것이라면 세 번째 시칠리아 여행에서 돌아온 직후인 360년경에 썼을 법한 편지이다. 저자는 시라쿠사의 통치와 안보를 위해 중요한 봉사를 했는데도 불구하고 디오뉘시오스 2세와 주변 사람들에게서 온갖 비방과 푸대접을 받다가 결국 불명예스럽게 내쳐진 데 대해 불만을 토로한다. '거지보다도 못한 대접'의 일환으로 받은 금품을 돌려보내면서, 결국 수신인 디오뉘시오스에게 친구 없는 쓸쓸한 종말이 닥치리라는 것을 비극 시인들의 시구들을 인용하며 예언하고 있다.

　시라쿠사 체제 당시 '전권을 가진 직위'를 누렸다는 언급 등이 의심스럽기에 통상 위작으로 간주되고 있으며, 이 편지에 대한 관심은 주로 에우리피데스의 제목 미상의 시 등 인용된 시들에 쏠려 있다.

2. 『둘째 편지』

올림피아 제전(364년 혹은 360년)을 언급하고 있는 것으로 보아, 플라톤
의 작품이라면 363년이나 358년경 디오뉘시오스 2세와 서로 화해의 길을 모
색하기 위해 교환한 편지 가운데 답신일 것이다. 편지는 저자의 친구들이 자
신에게 적대적인 말이나 행동을 하고 있으니 이를 제지해 달라는 디오뉘시
오스 2세의 요청에 대한 답변으로 시작한다. 저자는 자신이 그런 친구들의
언행에 대해 책임질 일을 하지도 않았거니와 그런 언행에 대한 전언이 거짓
임을 완곡하게 밝힌다. 그리고 분별 있는 자와 권력을 가진 자의 결합이라는
점에서 초미의 관심사가 된 두 사람 사이의 교유(synousia)가 어떤 모습이어
야 하는지, 특히 권력자가 철학자를 어떻게 대해야 하는지에 대해 조언한다.
이런 조언들에 이어 저자는 디오뉘시오스가 어려움을 느끼고 있는 '첫째 것'
의 본성이라는 철학적 문제를 언급한다. 존재자들의 세 위계에 대한 파악은
아주 오랜 탐색과 대화를 통해 탐색해야 할 신비로운 문제이며, 섣불리 속인
의 손에 들어가 잘못 다루게 해서는 안 된다고 경계한다. 그러기 위해서는
함부로 생각을 글로 써서 남기지 말 것을 당부하면서, 저자 자신도 이런 문
제에 관한 저작을 한 일이 없고 앞으로도 하지 않으리라 다짐한다.

저자가 디오뉘시오스에게 요구하는 존경이 현대 독자가 기대하는 고고한
철학자 상에 어울리지 않는다는 점, 후반부에 나오는 신비주의적 설명이 『일
곱째 편지』 외에 다른 저술에 나오지 않는다는 점, 집필 연대를 배정하기 어
렵다는 점 등이 위작 시비의 근거였다. 그러나 이런 상당히 심오해 보이는
철학적인 저술을 할 수 있는 사람이 플라톤 이외에 과연 있을 것이며, 그런
사람이 있었다면 단지 플라톤의 편지를 모방하는 수준의 저술만을 남겼겠는
가 하는 의문이 진작 주장의 근거가 된다.

3. 『셋째 편지』

수신인 디오뉘시오스 2세에 대한 비난과 디온에 대한 옹호를 노골적으로 드러내고 있다는 점에서, 플라톤의 작품이라면 시라쿠사를 탈환하려는 디온파의 군사 행동이 성공(357년)한 직후인 356년 전후에 썼을 법한 편지이다. 편지의 서두는 저자가 편지 서두 인사말과 관련한 자신의 소신을 밝히면서, 생각 없이 관행을 따르는 수신인 디오뉘시오스의 행동에 일침을 놓는 것으로 시작한다. 그러고 나서 시라쿠사에 관련된 저자의 행적을 두고 퍼지고 있는 비난을 언급하면서 그에 대한 해명을 제시한다. 『소크라테스의 변명』에서처럼 예전의 비난과 더 극렬해진 최근의 비난으로 나누어 각각에 대해 해명을 제시하고 있다. 최근의 비난이란 시칠리아의 그리스 도시들을 재건하고 참주제를 입헌적 군주제로 전환하려는 디오뉘시오스의 한결같은 계획을 저자와 디온이 가로막았다는 디오뉘시오스 측의 비난이고, 이 비난으로 인해 떠올리게 된 해묵은 비난이란 디오뉘시오스의 조언자였던 저자가 그의 억압적 통치에 책임이 있다는 시라쿠사 체류 당시 필리스토스 측이 가했던 비난이다. 해명은 옛 비난을 먼저 다루고 최근의 비난을 다루는 순서로 진행된다. 전자는 저자와 참주 간의 관계에 대한 자전적 회고를 축으로 삼고 있으며, 후자는 참주와의 최근 대화에 대한 폭로를 통해 이루어진다. 마치 『변명』에서 소크라테스가 그랬듯이, 이 기회에 저자는 시라쿠사 정치에 연루된 자기 삶의 주요 족적을 되짚으면서 자신의 의도와 목표가 무엇이었는지 밝히고 있다.

이 편지가 두드러지게 보여 주는 『변명』과의 유사성이 위작 시비의 한 빌미가 되기도 한다. 게다가 편지 곳곳에 묻어 있는 분노와 결기가 처음 읽는 독자에게는 낯설게 받아들여질 수 있다. 형식상 참주에게 보내는 개인 편지로 되어 있다는 것도 위작 혐의를 부추긴다. 그렇지만 대중들의 오해 때문에 스승을 잃은 철학자가, 비슷한 방식으로 자신의 본의가 왜곡되는 데 대해 의분을 드러내는 일종의 공개 편지로 보게 되면, 이런 사정들을 이해할 여지가 생긴다. 특히 두 사람 사이의 대화 내용을 상세히, 그것도 증인 두 사람의 이름까지 거명하면서 폭로하는 것을 보면, 이 편지는 명목상 수신인 외에 폭넓은 독자들에게 읽힐 것을 염두에 두고 쓴 것이라는 인상을 받게 된다.

4. 『넷째 편지』

디온파의 군사적 성공에 대한 언급과 정국 운영에 신중을 기해야 한다는 권고를 포함하고 있다는 점에서, 플라톤의 작품이라면 시라쿠사 탈환 직후인 『셋째 편지』 집필 시기(356년)와 비슷하거나 약간 후에 썼을 법한 편지이다. 디온이 수신인으로 되어 있지만, 디온 개인에게만이 아니라 디온의 추종자들 모두에게 주는 조언의 편지로 이해할 수 있다. 디온파가 거둔 군사적 성공에 대해 저자는 일단 일정한 공감과 성원을 표명한다. 그러나 그건 '아름다운 것들에 대한 열망' 때문임을 분명히 한다. 그러면서 그는 군사적 승리보다 훨씬 더 중요한 싸움이 아직 남아 있다는 것을 강조하고 있다. 그 싸움은 물리적, 외면적, 육체적인 것이 아니라 영혼의 덕(훌륭함)을 성취, 공유하기 위한 싸움이다. 온 세상의 이목이 디온에게 집중되어 있는 터에 디온과 주변 사람들이 군사적 성취와 야망에 도취되어 민심을 잃고 고립을 자초할 수도 있으므로, 화합과 정의, 진실이 힘을 가진 공동체를 구현해 낼 수 있는 따뜻한 돌봄의 정신을 지녀야 함을 조심스럽게 권고하고 있다.

5. 『다섯째 편지』

지중해의 신흥 강국으로 부상하고 있는 마케도니아의 젊은 왕 페르디카스 3세에게 그가 요청한 대로 조언자를 보내면서 조언과 당부를 덧붙이는 편지이다. 플라톤의 것이라면 두 번째 시칠리아 여행에서 돌아온 직후에 쓴 『열셋째 편지』보다 뒤인 364년경에 썼을 것이다. 편지에서 저자는 정치 체제들에 특유의 주장과 목소리가 있어서 그걸 알아보는 일이 중요한데, 이 일을 잘 할 수 있는 에우프라이오스의 도움을 받아 일인정에 대한 식견을 키우라고 조언한다. 그렇게 말하는 저자 자신이 민주정에 대한 식견을 펼쳐 보일 기회가 있었음에도 불구하고 그러지 못했던 건 그런 식견과 조언의 능력이 없기 때문 아니냐는 반문이 나올 것을 예상하고, 저자는 덧붙인다. 이미 민주정이 치유 불가능한 상태여서 조언을 삼간 것뿐이라고. 이로써 저자는 자신과 자신이 추천하는 에우프라이오스가 조언자로서 자격을 갖추고 있다는 것과 더불어, 젊은 왕은, 혹은 그가 추구하는 일인정은 치유 불가능하지 않다는 것, 즉 조언 받을 자격을 상실하지 않았다는 것을 드러내고 있는 셈이다.

예상되는 반문에 대한 옹호가 불필요하게 길고 생뚱맞은데다가 비굴해 보이기까지 하다는 점도 위작 시비의 빌미 가운데 하나이며, 많은 사람이 위작으로 간주해 왔다. 물론 위작의 심증이 완전히 극복된 것은 아니지만 결정적으로 위작 주장이 입증되었다고 보기 어렵다.

6. 『여섯째 편지』

플라톤의 것으로 전해지는 『편지들』 중에 가장 마지막에 쓴 것으로 추정되는 편지이며, 대다수 편지들과 달리 소아시아로 보내진 편지이다. 생애 말년(350년경)에 접어든 저자가 이전에 잠시 제자이기도 했던 아타르네우스의 참주 헤르메이아스와 그 이웃 마을 스켑시스에 사는 제자 에라스토스, 코리스코스 형제에게 상호 존중과 결속을 당부하는 편지이다. 헤르메이아스에게는 현실적/경험적 기술과 물리적 힘이, 그리고 두 형제에게는 이론적/형이상학적 지혜와 도덕적 품성이 있으므로, 양자는 서로 결속하여 자신에게 부족한 것을 상대방으로부터 채울 수 있다고 저자는 조언한다. 그러면서 이 편지를 상호 결속의 수단인 협약 내지 법으로 삼아 가능한 한 자주 모여 함께 읽으라는 권고를 덧붙인다. 철학자와 통치자가 우정과 정의로 긴밀히 결합하여 상호 보완하는 것, 그것을 저자는 이전에 기대해 마지않던 철인 통치자 모델의 보다 현실적인 대안으로 보았던 것일까?

7. 『일곱째 편지』

이 편지는 플라톤이 디온이 살해된 직후인 353년경 디온의 추종자들에게 보내는 내용으로 이루어져 있다. 디오뉘시오스 2세에게 추방당한 디온은 시라쿠사로 돌아와 시라쿠사를 점령하고 디오뉘시오스 2세와 전쟁을 벌이던 중, 자신의 동료에 의해 살해당했다. 그의 추종자들은 디오뉘시오스 2세 및 과격한 민주파 및 디온을 살해하고 정권을 잡은 칼리포스 일파와 싸움을 계속해 나가는 한편, 저자에게 바람직한 정치 체제에 대한 조언을 구한 듯하다. 저자는 이에 대한 답변으로 올바른 법에 입각한 나라를 세울 것을 당부하면서 『법률』에서 한 것과 같은 취지의 조언을 건넨다.

그러나 정작 이 편지 내용의 대부분을 차지하며 이 편지를 주목하게 하는 부분은 플라톤의 직접적인 정치적 조언이 아니라 그가 조언을 하면서 곁들여 하는 자신의 삶과 철학에 관한 이야기이다. 플라톤은 이 편지에서 자신이 왜 정치에 대한 꿈을 접고 철학이 인류를 구원하는 유일한 길이라 생각하게 되었는지를, 자신의 젊은 시절 아테네의 정치적 변화에 대한 설명을 덧붙여 상세히 개진하고 있다. 또한 디오뉘시오스 2세에게 철학을 배울 자질이 있는지를 시험했던 과정에 대해 이야기하는 중에는 다른 대화편에서는 찾아보기 힘든 자신의 철학에 대한 깊은 속내를 펼쳐 보인다. 플라톤이 이 편지에서 자신과 디오뉘시오스 2세의 관계에 대해서 펼치는 지나치게 솔직해 보이는 해명 때문에 이 편지는 한동안 위작으로 의심받았다. 그러나 이 편지의 후반부에서 펼쳐지는 바로 이 심오한 철학적 내용 때문에 이 편지는 오늘날 대부분의 학자들에 의해 진작으로 인정받고 있으며, 다른 편지들의 진·위를 가리는 기준으로 사용되기도 한다. 이 편지를 진작으로 볼 경우 작성 시기는 대략 기원전 354년경으로 보인다. 일단 디온을 살해한 칼리포스가 실각한 해가 353년인데, 편지에는 이 이야기가 없으며 디온은 354년에 살해된 것으로 추정하기 때문이다.

8. 『여덟째 편지』

디온 사후 플라톤이 디온파에게 보낸 『일곱째 편지』후 그리 멀지 않은 때인 352년경에 추가로 쓴 편지이다. 서두에서 저자는 편지 앞머리에 쓴 "잘 지내라"는 말이 그저 의례적인 인사말에 그치지 않고 수신인들이 진짜로 잘 지내게 되려면 무슨 생각을 가져야 할지를 조언하겠다고 말한다. 그러면서 그 조언이 모두에게, 그러니까 단지 수신인인 디온파에게만이 아니라 그들의 적들에게까지도 유익한 조언이 되리라는 기대를 표명한다. 그렇지만 친구에겐 최대의 선을, 적에겐 최대의 악을 가져오도록 노력하라는 통속적 이해를 벗어나 모두에게 유익한 것 혹은 최소의 악을 초래할 것을 찾고 실천하려는 시도는 실현 가능성이 매우 낮다는 것을 인정한다. 그러나 이를테면 절망 가운데 '기도'하는 심정으로 그 시도의 방향을 다음과 같이 피력한다.

카르타고와의 전쟁으로 풍전등화와도 같던 시칠리아를 구해 냈던 두 가문(전쟁을 주도한 디오뉘시오스 가문과 그 보조 역할을 한 히파리노스 가문)의 공로를 인정하는 바탕 위에서, 그리고 참주파와 민주파 모두 상대방을 결정적으로 제압하고 있지 못한 현실을 받아들인 상태에서 타협이 모색되어야 한다. 이런 상황에서 서로를 제거하려는 내부의 무한 투쟁은 양 세력의 공동 파멸과 외세의 지배를 초래할 수 있다. 따라서 참주파는 법이 지배하는 왕정 체제로 이행하려는 노력을 해야 하고, 민주파는 과도한 자유 추구로 인해 무정부 상태가 초래되는 것을 경계해야 한다.

저자는 이런 조언이 사실상 디온이 살아 있을 때 추구했던 것이기도 하다는 것을 강조하면서 디온의 입을 빌려 다음과 같은 조언을 덧붙인다. 영혼이 육체보다, 그리고 육체가 돈보다 더 우선시되도록 하는 법을 받아들인 상태에서, 그리고 두 세력 모두 완벽한 권력 장악에 실패한 상태임을 감안하면 중도를 택해야 한다. 그러니까 법의 절대적 지배 아래 책임 있는 왕권과 시민들의 자유가 공존하도록 해야 한다는 것이다. 왕으로는 세 사람을, 그러니까 양 세력의 대변자라 할 디온의 아들(히파리노스 3세?)과 디오뉘시오스 2세, 그리고 그 둘 사이에 있으면서 참주정의 해체에 기여한, 디오뉘시오스 1세의 아들(히파리노스 2세)을 세우고, 그들이 인정하는 원로들에게 법과 정치 체제를 기획하게 하되, 왕들은 종교적, 의전적인 일에만 관여하고 나머지 일들은 민회, 평의회, 35명의 법 수호자 모임, 법정 등에서 관할하게 해야 한다. 이 계획이 최선책이기도 하거니와 왕이 될 두 사람(즉 디온의 아들과 히파리노스 2세)이 합의하고 있는 것이기도 하므로, 전(全) 시라쿠사인들의 동의를 얻어 실행에 옮길 수 있다. 그러니까 수신인들은 적과 친구 가릴 것 없이 모두를 줄기차게 설득하고 권유하여 이 계획들이 완벽하게 실행되도록 애써야 한다.

이 편지는 최선을 고집하기보다 최악을 피하는 조화와 타협의 현실 감각을 유감없이 보여 주고 있다. 또한 이 시기에 플라톤이 구상, 집필하고 있었을 『법률』의 정치적 이상이나 청사진과도 상당히 일치하는 현실적 복안들을 제시하고 있다. 그렇긴 하지만 그가 이 편지를 통해 분파적 이전투구로 가득 찬 시칠리아 현실 정치의 장에 직접 영향력을 행사하려 시도하고 있다기보다는 그런 현실 정치 사안들을 헤쳐 나갈 수 있는 철학적 혜안들을 가다듬고 이를 지인들 및 일반 대중들과 더불어 점검하고 교류하는 기회로 삼고 있다고 할 수 있다. 디온의 아들이 누구인지, 집필 시점이 언제인지 등의 문제에 있어서 일견 역사적 전승들과 어긋나 보인다는 것이 한때 위작 주장을 낳기도 했지만, 이제는 어엿한 플라톤의 작품으로 손색이 없음을 널리 인정받고 있다.

9. 『아홉째 편지』

피타고라스학파의 일원인 아르퀴타스가 공적인 일 때문에 자기 정진을 위한 여가를 얻지 못해 괴로워한다는 소식을 듣고 그것에 대한 의견을 표명하는 편지이다. 저자에 따르면, 자기 일을 한다는 것이 가장 즐거운 일이긴 하지만, 우리가 자신만의 힘으로 혹은 자신만을 위해서 태어나 존재하고 있는 것이 아니라 우리 조국, 부모, 친구들, 그리고 시대가 우리 존재의 몫을 공유하고 있다. 그러므로 공적인 일을 하라는 조국의 부름에 응하지 않는 것은 도리가 아니며 공적인 일을 불순한 동기를 가진 사람들에게 넘겨주는 일이다. 통상 열두째 편지와 동일한 저자가 쓴 위작으로 간주되고 있다. 가능성은 낮지만 플라톤의 것이라고 할 때의 집필 추정 연대는 첫 번째 시칠리아 여행(387년)과 두 번째 시칠리아 여행(367년) 사이 어느 시점이다.

10. 『열째 편지』

디온의 인기와 위세가 상당히 쇠락한 시점, 즉 디온의 죽음 전이나 직후인 356~354년경에 우리에게 잘 알려져 있지 않은, 디온의 추종자 아리스토도로스에게 보낸 편지이다. 저자는 그가 꿋꿋하게 신의를 지키면서 건전함을 유지하고 있는 것에 대해 그게 진짜 '철학'(지혜 사랑)이라고 격려하고 있다. "철학은 머리로만 하는 게 아니다. 진짜 철학은 가슴으로 하는 것이다!"

11. 『열한째 편지』

누구를 이끌고 여행하기 어렵다고 말하고 있고 뱃길 여행의 위험을 이야기하는 것으로 보아, 플라톤의 것이라면 360년경에 썼을 법한 편지이다. 새로운 식민지를 위한 법률들을 기초하는 데 도움을 달라는 식민지 개척자 라오다마스(아마도 플라톤의 제자였던 타소스 출신의 수학자)의 요청에 답하는 편지이다. 이런 일들을 위해서는 라오다마스가 직접 아테네로 와야 한다고 저자는 이전 답장에서 권고했었다. 그 권고를 실행할 수 없다고 하니 그가 요청하는 대로 저자 자신이 그에게로 가거나 젊은 소크라테스를 보내는게 차선이겠지만 그럴 수 없다고 밝힌다. 소크라테스는 몸이 아프고, 저자 자신은 실현 가능성이 안 보이는 일을 하겠다고 누구를 이끌고 위험한 바닷길을 갈 수는 없다는 것이다. 법이나 제도를 통한 개혁의 시도가 넘을 수 없는 현실의 벽에 부딪치면서 겪은 심신의 피로 때문일 것이다. 초청 제안을 거절하는 마지막 편지를 쓰면서 저자는 다음과 같은 조언을 제공한다. 국가의 정치 체제가 바로 서려면 단순히 법 제정에 그칠 것이 아니라, 구성원 모두의 일상적 삶을 도덕적으로 지도하면서 법의 정신을 현실에 구현할 '권위' 즉 주권적 행위체가 있어야 한다는 것이다. 그런 권위를 행사할 만한 사람이 이미 확보되지 않았다면, 일단 그 상태에서 시작하면서 그런 사람이 나타나 국가가 잘 통치되는 날이 오길 신에게 기도하는 일만 남아 있다고 저자는 덧붙인다. 이 조언은 플라톤이 『국가』 7권 말미에서 '그야말로 기도일 뿐인 게 아니라 어렵기는 하나 어떤 식으로 가능하긴 한' 목표를 언급하면서 그걸 가능하게 하는 방식으로 제시한 '철인 통치'나, 『법률』 12권에서 진정한 법치를 구현하기 위해 차선책의 일환으로 제시한 '야간 위원회'를 떠올리게 한다.

12. 『열두째 편지』

수신인인 아르퀴타스에게 그가 보낸 훌륭한 원고들을 잘 받았고, 이번에는 그가 관심을 표명한 자신의 미완성 원고들을 보낸다고 이야기하는 편지이다. 통상 『아홉째 편지』와 함께 위작으로 간주되고 있다. 가능성은 낮지만 플라톤의 것이라고 할 때의 집필 추정 연대는 『아홉째 편지』처럼 첫 번째 시칠리아 여행(387년)과 두 번째 시칠리아 여행(367년) 사이 어느 시점이다. 누군가가 어떤 가짜 피타고라스주의적 원고들을 옹호하기 위해 이 편지를 썼고, 같은 저자가 다시 이 편지에 무게를 더하기 위해 『아홉째 편지』까지 썼을 가능성이 높다.

13. 『열셋째 편지』

저자가 두 번째 시칠리아 여행을 통해 수신인인 젊은 디오뉘시오스 2세와 만나고 돌아온 지 얼마 안 되었을 때, 그러니까 아직은 서로를 탐색하며 우호적인 관계의 기조를 유지하고 있던 시절(366년경)에 쓴 편지인 것으로 보인다. 위작이 분명해 보이는 것들을 제외하면 현존 플라톤의 『편지들』 가운데 가장 이른 시기의 작품인 셈이다. 저자는 우선 디오뉘시오스와 호혜적인 관계를 지속하기를 바라는 마음을 서로 재확인하고자 한다. 그래서 몇몇 철학 저작들과 더불어, 배움의 폭이 넓어 쓸 만한 사람인 헬리콘을 보내니 그에게 배우면서 철학적 탐구에 매진하라고 권고한다. 그러고 나서 디오뉘시오스가 부탁한 물건들과 다른 여러 선물들을 구입하여 보낸 경과를 이야기하면서 그 일들에 지출한 돈을 렙티네스에게서 돌려받았다는 것을 알리고, 저자 자신의 생활 주변이나 시라쿠사 방문을 위해 들어가는 돈들에 대해 이야기하면서 자신의 능력을 넘어선 지출 부분은 디오뉘시오스에게 청구할 것임을 당당하게 밝힌다. 그러면서 디오뉘시오스의 이해관계를 대변하는 아테네의 현지 친구들이 그동안 디오뉘시오스 대신 미리 지불한 돈을 변제받는 데 애를 먹었기 때문에, 그들 가운데 저자가 디오뉘시오스에게 청구할 돈을 대신 지불해 주는 데 다들 난색을 표하는 상황이라는 것을 솔직하게 알리면서, 지출되어야 할 돈에 관한 일들을 정확히 보고받고 신속히 지불해야 신용을 잃지 않는다고 충고한다. 그 와중에도 흔쾌히 돈을 지불해 준 렙티네스가 디오뉘시오스에 대한 우정을 잘 드러내 주었다는 것을 알려 주면서, 디온도, 디오뉘시오스가 꾸미고 있는 (아마도 디온의 아내에 관한) 비우호적 계획이 표면화되지 않는 한은, 기본적으로 디오뉘시오스에게 상당히 우호적인 태도를 갖고 있음을 알린다. 다음으로는 공동으로 선물해야 할 사람들과 선물 내역에 대해 제안하고 나서, 자신이 디오뉘시오스에게 보내는 편지들 가운데 진지하게 쓴 것과 요청에 못 이겨 억지로 써 준 것을 구별할 수 있는 징표에 대해 재확인한다.

저자는 디오뉘시오스를, 자신에게 호의를 가지고 있고 배움을 통해 진척을 보일 만한 자질을 갖고 있지만 아직은 못 미덥고 세세한 데까지 조언과 가르침이 필요한 젊은이로 대하고 있다. 또한 자신이 행하는 여러 일들이 디오뉘시오스의 이해관계를 대변하는 것으로 간주하고 있다. 문화적 · 정신적 자산을 가꾸는 일이 정치적 · 경제적 자원을 확보하고 관리하는 사람들에 의해 당연히 존중되고 지원을 받아야 한다는 생각이 바탕에 깔려 있다고 할 수 있다. 이 편지의 자잘하고 미세한 일상사 언급과 조언은 이런 배경 하에서 이해될 수 있을 것이다.

일러두기

- 둥근 괄호 ( )는 다음의 경우에 사용한다.

  첫째, 우리말 번역어에 해당하는 한자어를 병기하거나 원어를 밝히기 위해 사용한다. 이때 그리스어 단어는 읽는이의 편의를 위해 로마자로 표기한다.

  둘째, 문장의 구조가 복잡하거나 중간에 무언가가 삽입될 때 문장의 큰 흐름을 유지하기 위한 방편으로, 그러니까 맞줄표 대신으로 사용한다. 그리스어 관계문을 옮길 때도 필요하면 사용할 수 있다.

  셋째, 비슷한 정신에서, 어떤 말을 넣어서 읽거나 빼서 읽거나 둘 다가 가능한 경우에도 사용할 수 있다.

  넷째, 대표 번역어의 의미를 좀 더 분명히 드러내기 위해 사용할 수 있다.(예: 사랑(친애), 사랑(연애) 등.)

- 사각 괄호 [ ]는 다음의 경우에 사용한다.

  첫째, 문맥 이해에 도움을 줄 목적으로 옮긴이가 원문에 없는 내용을 삽입 혹은 보충하기 위해 사용한다.

  둘째, 주석 등에서 괄호가 중복될 때 대괄호의 용도로 사용할 수 있다.

- 지시어의 지시 대상을 번역문으로 풀어 주지 않았지만 읽는이를 위해 분명히 밝혀 줄 필요가 있는 경우에는 사각 괄호를 사용하지 않고 주석에서 다룬다. 다른 번역의 가능성은 아주 긴요한 경우만 주석에서 설명하고, 나머지는 「찾아보기」에서 해당 단어의 대표 번역어 옆에 병기한다.

- 번역의 기준 판본은 옥스퍼드 고전 텍스트(OCT) 시리즈의 해당 부분으로 삼고, 쪽수 표기도 그곳에 언급되어 있는 이른바 '스테파누스 쪽수'를 그대로 따른다.(예: '203a' 등.) 거기서 언급되는 주요 사본 B, T, W는 각각 다음 사본을 지칭한다. (b, t, w는 주지하다시피 각 사본에 나중 필사자가 가필한 부분을 가리킨다.)

  B = cod. Bodleianus, MS. E. D. Clarke 39 (895년 사본)

  T = cod. Venetus Append. Class. 4, cod. 1 (10세기 중반 사본)

  W = cod. Vindobonensis 54, suppl. phil. Gr. 7 (11세기 사본)

- 사본 자체가 문제되는 경우 (예컨대 사본들이 서로 다른 독해를 담고 있는 경우, 특히 위 기

준 판본의 선택을 따르지 않을 경우) 내용상 중요한 것들을 골라 주석에서 설명한다. 삼각 괄호 〈 〉는 사본에 없지만 보충되어야 한다고 텍스트 편집자가 판단한 내용을 표시하기 위해 사용한다.

- 고유 명사 등 그리스어 단어를 우리말로 표기할 때는 고전 시대의 발음에 가깝게 표기한다. 특히 후대 그리스어의 요타시즘은 따르지 않는다. 다만 우리말 안에 들어와 이미 굳어진 것들은 관행을 존중하여 표기한다.(예: 뤼시스, 뤼케이온, 귐나시온 등. 예외: 피타고라스(퓌타고라스), 올림피아(올륌피아) 등.)

편지들

편지들

첫째 편지

✝

플라톤이 디오뉘시오스[1]에게, 잘 지내시길.[2]   309a

그토록 오래 당신들과 지내는 동안 내가 각별히 신뢰를 받으며 당신네 정부를 운영하여 당신들이 이익을 얻는 사이, 나는 악의적인 비방을 받았습니다.[3] 하지만 나는 그것을 견뎠습니다. 왜냐하면 나는 당신들이 한 너무나 잔혹한 행위들 중 그 어느 것도 나의 동의하에서 이루어졌으리라고 사람들이 여기지 않으리라는 것을 알았기 때문입니다. 당신들과 함께 나라를 운영하는 사람들 모두가 나의 증인입니다. 나는 그들 중 많은 이를 도와 함   b
께 싸움으로써 그들을 적지 않은 위해로부터 벗어나게 해 주었으니까요.[4] 그러나 전권(全權)을 가진 직위[5]를 맡아 내가 여러 차례 당신들의 나라를 지켰는데도 불구하고 나는 쫓겨났습니다. 그 정도 시간을 당신들과 보냈다면 거지를 배에 태워 내보내더라도 그런 대접을 하지는 않았을 것입니다.

그러니 앞으로 나는 내 삶의 문제를 세상과 좀 더 거리를 두는 방식으로 결정해 나갈 것이고,[6] 당신은 그런 참주[7]로서 홀로 살아가겠지요. 나를 내보낼 때, 당신이 준 번쩍이는 금덩이는 편지를 전하는 바케이오스[8]가 당신에게 가져갑니다. 그것은 여비[9]로서도 충분하지 못했고, 생계에도 도움이 안 되면서도, 주는 당신에게는 엄청난 망신을 안겨 주고, 받는 나에게도 별로 나을 게 없는 망신을 안겨 주는 것이기에 나는 받지 않겠습니다. 이 정도의 것은 주거나 받거나 당신에게는 분명 아무런 티도 나지 않을 테니, 돌려받으면 나에게 했듯이 당신의 친구들 중 누군가를 보살펴 주세요. 나 역시 당신에게서 충분히 보살핌을 받았기에 하는 말입니다. 내 입장에서는 에우리피데스의 말을 해 주는 것도 시의적절하겠군요. 언젠가 당신에게 다른 일들이 닥쳤을 때,

그런 사람[10]이 당신 곁에 있어 주기를 당신은 바라리라[11]

고 말입니다. 다른 대다수의 비극시인들 역시 누군가에 의해 죽임을 당하는 참주를 등장시켰을 때,

비참하구나, 친구들 없이, 나는 죽어가노라[12]   310a

라고 탄식하여 말하게 한다는 점을 당신에게 일깨워 주고 싶습니다. 어느 시인도 참주를 황금이 부족해서 죽는 이로 묘사하지 않았습니다. 그런가 하면 지각이 있는 사람들에게는 저 시도 나쁘지 않은 듯합니다.

사멸자들의 희망 없는 삶에서는 가장 귀한 번쩍이는 황금도,
사람들에게서 인정받는 금강석과 은제 침상들도 보기에 그처럼 찬란하지 않으며,
광활한 대지의, 수확물로 무거운 풍족한 들판들도 그렇지 못하다.
훌륭한 사람들의 한결같은 생각처럼.[13]

건강하시고, 당신이 우리[14]에게서 얼마나 빛나갔는지를 알아   b
두세요. 다른 사람들에게는 더 잘 대할 수 있도록 말입니다.

둘째 편지

✝

플라톤이 디오뉘시오스에게, 잘 지내시길.

아르케데모스[15]로부터 듣기로는, 내가 당신에 대한 말을 삼가야 할 뿐만 아니라, 나의 친구들까지도 당신에 대해서 좋지 못한 행동이나 말을 삼가야 한다는 게 당신의 생각이라고 들었습니다. 그런데 당신은 디온[16]만은 예외로 삼고 있더군요. '디온은 예외'라는 이 말은 내가 나의 친구들에 대해 지배력을 갖고 있지 않다는 것을 의미합니다. 사실 만약 내가 다른 친구들에 대해서뿐만 아니라 당신과 디온에 대해서 그런 정도로 지배력을 가졌더라면, 내가 주장하듯이 우리 모두와 다른 그리스 사람들에게 더 많은 좋은 일들이 있었겠지요. 하지만 현실적으로 나는 내 말에나 자신을 따르게 하는 데 대단할 뿐입니다.[17] 내가 이런 말을 하는 또 다른 이유는 크라티스톨로스와 폴뤽세노스[18]가 당신에게 한 이야기가 건실한 것이 못 된다고 내가 생각하기 때문입니다. 그 사람들 중 하나가 나와 함께 하는 많은 사람이 올림피아에서[19] 당신을 비난하는 것을 들었노라고 말한다는 소리가 들리더군요. 아마 그들이 나보다 더 또렷하게 들었기 때문인 모양입니다. 나는 듣지 못했으니 말입니다. 아무래도 내 생각에 앞으로는 누가 만약 우리 중 누군가에 대하여 그런 말을 한다면, 당신은 이런 식으로 글을 보내 내게 말할 기회를 주어야 합니다. 나는 진실을 말하기를 꺼리지도 부끄러워하지도 않을 것이기 때문입니다.

자, 당신과 나 서로에 관계된 일들의 사정은 이렇습니다. 우리를 모르는 그리스 사람은 하나도 없다고 말할 수 있으며 우리의 교유[20]에 대해서도 조용하지 않습니다. 당신은 후세에도 이 일에 대해 사람들이 조용히 있지 않으리라는 점을 간과해서는 안 됩니다. 우리의 교유가 짧지도 않았고 가만히 이루어지지도 않은 탓에 그에 대해 소문을 들은 사람들이 그 정도로 많습니다.[21] 그러니 지금 내 말이 무슨 뜻이겠습니까? 근본에서부터 시작해서 말하지요. 본래 분별과 큰 권력은 한데 만나는 것이며, 이것들은 언제나 서로를 추구하고 찾고 서로 만납니다. 게다가 사람들은 이것들에 대하여 스스로 즐겨 대화를 나누기도 하고 사적인 교유와 시들을 통해 다른 사람들로부터 듣기도 합니다. 예컨대 사람들이 히에론이나 라케다이몬 사람 파우사니아스에 대하여 대화를 나눌 때면, 그들과 시모니데스의 교유,[22] 즉 그가 그들을 상대로 했던 행동과 말들을 즐겨 인용합니다. 또 그들은 흔히 코린토스 사람인 페리안드로스와 밀레토스 사람인 탈레스를 같이 칭송하기도 하고,[23] 페리클레스와 아낙사고라스를,[24] 또한 현자로는 크로이소스와 솔론을, 그리고 권력자로는 퀴로스를 칭송하곤 합니다.[25] 더 나아가 이런 사례들을 흉내 내서 시인들은 크레온과 테이레시아스를 한데 엮는 한편,[26] 폴뤼에이도스와 미노

e

311a

b

스를 한데 엮고,[27] 아가멤논과 네스토르, 오뒤세우스, 팔라메데
스를 한데 엮곤 합니다.[28] 내가 보기에는 프로메테우스와 제우
스도 최초의 사람들이 이런 어떤 방식으로 한데 엮은 것 같습니
다. 시인들은 이들 중 어떤 이들은 불화하게 되고, 어떤 이들은
서로 친화하게 되며, 또 어떤 이들은 어떤 때는 친화하다가 어떤
때는 불화하게 되며, 또 어떤 이들은 어떤 점들에서는 뜻을 같
이 하고, 어떤 점들에서는 불화한다고 노래합니다. 이 모든 말을

c 내가 하는 이유는 우리가 죽고 나서 우리 자신을 둘러싼 이야기
들까지 조용해지지는 않을 테니 이것들에 신경 써야 한다는 점
을 밝히고자 해서입니다. 왜냐하면 우리는 어쩔 수 없이 후세에
대해서까지 신경 써야 하기 때문입니다. 노예기질이 아주 다분
한 사람들은 후세에 대해 전혀 고려하지 않지만, 아주 훌륭한 사
람들이 모든 일을 후세에 좋은 말을 듣기 위해서 하는 것은 어떤
본성에 따른 것이기 때문이죠. 바로 이 점은[29] 내가 이승의 일들
에 대한 어떤 지각이 죽은 사람들에게 있다는 증거로 삼는 것이
기도 합니다.[30] 왜냐하면 가장 훌륭한 혼들은 그것이 사실이라고

d 예언하고, 가장 악한 혼들은 아니라고 말하지만, 신적이지 않은
사람들의 예언보다는 신적인 사람들의 예언이 더 신뢰할 만하기
때문입니다.[31]

　　내가 말하고 있는 이전 사람들은 자신들의 교유들을 스스로
바로잡을 수 있었더라면, 지금 훌륭하다고 듣는 말보다 더 훌륭

하다는 말을 듣기 위하여 열과 성을 다했으리라고 나는 생각합니다. 그런데 신의 가호로 아직까지 우리는 앞선 교유에서 뭔가를 좋지 못하게 하였더라도 행동과 말로써 바로잡을 수 있습니다. 왜 그래야 하냐면 우리가 훌륭하면 철학과 관련해서 참된 의견과 말이 있을 것이고, 우리가 형편없으면 정반대가 되리라는 입장을 내가 갖고 있기 때문입니다.[32] 사실이지 우리가 이에 관해 신경 쓴다면 이보다 더 경건한 것을 행할 수는 없을 것이고, 신경 쓰지 않는다면 이보다 더 불경한 것을 행할 수는 없을 것입니다. e

　그러면 어떻게 이것을 해야 하는지, 또 어떤 식으로 해야 올바른지를 말하지요. 시칠리아에 갔을 때, 나는 철학하는 사람들 가운데서 탁월하다는 평판을 듣고 있는 상태였지만, 철학이 대중에게서까지 존경받게끔 하기 위해서 나는 시라쿠사에 갔습니다. 당신을 동료 증인으로 삼고 싶었기 때문이었습니다. 그런데 그 결과는 내게 유리한 것이 아니었습니다. 하지만 그 이유로 내가 말하는 것은 대중들이 말할 법한 것이 아닙니다. 그것은 내가 보기에 당신이 나를 전적으로 신뢰하지는 않았고, 나를 어떻게든 내보내고 다른 사람들을 불러 나의 일[33]이 무엇인지를 조사하고 싶어 하는 것 같았다는 것입니다. 내가 보기엔 그것은 당신이 나를 믿지 못해서인 것 같습니다. 그리고 이에 대해 소문을 퍼트리는 사람들이 많았으니, 이들은 결국 당신이 나를 하찮게 여긴 312a

b   한편 다른 것들[34]에 열중했다고 말하고 다녔습니다. 바로 이것이
    널리 퍼진 소문입니다.

    그러므로 그다음으로 무엇을 하는 것이 올바른지를 들어 보세
    요. 당신이 내게 묻는 것에 대한 나의 대답을 들어볼 겸해서 말
    입니다. 즉 나와 당신이 어떻게 서로를 대해야 하는가 하는 것입
    니다. 만약 당신이 철학을 전반적으로 하찮게 여기게 되었다면,
    작별을 고하면 됩니다만, 당신이 다른 사람에게서 더 나은 것을
    들었거나 내게 있는 것들보다 더 나은 것을 당신 자신이 발견했
    다면 그것들을 존중하세요. 그렇지 않고 우리에게 있는 것들[35]이
    당신의 마음에 든다면, 당신은 나까지도 최대한 존중해야 합니
    다. 그러니 역시 처음처럼, 이제 당신은 앞장 서 길을 가세요. 나
c   는 뒤를 따를 것입니다. 당신에게서 존중을 받으면 나는 당신을
    존중할 테지만, 존중받지 못한다면 잠자코 있겠다는 말입니다.
    게다가 당신이 나를 존중하고 이 점에서 앞장선다면, 철학을 존
    중하는 것으로 보일 것이며, 당신이 다른 사람들까지도[36] 충분
    히 살펴보았다는 그 사실 자체도 철학자로서 당신에 대한 대중
    의 좋은 평판을 당신에게 가져다줄 것입니다. 하지만 당신이 존
    중하지 않는데 내가 당신을 존중한다면 나는 부에 경탄하고 부
    를 추구하는 것으로 보일 것이며, 그런 일은 사람들 사이에서 아
    름다운 이름을 얻지 못한다는 것을 우리는 알고 있습니다. 요점
    을 말하자면, 당신이 존중하면 둘 다에 대한 칭송거리가 되지만,

내가 하면 둘 다에 대한 비난거리가 됩니다. 그럼 이에 대해서는   d
이 정도 합시다.

  소형천구의[37]는 제대로 된 상태가 아닙니다. 그건 아르케데모
스가 당신에게 가서 설명할 것입니다. 아울러 그것보다 더 중하
고 더 신적인 것에 대해서 그에게서 아주 자세한 설명을 들어야
합니다. 그것에 대해 당신이 부딪친 문제 때문에 그를 보냈던
그것 말입니다. 그 사람의 말에 따르면 당신이 첫 번째 것의 본
성[38]에 대해서 해명이 충분히 이루어지지 않았다고 말한다기에
하는 말입니다. 그러니 일러 주기는 해야겠지만, 수수께끼를 통
해서 당신에게 일러 주어야겠습니다. 바다나 육지의 후미진 곳
에서 서판[39]에 무슨 일이 일어나더라도, 읽는 사람이[40] 알 수 없
도록 말이죠. 그 문제는 이렇습니다. 모든 것의 왕[41]에는 모든 것   e
이 관련되며, 그것을 위하여 모든 것이 있고, 그것이 모든 아름
다운 것의 원인입니다. 하지만 두 번째 것은 두 번째 것들에 관
련되며, 세 번째 것은 세 번째 것들에 관련됩니다.[42] 그리하여 인
간의 혼은 그것들에 관하여[43] 그것들이 어떠어떠한 것인지를[44] 배
우기를 원하여 자신의 친족[45]들을 들여다보지만, 그것들 중 어느   313a
것도 충분하지 않습니다. 왕과 관련해서, 그리고 내가 말한 것들
과 관련해서, 그것들은 그런 것이 전혀 아닙니다. 그래서 혼은
그다음으로 말합니다. '아니 그럼 그것들은 도대체 어떤 것입니
까?' 디오뉘시오스와 도리스의 자식이여,[46] 이것은 모든 나쁜 것

의 원인이 되는 질문[47]입니다. 그렇다기보다는 이것과 관련해서 혼 안에 생기는 진통이 모든 나쁜 것의 원인입니다. 누구든 그것으로부터 벗어나지 못한다면, 결코 진실로 진실을 붙잡지 못할 것입니다.

b 그런데 당신은 자신이 이런 생각을 해냈으며 이것은 당신의 발견이라고 정원의 월계수 나무 아래에서 나에게 말했습니다. 그리고 나는 그것이 당신에게 사실이라고 생각된다면 당신은 나로 하여금 많은 논의를 벗을 수 있게 해 준 셈이라고 당신에게 말했습니다. 그렇지만 나는 이것을 발견한 다른 사람을 만나 본 적이 없는 한편, 나의 많은 작업은 이것과 관련되어 있노라고 말했습니다. 아마도 당신은 누군가에게서 이것을 들었을 것이고, 신적인 섭리에 의해[48] 이것에로 도약했을지도 모르겠습니다만, 이것에 대한 입증을 확고히 했다고 생각한 탓에 당신은 이것을 꼭 매어 두지 않고,[49] 이것에 대한 당신의 생각은 보이는 모습[50]을 둘러싸고 이렇게 저렇게 쏠립니다. 하지만 이것은 그런 c 것이 전혀 아닙니다. 그리고 그런 일은 당신에게만 일어나는 일도 아닙니다. 나한테서 처음 들은 사람치고 처음 상태가 이렇지 않았던 사람은 전혀 없어서, 어떤 사람은 더 많은 어려움을 겪고 어떤 사람은 더 적은 어려움을 겪을 뿐이지 이로부터 자유로운 사람은 거의 없으며, 조금이라도 어려움을 겪지 않는 사람은 전혀 없다고까지 말할 수 있다는 점을 잘 알아 두어야 합니다.

이런 일들이 벌어졌고 상황이 이러하니, 내 판단으로는 우리
가 서로를 어떻게 대해야 하느냐고 당신이 편지로 물어온 것에
대해서 우리가 답을 찾았다고 봅니다. 당신은 다른 사람들[51]과
교유하여 그들의 것들과 이것들[52]을 비교해서 시험하기도 하고   d
그 자체로 시험하기도 하고 있으니, 이제 당신에게 이것들이 (만
약 그 시험이 참된 것이라면) 뿌리를 내릴 것이고, 당신은 그것들
과도 친밀하고 우리와도 친밀하게 될 테니까요.

그럼 어떻게 해야 이 일들을 비롯하여 우리[53]가 말해 온 모든
일[54]이 있을 수 있을까요? 당신이 지금 아르케데모스를 보낸 일
은 적절하게 한 일이고, 나중에도 그럴 겁니다. 그가 당신에게
가서 내게 있는 것을 전하고 나면, 그 후에 아마 다른 어려운 문
제들에 당신은 사로잡힐 것입니다. 그리하여 당신이 이번에 조
언을 적절하게 받는다면 당신은 다시 아르케데모스를 내 쪽으
로 보낼 것이고, 그는 무역상[55]이 되어 다시 갈 것입니다. 그리고   e
당신이 두 세 차례 그 일을 하고 내 쪽에서 보낸 것들을 당신이
시험했는데도, 당신이 보기에 현재 어려움을 느끼는 점들이 지
금과 별로 달라지지 않는다면, 나는 놀랄 겁니다.[56] 그러니 용기
를 내서 그렇게들 하세요.[57] 왜냐하면 도대체 이 상품보다 더 아
름답고 신의 사랑을 받는 상품을 당신이 가져오라고 사람을 보
낼 수도 없고 아르케데모스 역시 그런 무역상 노릇을 하지 못할
것이기 때문입니다. 하지만 이것들이[58] 절대 무지한 사람들 손   314a

에 들어가지 않도록 주의하십시오. 왜냐하면 내가 생각하기에는 이것들보다 대중들에게 웃음거리로 들릴 소리는 거의 없을 것이고, 반면에 고귀한 사람들에게 이것들보다 경탄스럽고 신명나는[59] 것은 거의 없을 것이기 때문입니다. 거듭해서 이것들을 이야기하고 듣는 오랜 세월이 지나야, 황금이 기나긴 노고와 함께 정련되듯이 이것들이 정련됩니다. 그중 가장 놀라웠던 일을 들

b 어 보세요. 사실 이것들을 들은 사람들은 많이 있고, 그들은 배울 능력도 있고 기억력도 좋으며 모든 측면에서 모든 방식으로 검토하여 판단할 능력도 있지만, 30년 남짓 동안 이것들을 듣고[60] 벌써 노인이 되었습니다. 그런데 이제야 그들은 예전에 가장 믿지 못할 것으로 판단되던 것들이 지금은 실제로 가장 믿을 만하다고 말하며 가장 확실한 것으로 보인다고 말하는 한편, 그때 가장 믿을 만한 것들로 판단되던 것들은 지금은 정반대라고 자신들에게 말합니다. 그러니 이런 점들을 고려해서 이것들이[61] 결코 지금 쓸데없이 남의 손에 들어가 당신에게 후회가 되는 일이 없도록 주의하세요. 가장 큰 방책은 글을 쓰지 말고 완전히 외워버

c 리는 것입니다. 글로 쓴 것들은 남의 손에 들어가지 않을 수 없으니까요. 이런 이유로 결코 나는 이것들에 관하여 전혀 글을 쓴 적이 없으며, 이것들에 관한 플라톤의 저작도 전혀 없으며 없을 것이고, 현재 이야기되는 것들은 아름답고 젊어진 소크라테스 선생님의 것입니다.[62] 건강하세요. 그리고 내 말을 따르세요. 그

리고 이 편지는 지금 우선 거듭해서 읽고 태워 버리세요.

이런 일들은 이 정도면 되겠습니다. 그런데 당신은 폴뤽세노스와 관련해서 내가 그를 당신에게 보낸 점을 의아해했습니다.[63] 나는 뤼코프론[64]에 대해서든 당신의 측근에 있는 다른 사람들에 관해서든 예나 지금이나 같은 이야기를 하고 있습니다. 대화하는 것과 관련해서 자질로 보나 논증의 방법으로 보나 당신은 그들보다 훨씬 뛰어나고, 어떤 사람들이 짐작하듯이 그들 중 누구도 일부러 논박당하는 것이 아니라 부득이하게 논박당하는 것이라고 말입니다. 하지만 당신은 그들을 아주 적절하게 대하기도 하고 선물도 적절히 한 것 같습니다. 그들에 대해서는 이 정도로 하겠습니다. 그런 사람들에게는 이 정도도 과합니다.

그런데 필리스티온[65]은 만약 당신 자신이 쓰고 있다면, 계속 쓰고, 그렇지 않고 괜찮다면 스페우시포스[66]에게 보내 쓸 수 있게 해 주세요.[67] 스페우시포스도 당신에게 부탁하고 있습니다. 당신이 그를 보내 준다면, 필리스티온도 기꺼이 아테네에 오겠노라고 내게 약속했습니다. 당신이 채석장[68]에 있던 사람을 거기서 내보낸 것은 잘 한 것이고, 그의 식솔들과 아리스톤의 아들인 헤게시포스에 관한 내 청은 어려운 것이 아닙니다. 만약 누군가가 이 사람이거나 저들[69]에게 부당한 짓을 하는 것을 당신이 알아차린다면, 그것을 용인하지 않겠노라고 내게 편지에서 말했으니까요. 뤼시클레이데스와 관련해서도 진실을 말해 주는 것이 마땅하겠습니다.[70] 사실 그는 시칠리아에서 아테네로 온 사람들 중에서는 유일하게 당신과 나의 교유에 대해서 전혀 왜곡하지 않고, 일어난 일들에 관해서 언제든지 뭔가 좋은 것을, 그것도 더 나은 쪽으로 늘 이야기하고 있습니다.

셋째 편지

✢

"플라톤이 디오뉘시오스에게, 기쁘게 지내시길"[71] 이렇게 편지를 써 보내면 내가 최선의 인사말을 제대로 한 것이 될까요? 그렇지 않으면 오히려 친구들에게 보내는 편지에서 내가 으레 쓰던 말투로 "잘 지내시길"이라고 쓰는 것이 제대로 한 것일까요? 이렇게 묻는 것은 당시 사절들이 전해 준 대로, 델피에서[72] 당신은 신에 대해서까지 바로 다음과 같은 말로 기분을 맞추면서 인사를 했다고 해서 하는 말입니다. 그들이 전하는 바로는 당신이 이렇게 썼다고 하더군요.

기쁘게 지내시길, 그리고 즐거움이 가득한 참주의 삶을 늘 보전하시길.[73]

그러나 나는 신에게는 말할 것도 없고 인간에게도 인사말에서 그러기를 권유하지는 않을 것입니다. 신의 경우, 그것은 신의 본성에 어긋나는 것을 내가 명하는 것이 될 것이기 때문입니다, 왜냐하면 신적인 존재는 즐거움과 괴로움에서 멀리 떨어져 자리하고 있기 때문입니다. 또 인간의 경우에는, 즐거움과 괴로움이 영혼 가운데에 아둔함과 망각과 무절제와 오만을 낳아, 많은 경우

해악을 일으키기 때문입니다. 인사말과 관련해서 내가 말하는 것은 이 정도로 해 두겠습니다. 하지만 당신은, 이것을 읽고 어느 쪽이건 원하시는 대로 받아들이세요.

d   그런데 적지 않은 사람들이 말하기를 당신이 당신에게 사절로 온 어떤 사람들을 상대로 이러한 말을 했다고 하더군요. 즉, 당신이 그리스 도시를 시칠리아에 건설하고,[74] 또 통치체제를 참주정에서 왕정으로 바꾸어 시라쿠사 사람들의 부담을 덜어 주려 한다는 말을 언젠가[75] 내가 듣고서는, 당신의 주장에 의하면, 그때 당신은 절실히 그렇게 하기를 바랐음에도 내가 그것을 하지 못하게 막았다는 거였습니다. 그런데 지금 와서는[76] 바로 그것을
e   디온에게 하도록 부추기며, 그러한 당신의 계획을 이용해 우리 두 사람이 당신으로부터 권력을 빼앗으려 한다고 말입니다. 당신이 이 말로 뭔가 이익을 볼지 어떨지는 당신 자신이 알겠지만, 그러나 어쨌든 당신은 사실과 반대되는 것을 말함으로써 나에게 부당한 일을 저지르고 있습니다. 사실 나는 필리스티데스[77]나 그 밖에 많은 사람들로부터 용병들과 시라쿠사의 대중들 앞에서 온갖 허튼 중상을 질리도록 받았습니다. 내가 성내에 머물러 있었던 탓에 그랬던 것이지요. 그래서 성 바깥에 있는 사람들은 아무것도 모른 채 당신이 무슨 일이든 내 말에 따라서 한다고 공공연히 떠들어 대면서 뭔가 과오가 있을 때면 그 모든 책임을 나에게 전가시켰던 것입니다. 그러나 당신 자신도 더 없이 분명하게 알

고 있습니다. 정치와 관련해서 내가 자진해서 당신과 공동으로   316a
일을 한 것은 아주 적고, 그것도 처음 동안만[78] 그랬다는 것을 말
입니다. 그때는 그렇게 하면 뭔가 대단한 일을 하는 것이라 생각
했었지요. 그래서 그 밖에 사소한 일 몇 가지와 법률 서문[79]과 관
련한 일에 마음을 쓸 만큼은 썼던 것입니다. 그것도 당신이나 다
른 누군가가 따로 덧붙여 쓴 것은 빼고 말입니다. 왜냐하면 당신
들 중 어떤 이들이 나중에 그것을 수정했다는 것을 내가 들었기
에 하는 말입니다. 그러나 나의 성향을 분별할 수 있는 사람들에
게는 그중 어느 쪽이 내가 쓴 것인지가 정말 분명하게 드러날 것
입니다. 그러나 어쨌든 내가 방금 전에 말했다시피, 나는 시라
쿠사 사람들과의 반목을 더 이상 필요로 하지 않으며, 또 당신이
그런 말을 하면서 다른 어떤 이들을 설득할 경우 설득당한 그 사
람들에 대한 비난도 나는 필요로 하지 않습니다. 오히려 나에게
훨씬 더 많이 필요한 것은 이전에 이루어진 비난과 그 뒤에 더욱   b
커지고 극렬해진 현재의 비난에 대해 해명하는 일입니다.

   그러니까 나로선 이 두 개의 비난에 대해서 해명 또한 두 가지
로 하지 않을 수 없습니다. 첫째는 나랏일과 관련하여 내가 당신
과 공동으로 일하기를 피한 것이 얼마나 타당했는가에 대해서이
고, 둘째로는, 당신이 그리스 도시들을 건설하고자 했을 때 내가   c
가로막았다고 하는데 당신이 그것을 조언이라고 했든 방해라고
했든 나와는 상관이 없다는 것에 대해서입니다. 그럼 우선 내가

말해 온 것들 가운데 앞의 것에 대해서 그 발단이 무엇인지부터 들어보세요.

내가 시라쿠사로 간 것은 당신과 디온의 초청을 받았기 때문이었습니다. 디온은 내 쪽에서는 이미 검증된 오래된 외국 친구였고 연배 또한 원숙한 중년의 나이였습니다.[80] 이러한 점들은 조금이라도 지각이 있고,[81] 그 당시 당신이 다루었던 그런 중대 사안에 대해 조언해 주고자 할 때, 조금이라도 지각 있는 사람들이라면 반드시 요구되는 조건들입니다. 그러나 당신은 너무 나이가 어린 데다가 벌써 경험했어야 할 것들에 대해서조차, 당신의 경우, 경험이 많이 부족하고[82] 게다가 당신은 내가 전혀 모르는 사람이었습니다. 그 후, 인간인지 신인지 혹은 우연인지 그 무엇인가가 당신과 함께 하여 디온을 축출하기에 이르렀고 그래서 당신은 혼자 남겨졌습니다. 그렇다면 그 당시 내가 과연 정치와 관련하여 당신과 내가 동반관계에 있었다고 당신은 생각합니까? 분별 있는 협력자를 잃고 사악한 다수의 사람들과 함께 남겨져, 스스로는 다스린다고 생각하지만 다스리는 것이 아니라 그와 같은 사람들에 의해 다스림을 받는 분별없는 당신을 목도하고서도 말입니다.

이러한 상황에서 내가 해야 할 일이 무엇이겠습니까? 내가 했던 것 말고 달리 무엇을 할 수 있었겠습니까? 즉, 이후로는 정치에는 작별을 고하고 나에 대한 질투심에서 비롯되는 비난에 조심하면서, 당신들 두 사람이 서로 사이가 벌어져 틀어져 있었지만, 가능한 한 당신들 두 사람이 서로 다시 친구가 되도록 모든 힘을 기울이는 것 말고 달리 남아 있는 방도가 있었겠습니까? 당신도 증인입니다. 내가 바로 이것에 바짝 신경을 기울이며 한시도 방심하지 않고 집중했다는 것에 대해서 말입니다. 그렇게 해서 우리 사이에는 간신히 합의가 이루어졌습니다. 즉, 전쟁[83]이 317a 당신을 압박해 왔으므로 나는 일단 배를 타고 고향으로 돌아가지만, 평화롭게 되면, 나와 디온은 다시 시라쿠사로 돌아오기로 하고, 당신은 우리를 부르기로 합의한 것입니다. 이상이 시라쿠사에서의 나의 처음 외지 생활[84]과 무사귀환과 관련하여 벌어졌던 일입니다.

그리고 두 번째 시라쿠사 방문[85]과 관련해서 말하자면 이렇습니다. 당신은 평화롭게 되자 나를 부르긴 했습니다만,[86] 합의한 대로가 아니라 나 혼자만 오라고 편지를 보내면서 디온에게는 추후에 다시 사람을 보내겠다고 말했습니다.[87] 그 때문에 나는 가지 않았습니다. 하지만 그때 나는 디온에게서도 원망을 샀습니다. 왜냐하면 그는 내가 가서 당신 말을 듣는 것이 더 좋은 b 일이라고 생각하고 있었기 때문입니다. 그런데 그 후 1년이 지나[88] 삼단노선과 당신이 보낸 편지가 도착했습니다. 그 편지에 써져 있는 일차적인 내용은, 내가 가면 디온과 관련된 일은 모두 나의 뜻대로 될 테지만 만약 가지 않는다면 그 반대가 될 거라

는 것이었습니다. 그 당시 당신으로부터 그리고 당신의 지시로
이탈리아나 시칠리아의 다른 사람들로부터 얼마나 많은 편지들
이 왔는지, 또 나와 가까운 사람들과 알고 지내는 사람들 중에서
도 얼마나 많은 사람들이 편지를 보냈는지 민망할 정도입니다.
그 편지들은 모두 내가 당신에게 갈 것을 종용하고 있었고 또 가
서 당신의 말을 전적으로 따르기를 요구하고 있었습니다. 그러
니까, 디온을 비롯해서 모든 사람들에게는, 내가 배를 타고 떠나
야만 하고 심약해져서도 안 된다고 생각되었던 것입니다. 그러
나 나는 그들에게 내 나이를 내세웠고[89] 또 당신에 대해서도, 우
리를 중상하고 우리가 적이 되기를 원하는 사람들을 당신이 감
당할 수가 없을 것이라고 역설하였습니다. 왜냐하면 지금도 보
고 있고 그 당시도 보았듯이, 개인들의 것이든 일인 군주들의 것
이든 막대한 재산이 크면 큰 만큼 중상하는 자들도, 수치스런 해
악을 수반하는 쾌락을 보고 모여드는 사람들도 더욱 커지고 많
아지기 때문입니다. 실제로 부나 그 밖의 특권적 권능이 초래
하는 것으로서 이보다 큰 재앙은 없습니다. 그리하여 그럼에도
불구하고 나는 이 모든 것을 감내하고 당신에게 갔습니다.[90] 그
것은 나의 친구들 중 누구 한 명이라도 나 때문에, 자신들의 모
든 것을 잃지 않을 수도 있었는데 잃었노라고 나를 탓하는 사람
이 있어서는 안 된다고 생각했기 때문입니다. 아무튼 나는 당신
에게 가서―그 후에 일어난 것은 모두 이미 당신이 알고 있으니

까 생략하겠습니다—당신도 다 짐작하고 있듯이 나는 편지에서 합의한 대로 당신에게 우선 디온과 화해를 한 다음 그를 불러들일 것을 요구했습니다. 두 사람의 친척 관계를[91] 거론하면서 말입니다. 만약 그때 당신이 그러한 우리의 합의를 따랐더라면 아마 당신은 물론이고 시라쿠사 사람들에게도 그리고 그 밖의 그리스 사람들에게도 사태는 지금보다 한층 더 좋게 되었을 것입니다. 최소한 내 직감으로는 그런 생각이 들었습니다. 그다음으로 나는 디온의 재산은 그의 가족이 갖는 것이 합당하지, 당신이 잘 아는 분배자들[92]이 나눠 갖는 것은 합당치 않다고 주장했습니다. 뿐만 아니라 나는 매년 그에게 늘상 지급되고 있는 돈도 내가 당신의 옆에 있는 이상, 더 보내면 보냈지 더 적게 보내선 안된다고 생각하고 있었습니다. 그런데 이러한 것들 중 어떤 것도 받아들여지지 않았기 때문에 나는 떠나게 해 달라고 요구했습니다.[93] 그 후 당신은 디온의 전 재산을 처분하여 그것의 반을 코린토스에 보내고, 그 나머지는 그의 자식을 위해 남겨 두겠노라고 공언하면서[94] 그 해는 머물러 있으라고 나를 설득했습니다. 당신이 약속을 하고서 전혀 실행조차 하지 않은 일들을 들자면 얼마든지 들 수도 있으나 그 수효가 너무 많아 간략하게만 이야기하겠습니다. 사실 당신은 디온의 승낙 없이는 매각하지 않겠노라고 공언했으면서도 디온의 승낙 없이 그의 전 재산을 매각해 버림으로써,[95] 놀라운 사람이여, 너무도 젊은이답게 그 모든 약속

들에 끝장을 내버리고 말았습니다. 즉 당신은 그때 일어나고 있
는 일들을 내가 모르게 하도록 그 매각 대금을 디온에게 보내라
c   고 내가 요구조차도 못하게 만들기 위해 나를 협박한다는 방책
을 찾아냈는데, 그야말로 그것은 아름답지도 고상하지도, 정당
하지도 유익하지도 않은 것이었습니다. 왜냐하면 당신이 헤라클
레이데스를 추방하려 했을 때,[96] 그것은 시라쿠사 사람들에게도
내게도 옳아 보이지 않아서, 나는 테오도테스와 에우뤼비오스와
함께 당신에게 그런 일을 하지 않도록 간청했는데 오히려 당신
은 그것을 나를 몰아세울 충분한 구실로 삼아 이렇게 말했기 때
문입니다. 즉 당신이 보기에, 내가 당신에 대해서는 조금도 배
려하지 않고, 디온과 디온의 친구들과 식구들만 배려하고 있음
이 이전부터 분명한데다, 지금은 또 디온과 가까운 사이인 테오
d   도테스[97]와 헤라클레이데스가 비난을 받게 되니까 그들이 처벌을
받지 않도록 내가 온갖 수단을 강구하고 있다고 말입니다.

아무튼 정치문제와 관련하여 나와 당신이 서로 협력한 일이란
이런 식이었습니다. 그리고 만약 나에게서 뭔가 당신에 대한 그
밖의 다른 소원함이 느껴진다면 그 모든 것들 또한 그런 식으로
일어났다고 보는 것이 맞을 겁니다. 그건 또 그리 놀랄 일도 아
닙니다. 왜냐하면 당신의 막강한 권력에 설복되어, —굳이 대놓
고 말하자면, 당신보다 조금도 뒤떨어지지 않음에도—당신 때문
에 불행한 일을 겪고 있는 오랜 벗이자 손님인 사람을 내팽개치

고, 부정의를 행하는 당신에 달라붙어 당신이 명한 대로 뭐든지   e
따라 했다면, 지각 있는 사람이 보기에 내가 나쁜 인간이라 여겨
지는 것은 당연할 테니까요. 그것도 분명 돈 때문에 그랬다고 할
겁니다. 왜냐하면 만일 내가 변심을 했다면 아무도 부 이외에 다
른 원인이 있을 것이라고 말하진 않을 것이기 때문입니다. 아무
튼 이상과 같은 경위로 해서 나와 당신 사이에 이러한 늑대의 우
정[98]과 비협조가 생겨났는데 그것은 당신 때문입니다.

  그런데 이야기는 내가 둘째로 해명하지 않으면 안 된다고 했
던 사안[99]에 대해 논할 단계로 거의 접어들었습니다. 그 이야기
는 방금 한 말과 연결되는 이야기입니다. 그럼 내가 뭔가 거짓   319a
말을 하거나 진실을 말하고 있지 않다고 당신에게 생각되는 것
은 없는지 바짝 주의를 기울여 살펴보세요. 내 말은 이렇습니다.
즉 내가 시라쿠사에서 고향으로 돌아가기 전 거의 20일 전에 아
르케데모스와 아리스토크리토스가 마침 당신 궁정에 있을 때,[100]
당신은, 당신이 지금 나를 힐난하면서 말하고 있는 바와 같은
말, 즉 이런 말을 나에게 한 적이 있습니다. 내가 마음을 쓰고 있
는 것은 당신보다 오히려 헤라클레이데스와 그 외의 모든 사람
들이라고 말입니다. 또 당신은 그 사람들 앞에서, 내가 처음 여
기에 왔을 때[101] 당신에게 그리스인의 국가를 건설하도록 내가 권   b
고했었던 사실을 기억하고 있는지를 물었습니다. 나는 기억하고
있을 뿐만 아니라 지금도 나에게는 그것이 최선으로 생각된다고

동의했습니다. 그런데, 디오뉘시오스, 그때 그것에 이어서 우리가 나눈 말도 말해 두지 않으면 안 됩니다. 왜냐하면 나는 당신에게 내가 조언한 것이 그것뿐이었는지 아니면 그것에 더해 뭔가 다른 것도 조언했는지를 물었기 때문입니다. 그러자 당신은 몹시 화를 내면서, 자기가 그렇게 생각했듯이 아주 경멸하는 말투로—결과적으로 당신이 당시 경멸했던 것이 지금에 와서 보면 꿈 대신에 눈앞의 현실이 되어 있긴 하지만요[102]—나에게 대답

c   했는데, 내 기억이 맞다면, 당신은 작위적인 웃음을 띠면서 이렇게 말했습니다. "당신은 나더러 교육을 받은 후에 이 모든 것을 하고, 아니면 하지 말라고 했습니다" 그래서 내가 당신에게 아주 잘 기억하고 있다고 말했지요. 그러자 당신은 "그런데 그게 기하학 교육[103]이었던가요? 아니면 뭐였죠?"라고 대꾸했습니다. 나는 이 말을 들은 다음, 해 줄 말이 떠올랐지만 말하지 않았습니다. 그것은 말 몇 마디 때문에 내가 고대했던 고향 가는 뱃길이 트이는 대신에 좁혀지게 되는 것은 아닐까 두려웠기 때문입니다. 아무튼 이 모든 이야기를 한 까닭은 이렇습니다. 즉 이민족들에 의

d   해 초토화된 그리스인들의 국가들을 건설한다든지 참주정 대신에 왕정을 세워 시라쿠사 사람들의 부담을 덜어 주려 한다든지 하는 일을 내가 허락하지 않았다고 떠들어 대면서 나를 비난하는 일이 없도록 하기 위해서입니다. 사실 당신이 나에 대해 또다시 떠들어 댈 수 있는 거짓말치고 이것들보다 더 부적절한 것

은 없을 것입니다. 더욱이, 나는 그것들을 반박하기 위해—만약 어디선가 어떤 유능한 재판관이 진위판정에 충분한 판결을 보여 줄 수 있다면—내가 그렇게 하기를 권했지만 당신이 실행하기를 원치 않았음을 보여 주는 더 뚜렷한 증거를 제시할 수 있을 것입니다. 그리고 실제로 그 계획이 실행되었다면, 그것은 당신이나 시라쿠사 사람들뿐만 아니라 시칠리아 사람들 모두에게 최상의 일이었음을 확연하게 이야기하는 것은 전혀 어려운 일이 아닙니다.

그러나, 친구여, 만약 당신이 이런 말을 했으면서도 하지 않았다고 말한다면 내 말은 그것으로 정당화되는 것입니다.[104] 그러나 만약 당신이 말한 것[105]을 인정한다면, 그에 후속하여 당신은 스테시코로스[106]를 현명하다고 생각하고, 그의 '고쳐 부르는 노래'[107]를 흉내 내서 거짓 이야기를 참된 이야기로 바꾸어 놓기 바랍니다.

넷째 편지

✣

플라톤이 시라쿠사의 디온에게, 잘 지내시길.

320a   당신이 이루어 낸 성과들[108]에 대해 내가 심정적으로 공감하고 있다는 것, 그리고 그것들이 완벽하게 마무리되었으면 하고 아주 진심으로 바라고 있다는 것이 그동안 내내 명백했었다고 나는 생각합니다. 내가 그런 공감과 바람을 가진 건[109] 다름 아닌

b 아름다운 것들에 대한 열망[110] 때문이지요. 참으로 올곧은 사람들, 또 올곧은[111] 일들을 행하는 사람들이 응분의 평판을 얻는 게 정의로운 일이라고 생각하거든요. 그런데 지금까지는, 신의 가호로, 일들이 잘 되어 가고 있지만, 가장 큰 싸움이 앞으로 남아 있지요.[112] 용기, 민첩함, 힘에 있어서 뛰어나게 되는[113] 건 다른 사람들에게도 있을 수 있는 일이라고 생각될 수 있겠지만, 진실,

c 정의, 호방함[114]에 있어서, 그리고 이 모든 것들에 관해 좋은 모양새를 갖추는 일에 있어서 남들보다 뛰어남을 유지하는[115] 건 그런 것들을 존중한다고 자처하는 사람들이나 할 수 있는 일이라고 하는 게 적절하다는 데 누구나 동의할 겁니다.

    자, 이제 내가 말하려는 건 분명합니다. 그렇지만 (누굴 가리키는지 당신도 물론 알고 있을) 그 사람들[116]이 마땅히 다른 사람들보다 뛰어나야 한다는 것, 그것도 다른 사람들이 어린아이들보다

54

도 못해 보일 정도로[117] 그래야 한다는 것을 우리는 스스로에게[118] 계속 상기시켜 주어야 합니다. 그러니까 우리는 우리가 그렇다고 주장하는 그런 유의 사람들이라는 걸 명백하게 보여 주어야 합니다. 더군다나, 신의 가호로, 그건 손쉬운 일일 테니까요. 다 른 사람들의 경우는 알려지고 싶으면 여러 곳을 돌아다니는 게 불가피한 일이지만, 지금 당신 주변에서 벌어지고 있는 상황은, 좀 치기를 섞어 말하는 감이 있긴 하지만, 온 세상 사람들이 한곳을, 그중에서도 특히 당신을, 주시하고 있는 그런 상황이거든요.

그러니 모두가 보고 있다는 생각으로, 저 옛 사람 뤼쿠르고스와 퀴로스[119] 그리고 다른 누구건 일찍이 성품과 정치[120]에 있어 뛰어나다는 평판을 듣던 사람의 모습을[121] 보여 줄 수 있게 준비하세요. 더군다나 많은 사람들이, 그리고 이곳 사람들 거의 모두가 하는 말이, 디오뉘시오스가 제거되면 당신과 헤라클레이데스와 테오도테스[122]와 다른 지인들의 야망[123] 때문에 일들을 망칠 가능성이 높다고들 하니 말입니다. 그러니 우선은 아무도 그런 사람이 되지 않기를 바랍니다. 하지만 누군가가 그런 사람이 되기라도 한다면, 당신이 몸소 의사 노릇을 해야만 합니다. 그러면 일들이 가장 좋은 쪽으로 진행될 겁니다.

내가 이런 말들을 하는 게 아마 당신에겐 우습게 보일지도 모르겠습니다. 당신 자신도 모르는 게 아니니까요. 하지만 나는 극장에서도 경연자들이, 친구들에게서는 물론 말할 것도 없거니와, 아이들에게서 갈채를 받아 분발하게 되는 걸 봅니다. 그들이 진심으로 호의를 갖고 성원하고 있다는 생각을 경연자가 할 때 그렇게 되지요.[124] 그러니 이제 당신들이 직접 그런 경연자가 되세요. 그리고 뭔가 필요한 게 있으면 우리에게 편지하세요.

b 여기 일들은 당신들이 같이 있었을 때와 거의 마찬가지 상태입니다. 당신들이 무슨 일을 행했는지 혹은 행하고 있는지도[125] 편지로 알려 주세요. 우리로서는 듣는 것들은 많아도 아는 건 전혀 없거든요. 방금도 테오도테스와 헤라클레이데스에게서 온 편지들이 라케다이몬[126]과 아이기나에 당도하긴 했지만, 이미 말했듯이, 우리로서는 여기 사람들에게서[127] 듣는 것들은 많아도 아는 건 전혀 없어요. 그리고 어떤 사람들에게는 당신이 돌봄을 베풀 줄 아는 정신[128]이 적정선에 못 미치는 사람으로 비치고 있다는 것도 유념하세요. 그러니까 성과를 얻어 내는 것도 사람들을
c 만족시킴을 통해서 가능하다는 것, 반면에 완고하면 고립되기 딱 알맞다[129]는 것을 잊지 마세요. 행운을 빕니다.[130]

다섯째 편지

‡

플라톤이 페르디카스에게,[131] 잘 지내시길.

에우프라이오스[132]에게 조언해 두었습니다. 당신이 편지에 쓴 대로, 당신의 일들을 돌보면서 그것들에 시간을 할애하라고 했지요. 그런데 나는 당신에게도 외지 친구로서의 이른바 '성스러운 조언'[133]을 해 주어야 마땅하겠습니다. 당신이 언급한 다른 일 들에 관해서도 그렇지만, 특히나 지금 에우프라이오스를 어떻게 써야 하는지에 대해서 말입니다. 이 사람은 여러모로 쓸모가 있 지만, 그중에서도 가장 중요한 건 당신에게 지금 부족한 것을 채워 주는 일[134]이지요. 당신의 나이 때문에도 그렇거니와 그것[135]에 관해 젊은이들에게 조언자 역할을 할 사람이 많지 않기 때문에도 그렇습니다. d

어떤 동물들의 경우에 그렇듯, 정치체제들 각각에는 그것들 특유의[136] 어떤 목소리가 있습니다.[137] 민주정의 목소리가 다르고, 과두정의 목소리가 다르며, 일인정의 목소리가 또한 다릅니다. 하고많은 사람들이 이 목소리들을 알고 있다고 주장하겠지만, e 소수의 사람들을 외에는 이것들을 알아보는 데 턱없이 부족하지 요. 그런데 그 정치체제들 중에서 신들과 인간들을 향해 자신의 목소리를 내고, 또 그 목소리에 부합하도록 행위를 해내는 정치체제는 늘 번성하고 잘 유지되지만, 다른 정치체제를 모방하면 망하게 됩니다. 그러니까 바로 이런 것들과 관련해서 에우프라이오스는 당신에게 대단히 쓸모가 있을 겁니다. 물론 다른 일들과 관련해서도 유능한[138] 사람이지만요. 그가 당신 주변에 있는 사람들 못지않게 당신을 도와 일인정의 주장들[139]을 탐색할 수 있으리라 기대하기 때문에 하는 말입니다. 그러니 이런 일들에 그를 쓰면, 당신 스스로도 혜택을 볼 뿐만 아니라 그에게도 대단히 도움을 주는 셈이 될 겁니다.

그런데 누군가가 이 말을 듣고 이렇게 말한다고 해 봅시다. "플라톤은 민주정에 유익한 것들을 안다고 자처하는 것으로 보인다. 하지만 민중 앞에서 연설하면서 그들에게 최선의 조언을 해 줄 수 있었는데도, 그는 아직껏 자리에서 일어나 발언을 해 본 적이 없다"고 말입니다. 이런 말에 대해서는 이렇게 대꾸하면 될 겁니다. "플라톤은 조국에 늦게 태어났다. 그래서 그가 민중을 만났을 때 이미 그들은 꽤 나이를 먹은 상태였고, 앞선 사람들의 영향으로, 그가 하게 될[140] 조언과 배치되는 많은 것들을 행하는 데 익숙해져 있었다. 만일 그가 헛되이 위험을 무릅쓰게 될 뿐 아무런 진전도 보지 못할 거라고 생각하지 않았더라면, 마치 아버지에게 그렇듯, 민중에게 무엇보다도 기꺼이 조언을 해 주었을 테니까 하는 말이다. 바로 그 똑같은 일을 그가 내 조언자로서도 하게 될 거라고 생각한다. 만약 우리가 치유 불가능한 상

태에 있다고 그가 생각한다면, 우리에게 긴 작별을 고하고 나와
내 일들에 관한 조언을 삼갈 테니까"라고 말입니다. 행운을 빕니
다.[141]

여섯째 편지

✝

플라톤이 헤르메이아스, 에라스토스, 코리스코스에게,[142] 잘
지내시길.

내가 보기에는 어떤 신이 당신들을 위해 행운을 자비롭고 넉
넉하게 준비하고 계신 것 같습니다. 당신들이 그걸 잘 받아들이
기만 한다면 그렇다는 겁니다. 당신들은 서로 이웃으로서 살고
있고 가장 중요한 일들에 있어서 서로에게 도움을 줄 수 있을 만
d 큼 서로 소용이 되는[143] 상태로 살고 있으니까 하는 말입니다. 헤
르메이아스의 경우는 그저 말(馬)이나 다른 전쟁 장비의 수가 더
늘어난다고 해서, 심지어 황금이 더 생긴다고 해서, 온갖 일들에
쓰일 만한 능력이 더 커지는 게 아니라, 변함이 없고 성품도 건
전한 친구들이 있을 때 그렇게 되거든요. 반면에 에라스토스와
코리스코스에게는 내가 '비록 늙은이이긴 하지만'[144] 이렇게 말하
지요. 그들에게는 형상들에 대한 이 아름다운 지혜에 더하여 사
e 악하고 불의한 자들로부터 자신을 지키는 지혜와 모종의 방어
능력이 필요하다고 말입니다. 삶의 상당 부분을 온건하고 사악
함이 없는 우리와 더불어 보낸 까닭에 경험이 부족하거든요. 바
로 그 때문에 이런 것들[145]이 추가로 필요하다고 말했던 겁니다.
참다운 지혜는 소홀히 하면서 인간적이고 불가피한 지혜는 필

요 이상으로 신경을 쓰게끔 강제되지 않으려면 말입니다. 그런
가 하면 헤르메이아스는 이 능력을 타고나기도 했을뿐더러(이건
아직 함께 지내보지 못한 채로 내리는 판단이지만요,)[146] 경험을 통한   323a
기술로 얻어 내기도 한 것으로 보입니다.

　그렇다면 내가 대체 무슨 말을 하려는 걸까요? 당신에게는, 헤
르메이아스, 당신이 겪은 것보다 에라스토스와 코리스코스를 더
많이 겪어 본 나로서는 당신이 이 이웃들보다 더 믿을 만한 성품
들을 쉽게 발견하지 못하리라고 단언하고 천명하며 증언합니다.
그러니 온갖 정당한 방법을 다하여 이 사람들에게 꼭 붙어 있으
라고, 이 일을 부차적인 일로 생각하지 말라고 조언합니다. 그런
가 하면 코리스코스와 에라스토스에게도 헤르메이아스에게 꼭
붙어 있으라고, 그렇게 서로에게 붙어 있음으로써 우정의 단일   b
한 결속에 이르려 노력하라고 조언합니다. 그러다가 당신들 중
에 누군가가 이 결속을 어떤 식으로든 깨뜨리고 있다고 판단되
면(사람의 일이란 게 전적으로 확고한 건 아니니까요), 여기 나와 내
친구들[147]한테 불만을 토로하는 편지를 보내세요. 그 분열이 그
리 심각한 정도가 아니라면, 여기 우리들에게서 가게 되는 전갈
들[148]이, 정의와 존경심을 바탕으로 삼아,[149] 그 어떤 주문(呪文)보
다도 더 잘 당신들을[150] 함께 결합시키고 묶어주어 예전의 우애[151]
와 친교로 다시 돌아가도록 해 줄 수 있으리라 생각하거든요. 우
리들과 당신들 모두가 능력이 닿는 한, 그리고 각자에게 가능한

c 한, 그런 우애와 친교를 유지하는 데 있어 지혜롭고자 애쓴다[152]면 방금 한 예언들이 힘을 가지게 되겠지만, 우리가 그렇게 하지 못한다면 어떻게 될지는 말하지 않겠습니다. 나는 좋은 징조의 예언을 하고 있고, 단언컨대 신이 허락하신다면 우리가 이 모든 일들을 잘 행하게 될 테니까요.

이 편지는 가급적이면 당신들 셋 모두가 함께, 그게 여의치 않다면 둘씩이라도, 할 수 있는 한 자주, 모여서 읽어야 합니다. 그
d 리고 협약으로 내지는 권위를 가진 법으로 삼아야 합니다. (그게 바로 정의로운 일이지요.)[153] 교양인다운 진지함만이 아니라 진지함의 자매인 흥겨움[154]을 가지고, 현존하는 모든 것과 장차 있게 될 모든 것의 지배자인 신에게 맹세하면서, 그리고 그 지배자 내지 원인의 아버지인 주재자(진짜로 지혜 사랑에 힘쓴다면, 우리 모두가 행복한 인간들이 할 수 있는 한도 내에서 그분을 분명하게 알게 될 겁니다)에게 맹세하면서 말입니다.[155]

일곱째 편지

⸸

플라톤이 디온의 친척들[156]과 동료들에게, 잘 지내시길.

여러분은 나에게 편지를 보내 말하길, 여러분의 생각이 바로 디온이 갖고 있었던 생각과 같다고 생각해야 하고 나아가 말로 나 행동으로나 할 수 있는 최대한 여러분들과 협력해야 한다고 **324a** 했습니다. 아무려나 여러분들이 디온의 생각과 같은 생각과 바람을 갖고 있다면 난 협력할 것이고, 그렇지 않다면 재고에 재고를 거듭할 것입니다. 그럼 디온의 생각과 바람은 무엇이었을까요? 난 대충 짐작으로가 아니라 아주 분명하게 알고 있는 것을 가지고 말할 수 있습니다. 처음 시라쿠사에 갔을 때, 내 나이는 거의 40세였고 디온은 지금의 히파리노스 정도의 나이였는데,[157] 당시 그는 시라쿠사 사람들이 최선의 법에 따라 살아가는 자유 **b** 인이어야 한다는 생각을 갖고 있었습니다. 그는 이 생각을 평생 내내 간직했었지요. 그러므로 신들 중 어느 신인가가 히파리노스 또한 정치체제에 대해 디온이 갖고 있었던 것과 한마음 같은 생각을 갖게 했다 해도 이상할 것은 없습니다. 그러나 그러한 생각이 어떤 식으로 생겨났는지는 젊은이들이건 아니건 간에 들어 둘 만한 일일 것입니다. 그래서 나는 당신들을 상대로 그것을 처음부터 상세히 살펴보려고 합니다. 지금이 호기이니까요.

나도 젊은 시절 정말 많은 사람들과 같은 기분이었습니다.[158]

c 난 내가 나 자신의 주인이 되면 곧바로 나라의 공적 활동에 뛰어들겠노라 생각하고 있었습니다. 그런데 나에게 나랏일과 관련된 다음과 같은 일이 일어났습니다. 당시의 정치체제가 많은 사람들로부터 비난을 받아 혁명이 일어난 것입니다.[159] 그리고 혁명에는 51명의 사람들이 지도자로 선봉에 나섰는데 그중 11명은 시내에서, 10명은 페이라이에우스에서 각기 시장(市場) 및 도시

d 에서 관할해야 할 일들[160]을 떠맡았고 30명은 모두 전권을 가진 통치자들이 되었습니다. 그런데 이들 중 몇 사람이 나의 친척[161]이거나 내가 아는 사람들이었습니다. 게다가 그들은 곧바로 나를 자기들 일에 적합한 자로 여겨 불러들였습니다. 나로선 젊었던 터라 마음이 동하는 것도 이상할 게 없었습니다. 왜냐하면 나는 그들이 사람들을 부정한 생활에서 정의로운 생활방식에로 이끌어 가면서 나라를 꾸려 갈 것이라고 믿었기 때문입니다. 그래서 나는 그들이 무엇을 하고자 하는지 잔뜩 주의를 기울이고 있었지요. 그런데 그들을 지켜보는 동안[162] 실로 얼마 되지도 않아 이들은 이전의 정치체제가 황금으로 보이게 해 주었습니다. 무

e 엇보다도 그들은 나와 친분 있는 연로하신 소크라테스를─저는 그분을 당시 사람들 중 가장 정의로운 사람이라고 말해도 전혀 부끄럽지 않습니다─시민들 중 어떤 사람을 사형시킬 요량으로 강제로 끌고 오라고 다른 몇 사람과 함께 그에게 파견하려

64

했던 것입니다.[163] 실제로 그분이 원하건 원하지 않건 간에 상관없이 그분을 자기들 일에 끌어들이려고 그랬던 것이지요. 그러 325a
나 그분은 그것을 따르지 않았습니다. 그들의 불경한 행위에 동참하는 것보다는 위험을 무릅쓰고 모든 것을 감내하셨던 것이지요. 실로 이런 모든 소행들과 그 밖에 그와 유사한 작지 않은 것들을 목격하면서 나 자신 분노를 참을 수 없어 당시의 사악한 짓거리들로부터 손을 뗐던 것입니다. 그런데 얼마 지나지 않아 이 30인 정권과 당시의 정치체제가 완전히 전복되었습니다. 그리고 이번엔 전보다는 좀 느리긴 하였지만 어쨌거나 공적인 정치활동에 대한 욕구가 다시금 나를 끌어당겼습니다. 그런데 그때도 상 b
황은 아주 혼란스러웠기 때문에 도저히 분노를 금할 수 없는 일들이 많이 일어났습니다. 그리고 혁명기 동안 적대시했던 사람들 중 일부 사람들이 일부 사람들에 대해 엄청난 보복을 가하는 일은 놀랄 일도 못 되었습니다. 그럼에도 불구하고 당시 망명했다가 돌아온 사람들[164]은 대체로 온건하게 처신하였습니다. 그런데 무슨 운명에서인지 또다시 몇 사람의 권력자들이[165] 우리의 친구[166] 소크라테스를 법정에 세웠습니다. 그것도 가장 불경한 그리고 누구보다도 소크라테스에게 가장 어울리지 않는 죄목을 씌워서 말입니다. 즉 그들은 그를 불경죄로 고발했는가 하면, 어 c
떤 이들은 유죄표를 던져 사형에 처하게 했던 것입니다.[167] 그들자신이 망명자로 불행에 처해 있었을 때 동료 망명자들 중 한 사람이 언젠가 불경하게 잡혀가는 것에 협조하기를 거부했던 그를 말입니다.

실로 그러한 일 그리고 나랏일을 집행하는 그 사람들 및 그들의 법률과 습속을 살펴보면서, 자세히 살펴보면 볼수록 그리고 d 나도 나이를 먹으면 먹을수록 그만큼 나에게는 나랏일을 바르게 처리한다는 것이 더욱 어렵다는 생각이 들었습니다. 왜냐하면 친분 있는 사람들과 믿을 만한 동지가 없이는 나랏일을 집행하는 것이 불가능했고 그런 사람들이 실제 있어도 찾는 것 또한 쉽지 않았기 때문입니다. 왜냐하면 이미 우리나라는 선조들의 습속과 제도에 따라 다스려지지 않았기 때문이죠. 새로운 다른 동지들을 얻는 것도 그렇게 쉬운 일이 아니었고요. 또 성문법이건 관습이건 간에 다 황폐해졌는데, 그 진행은 가히 놀라울 정도였습니다.

e 그리하여 나는 처음엔 공적 활동에 대한 열정이 넘쳐흘렀으나 그러한 것들을 바라보면서 그것들이 완전히 휩쓸려 가는 것을 보고서 급기야 현기증을 느꼈습니다. 그리하여 나는 그와 같은 326a 것들 그리고 나아가 정치체제 전반에 관한 것들이 어떻게 하면 개선될 수 있을까 곰곰이 생각하기를 멈추지는 않았지만, 실제 행동으로 옮기는 것은 때가 오기만을 줄곧 기다리고 있었습니다. 아무튼 나는 결국 지금의 나라 일 전체 상황과 관련하여 그 것들이 온통 잘못 다스려지고 있다고 생각하게 되었습니다. 왜

냐하면 그런 나라들의 법률 상태는 행운을 동반한 놀랄 정도의
대책 없이는 거의 구제가 불가능하기 때문입니다. 그래서 나는
올바른 철학을 찬양하면서, 나랏일이든 개인생활이든 간에 모름
지기 정의로운 것 모두는 철학을 통해 알아낼 수 있는 것이라고
언명하지 않을 수 없었습니다. 그러므로 올바르고 진실되게 철
학하는 그런 부류의 사람들이 권좌에 오르거나 아니면 각 나라
의 권력자들이 모종의 신적 도움을 받아 진정 철학을 하기 전에
는, 인류에게 재앙이 그치지 않을 것이라고[168] 또한 언명하지 않
을 수 없었습니다.   b

내가 처음 이탈리아와 시칠리아에 방문했을 당시[169] 실로 나는
그와 같은 생각을 갖고 있었습니다. 그런데 내가 가서 보니까 그
곳에서도 이른바 행복한 삶이란 이탈리아와 시라쿠사식 요리로
상다리가 휘는 생활이었는데, 그것은 결코 어느 것도 나를 기쁘
게 하는 것이 아니었습니다. 하루 두 차례 배터지게 먹고, 밤에
혼자서 잠자리에 드는 일은 결코 없는 그런 생활은 물론이고, 그   c
러한 삶에 부수되는 일 모두가 다 그랬습니다. 왜냐하면 하늘 아
래 사는 사람들 중 그 어느 누구도 어렸을 적부터 몸에 밴 그러
한 습벽들을 가지고서 사려 깊게 된다는 것은 결코 있을 수 없는
일이기 때문입니다.[170] 누구도 그처럼 두 가지를 겸비할 정도의
놀랄 만한 소질을 갖출 수도 없을 것이고요.[171] 또 그러한 사람이
있다 해도 장차 결코 절제 있는 사람이 될 리도 없을 것입니다.

게다가 다른 덕성들과 관련하여서도 이치는 마찬가지일 것입니다. 그리고 모든 것을 도가 넘치도록 낭비해야 한다고 생각하는 사람들의 나라, 또한 질탕 먹고 마시는 것, 용을 써가며 성적 쾌락에 매달리는 것 외에는 만사 태만해져야 한다고 생각하는 사람들의 나라, 그런 나라는 어떤 종류의 법률 아래에서도 결코 평온할 수가 없을 것입니다. 오히려 그런 나라들은 반드시 참주정과 과두정, 민주정[172]으로의 전락을 결코 멈추지 않을 것이고 그 나라 권력자들은 모두에게 평등한 법률을 갖춘 정의로운 정치체제라는 이름을 듣는 것조차 참지 못할 것이 분명합니다. 실로 서두에서의 생각[173]에 덧붙여 나는 방금 말한 이것을 염두에 두고 시라쿠사로 건너갔던 것입니다. 아마 내가 그곳에 가게 된 것은 우연 때문이긴 하겠습니다만, 그 당시 초인간적인 무엇인가가[174] 디온과 시라쿠사를 둘러싸고 지금 일어나고 있는 일들의 발단을 제공하려고 준비해 두었던 것인지도 모릅니다. 그런데 만약 지금 여러분들이 내 말을 따라 주지 않는다면—이번이 두 번째 조언[175]을 하는 것인데—그 또한 아직도 일어날 수 있는 수많은 사건들의 발단이 되지 않을까 두렵습니다.

그러면 당시 나의 시라쿠사 방문이 모든 사건들의 발단이 되었다고 말하는 뜻은 무엇일까요? 나는 당시 젊은이였던 디온과 교제하면서 사람들에게 최선의 것으로 내가 생각한 것을 말로써 알게 하여 그가 그것을 실행에 옮기도록 조언했는데, 나 자신 의식하지는 못했지만 그것이 어떤 의미에서 장차 참주정의 붕괴를 기도하는 것이었음을 난 몰랐던 것 같습니다. 사실 디온은 그 밖의 어떤 것에 대해서도 그리고 당시에 내가 행한 논의에 대해서도 아주 잘 이해하고 있었고, 내가 만난 젊은이들 중 누구도 따를 수 없을 정도의 명민함과 열성으로 그것을 알아들었습니다. 그래서 그는 자신의 남아 있는 생을 대다수 이탈리아인과 시칠리아인보다는 좀 특별하게 살고 싶어 했습니다. 왜냐하면 쾌락 및 여타의 방종보다 덕을 훨씬 더 사랑하게 되었기 때문이죠. 그런 이유 때문에 참주정하의 법률에 묻혀 사는 사람들에게 그는 더욱 거북한 사람으로 살아가고 있었는데 마침내 디오뉘시오스에게 죽음이 찾아왔습니다.[176]

그런데 그 후 그는 자신이 올바른 논의를 통해 갖게 된 그러한 생각이 결코 자신에게만 생기지는 않을 것이라고 생각했습니다. 그는 주위를 둘러보면서 다른 사람에게도 즉 많은 사람은 아니어도 일부 사람에게서 분명 그런 생각이 싹트고 있음을 감지했습니다. 그리고 신의 가호가 있다면 그중 디오뉘시오스도 어쩌면 그중 한 사람이 될 수 있을 것이라고 생각했고 또한 그가 그와 같은 사람이 되면 그 자신의 삶은 물론 그 밖의 시라쿠사 사람들의 삶도 헤아릴 수 없을 정도로 축복받는 삶이 될 것이라고 생각했습니다. 그것에 덧붙여 그는 내가 모든 수단을 다해 하루라도 빨리 시라쿠사로 와서 그러한 일들의 협력자가 되어야 한다고 생각했습니다. 그는 그 자신과 나의 교유가 얼마나 용이하게 자신을 가장 아름답고 훌륭한 삶에 대한 욕구에 빠져들게 하였는지를 떠올렸던 것입니다.[177] 그는 이번에 만일 그가 시도한 것과 같은 그런 일이 디오뉘시오스에게서도 이루어질 수만 있다면 학살과 처형은 물론 지금껏 벌어진 그런 폐해들 없이, 모든 지역에 걸쳐 행복하고 참된 삶을 가져다줄 수 있을 것이라는 큰 희망을 갖고 있었습니다.

디온은 옳게도 그런 생각을 하고 디오뉘시오스로 하여금 나에게 사람을 보내도록 설득하였고, 그 스스로도 사람을 보내 갖은 수단을 다해 하루라도 빨리 와 달라고 간청하였습니다. 어떤 다른 사람[178]이 디오뉘시오스에게 다가가 최선이 아닌 다른 삶 쪽으로 그를 탈선시키기 전에 말입니다. 이야기하자면 다소 길어지긴 하지만, 그가 간청한 것은 다음과 같은 것이었습니다.

즉 그는 말하길 "뭔가 신적인 행운에 의해 지금 주어진 호기보다 더 큰 호기가 주어지기를 기다리겠다는 것입니까." 그러면서 그는 시칠리아의 이탈리아와 시칠리아에 대한 지배권과 그곳에서의 자신의 권세[179]를 들어 가며 디오뉘시오스의 젊음과 욕구 즉 디오뉘시오스가 철학과 교양에 대해 얼마나 열심을 가졌는지, 그리고 자신의 조카들[180]과 친척들이 내가 늘상 말하는 주장과 삶에 얼마나 쉽게 기울어지는지, 그리고 디오뉘시오스를 함께 끌어들이기에 그들이 얼마나 말할 나위 없이 충분한 조건을 갖춘

자들인지를 말하였습니다. 그는 또 그런 까닭에, 같은 사람이 철 학자이자 큰 국가의 정치지도자가 될 수 있다는 희망이 완전하   b 게 이루어질 날이 만일 언젠가 있다면, 지금이 바로 그때라고 말 하였습니다.

실제 이와 같은 권유의 말과 그 밖의 그런 유의 많은 말들이 있었지요. 그러나 내 생각에는 젊은이들이 관련된 일인 만큼, 도 대체 어떤 일이 어떻게 전개될지 불안이 있었습니다. 왜냐하면 그 나이 또래 젊은이들의 욕구란 금방 변하기도 하고 종종 자신 들과 반대쪽으로 가는 경우도 허다하니까요. 그러나 나는 디온 의 품성이 천성적으로 중후하고, 연령 면에서도 이미 중년에 이 른 사람[181]임을 알고 있었습니다. 그래서 나는 그곳으로 건너가 서 그의 말을 따를 것인지 어쩔 것인지 고민하고 또 망설였지만, 역시 누군가 법률과 정치체제에 대해 생각했던 것을 언젠가 실   c 현하려고 한다면 지금 그래야 한다는 쪽으로 생각이 기울지 않 을 수 없었습니다. 왜냐하면 내가 한 사람만 잘 설득하면 그것으 로 족히 모든 것이 좋게 되는 결과를 가져올 테니까요.

실로 나는 이러한 생각과 용기를 가지고 집을 나섰던 것입니 다.[182] 일부 사람들이 생각했던 그런 이유에서가 아니라, 오히려 무엇보다도 나 자신이 보기에 언젠가 내가 순전히 그저 말만 하 고 결코 자발적으로 하는 행동은 하나도 없는 사람으로 스스로 에게 비쳐지진 않을까 부끄러웠고, 또 한편 디온이 실제로 적지   d

않은 위험에 처해 있을 때 무엇보다도 그와의 우정과 동지애를 배반하는 일을 저지르는 자로 비쳐지진 않을까 두려워하는 마음에서 말입니다. 만일 실제로 디온이 어떤 일을 당했거나 혹은 디오뉘시오스와 그 밖의 원수들에 의해 쫓겨나 우리 쪽으로 도망쳐 와서 이렇게 물었다고 해 봅시다. "플라톤이시여, 내가 망명자로서 당신에게 온 것은 적들을 물리치기 위한 중무장 보병을 원해서도, 기병이 모자라서가 아니라 논변과 설득이 필요했기 때문입니다. 나는 당신이 그런 능력으로 최대한 젊은이들을 선과

e 정의로 나아가게 하고, 일이 있을 때마다 서로 우애와 동지애[183]를 갖게 할 수 있는 분임을 알고 있었습니다. 당신이 갖고 계신만큼 그것들을 내가 갖고 있지 못하여 지금 나는 시라쿠사를 뒤로하고 여기 와 있는 것입니다. 그런데 당신에게 내 경우는 그다지 비난을 안겨 주진 않을 것입니다. 그러나 당신이 늘 찬미하지만, 나머지 사람들에 의해선 소홀히 취급된다고 당신이 말하고 있는 철학의 경우 지금 내 경우와 함께 어찌 배반당한 것이라 아니할 수 있겠습니까? 그 모두 당신에게 달려 있는 한에서 말입

329a 니다. 그리고 만일 우리가 어쩌다 메가라 사람으로 살고 있었다고 한다면[184] 당신은 아마도 내가 당신을 불렀던 목적에 부응하여 나를 도우러 오셨을 것입니다. 그렇지 않다면 당신은 스스로를 모든 사람들 가운데 가장 형편없는 자로 여기셨겠지요. 그런데 당신은 지금, 여정의 길이, 뱃길과 노고의 크기를 구실 삼아

자신이 겁쟁이라는 평판을 면하실 수 있을 것이라고 생각하시는 지요? 결코 그러실 수 없을 것입니다." 이런 질문을 내가 받았 다면 나에게 그에 대한 그럴듯한 대답이 뭐가 있었을까요? 그런 건 없습니다. 오히려 나는 온당한 이치에 따라서 그리고 인간으 로서 할 수 있는 최대한에 따라서 그곳에 갔던 것입니다. 이러한 b 이유들 때문에 나는 결코 부끄럽다고 할 수 없는 나 자신이 종사 해 온 일마저 뒤로하고, 나의 주장과도 나와도 어울린다고 여겨 지지 않는 참주정 치하로 간 것이지요.

그리하여 내가 감으로써 나는 외국인 친구를 돌보는 제우스의 책망으로부터[185] 벗어났고 철학 쪽에 대한 비난도 일게 하지 않 았습니다. 내가 만일 뭔가 기운을 잃고 비겁한 짓을 저질러 형편 없는 수치 속에 처했더라면 더불어 모욕을 당했을 그 철학에 대 해 말입니다. 그런데 가서 보니—이 이야기를 길게 할 필요는 없 습니다[186]—디오뉘시오스의 주변이 파벌싸움은 물론이고 참주에 c 게 디온을 중상모략 하는 일로 온통 가득 차 있음을 발견했습니 다.[187] 그래서 나는 내가 할 수 있는 한 최대로 그를 옹호했지만 내가 할 수 있는 일이란 미미한 것에 불과했습니다. 그리하여 대 략 4개월쯤 지나서[188] 참주는 자신에 대한 모반을 꾀했다는 죄목 으로 디온을 작은 배에다 실어 불명예스럽게 추방해 버렸습니다.

실로 이후 우리들 디온의 친구 모두는 우리 중 누군가가 디온 과 함께 음모를 꾀한 자라는 죄목을 쓰고 앙갚음을 당하지 않을

d　까 두려워하고 있었습니다. 그리고 나에 관해서는, 내가 당시 일
어난 그러한 모든 사건들의 원인제공자로서 디오뉘시오스에 의
해 죽임을 당했다는 말이 시라쿠사에 떠돌았습니다. 그러나 그
는 우리 모두가 그러한 상태에 놓여 있음을 알자 그 공포로부터
무언가 더 큰 일이 일어나지 않을까 걱정이 되어 오히려 호의적
으로 우리 모두를 맞아들였고 그리고 더구나 나를 달래면서 용
기를 내라고 북돋기도 하고 또 어떻게든 남아 있기를 간청하였
습니다. 왜냐하면 내가 그로부터 떠나 버리는 일은 그에게 결코
좋은 일은 아니고 오히려 남아 있는 것이 나았기 때문입니다. 그
래서 그는 무척이나 내가 필요한 것인 양 처신했던 것입니다. 그

e　러나 참주들의 요구에는 우리가 알다시피 강요가 뒤섞여 있는
것입니다. 실로 그런 일을 획책하면서 내가 출항하는 것을 방해
해 왔던 것입니다. 즉 그는 나를 아크로폴리스[189]로 데려가 그곳
에 살게 하였는데, 디오뉘시오스가 그런 식으로 못 가게 방해하
는 경우는 물론이고, 그렇지 않은 경우라 해도 디오뉘시오스가
나를 떠나보내라고 전령을 보내지 않는 한, 그곳에서 나를 데리
고 나갈 선주는 이미 단 한 명도 없었을 것이고, 또 무역상 및 출
입국관리들 중 그 어느 한 사람도 단독으로 내가 떠나도록 내버
려두지 않았을 것입니다. 그런 사람으로서, 나를 잡았을 경우 곧
바로 다시 디오뉘시오스에게 끌고 가지 않았을 사람은 없습니다.
특히 그때[190]는 이미 디오뉘시오스가 플라톤을 끔찍이도 따른다

는, 이전과는 정반대의 소문이 다시 퍼져 있었기 때문입니다.

그러나 사실은 어떠했을까요? 진실은 밝혀야 합니다. 그는 시간이 흐르면서 내 방식과 성향에 친숙해짐에 따라 나날이 더욱 나를 따랐습니다만, 다른 한편 내가 디온보다 그 자신을 더 칭찬해 주기를 그리고 디온보다 더 각별하게 친구로 여겨 주기를 바랐으며 나아가 그러한 것에 대단한 집착을 갖고 있었습니다. 그러나 그렇게 되고자 하면, 그렇게 되게 해 주는 최상의 것, 즉 철 b
학에 관한 담론을 배우고 들으면서 자기 것으로 만드는 일이라든지 나와 함께 지내는 것, 이런 일들에는 그는 소극적이었습니다. 왜냐하면 중상모리배들이 모함해 대는 말대로 그 자신 어떤 식으로건 딴죽이 걸려 넘어지는 것은 아닌지, 또 그 모든 것이 디온이 노린 대로 되는 것은 아닌지 두려워했기 때문입니다. 그러나 나는 내가 이곳에 왔을 때 처음 가졌던 생각을 지켜 가면서 모든 것을 꾹 참고 견뎠습니다. 그가 어떻게든 철학적인 삶에 대한 욕구에 다가섰으면 하는 생각에서 말입니다. 그러나 그것에 반대로 가는 쪽에 내가 지고 말았습니다.

내가 시칠리아를 처음 방문하여[191] 체재한 시기에 그곳에서 일어난 일의 경과는 모두 이상과 같습니다. 그런데 그 후, 나는 디 c
오뉘시오스로부터 아주 간절한 초대를 받아 또다시 집을 떠나 그곳에 갔습니다.[192] 그곳에 간 이유와 행한 일들은 다 그럴만하고 정당한 것들이지만, 그것들에 관해서는 두 번째 방문이 무엇을 소망하며 간 것인지를 묻는 사람들을 위해 나중에[193] 이야기하기로 하고, 당장은 우선 현재 벌어지고 있는 일을 토대로 무엇을 해야 할지를 당신들에게 조언하기로 하겠습니다. 왜냐하면 부차적인 사안이 주요 사안처럼 말해지는 일이 나에게 일어나지 않도록 하기 위해서입니다. 내가 말하고자 하는 바는 이렇습니다.

d 병들고 건강에 나쁜 생활방식을 영위하는 자들에게 조언하려는 사람은 무엇보다도 우선 그들의 생활을 바꿔놓아야 합니다.[194] 그리고 그가 말을 따르고자 할 경우 비로소 그 밖의 것도 권해야 합니다. 그러나 그가 말을 들으려 하지 않는다면 그러한 조언을 접고 물러서는 것이 남자답고 의사다운 사람이라고 나는 생각합니다. 그 반대로 나는 또 말을 듣지 않는데도 참고 자리를 지키고 있는 자[195]는 남자다운 자가 아니며 또한 돌팔이라고 생각합니다. 실로 나라에서도 마찬가지입니다. 지도자가 한 사람이건 여러 사람이건 간에 정치체제가 방식에 맞게 올바른 길로 가고 있는 상태에서 무언가 적절한 조언이 요구될 경우, 지각 있는 자라면 그러한 자들을 위해 조언하는 것이 마땅합니다. 그러나 그들이 올바른 정치체제로부터 아주 벗어난 쪽으로 가고, 전혀 제 궤도로 가려 하지 않을 경우, 그리고 오히려 조언해 준 사람에게, 정치체제를 그대로 내버려 두어야지 변동해선 안 되며 만약 변동하고자 할 경우 죽음을 면치 못하게 될 것이라고 경고

76

하는 한편, 또 자기들의 소망과 욕구에 부응하는 방식으로서 어떤 방식이 가장 쉽고 가장 신속하고도 항구적인 것인지 조언해 줄 것을 명령하는 경우, 이들에게 그러한 조언을 갖다 바치는 자는 남자답지 못한 자라고 나는 생각합니다. 반대로 그것을 걷어차는 사람이야말로 남자다운 자라고 나는 생각합니다. 실로 나는 이와 같은 생각을 갖고 있으므로 만일 누군가가 자기 삶을 둘러싼 어떤 큰 문제에 관해 나에게 조언을 구할 경우, 이를테면 돈 버는 데 유용한 일 혹은 육체 및 영혼을 돌보는 법에 관해 조 [b] 언을 구할 경우, 내 생각에 그가 적절한 방식으로 자신의 일상생활을 꾸려 가고 있다고 여겨지거나 또 상담내용에 관해 조언해 줄 경우 따를 용의가 있다고 여겨지면, 나는 기꺼이 조언해 주고 있습니다. 나 자신 그저 욕 안 먹을 정도로 적당히[196] 끝맺지는 않습니다. 그러나 나에게 전혀 조언을 구하지 않거나 조언을 해도 전혀 받아들이려 하지 않을 게 분명한 경우, 그런 사람에게 내가 자청해서 조언하지는 않습니다. 그리고 강제로 그리하라고 하면 그 상대가 내 아들일지라도[197] 나는 조언하지 않을 것입니다. 그러나 노예에게는 조언을 하되 그가 싫다고 해도 강제로라도 난 할 것입니다.[198] 그러나 아버지나 어머니의 경우는 병으로 [c] 정신이 온전치 않은 경우가 아닌 한, 강제로 조언하는 것은 불경스럽다고 난 생각합니다.[199] 또 나에게는 그렇지 않으나 그분들로서는 만족스러운 어떤 안정된 삶을 살고 있을 경우 공연히 그분들에게 쓸데없는 것을 권유하여 마음을 상하게 하거나 또 자기라면 그것을 기꺼이 받아들여 살고 싶지는 않을 그런 유의 욕구들을 충족시켜 드리면서 그분들에게 비위를 맞추어 가며 섬기는 것 또한 불경하다고 나는 생각합니다.

d 그러므로 생각이 있는 사람은 자신의 나라에 대해서도 그와 같은 것을 염두에 두고서 살아가야 합니다. 자기에게 나라가 잘 다스려지지 않는 것처럼 보일 경우, 말하는 것이 공염불이 아닌 한, 또 말하면 죽을 수밖에 없는 것이 아닌 한,[200] 말을 해야 합니다. 그러나, 설사 사람을 추방하거나 죽이는 일 없이는 최선의 정치체제를 실현하는 것이 불가능한 경우일지라도, 정치체제의 변혁을 위한 폭력[201]을 조국에다 가해선 안 됩니다. 그때는 오히려 평온을 유지하면서 자신과 나라를 위해 최선의 것을 기원해야만 합니다.

실로 이와 같은 방식에 따라 나는 여러분들에게 조언할까 합니다. 또 나는 디온과 디오뉘시오스에게도 그런 방식으로 조언을 하였습니다. 우선은 최대한 어떻게든 스스로가 자신의 주인
e 이 될 수 있도록, 그리하여 믿을 만한 친구와 동지들을 얻을 수 있도록 일상의 삶을 살도록 조언했던 것입니다. 디오뉘시오스가 그의 부친이 겪었던 아래와 같은 일들을 겪지 않도록 말입니다. 그의 부친은 이민족에 의해[202] 황폐해진 시칠리아의 크고도 수많은 나라들을 접수하여 정치체제를 구축하고자 했는데 그

때 그 각각의 나라들에 심복이 되는 동지들로 이루어진 믿을 만
한 정부를 세울 수가 없었습니다. 그 동지들이 다른 어딘가 이방   332a
에서 온 사람들이건 형제들[203]이건 말입니다. 그런데 이들은 그
들이 젊었을 때 그가 돌봐 주었던 사람들로서 그가 평범한 보통
사람에서 통치자로, 또 가난뱅이에서 부자로 각별하게 키워 냈
던 그런 사람들인데도 말입니다. 이들 중 어느 누구도 설득으로
건, 가르침으로건, 환대로건, 친분으로건 간에 통치의 협력자로
아무리 바꾸어 놓으려고 해도 그럴 수가 없었습니다. 그래서 그
는 다레이오스[204]보다 7배나 더 취약하게 되었던 것입니다. 다레
이오스는 형제들에게도, 자기가 양육했던 사람들에게도 믿음을
주지 않았고, 오로지 메디아인 환관[205]을 타도하는 데 협조한 사   b
람들에게만 신뢰를 부여하였고, 국토 전체를 한 부분이 각각 시
칠리아반도 전체보다도 큰 일곱 개의 나라로 분할하여 그들에게
나누어 주었습니다. 그리하여 그는 협력한 자들을, 신뢰할 수 있
는 자들로 대우하여 그에게는 물론이고 그들 서로에게도 적대하
는 일이 없도록 하였습니다. 그리하여 그는 이를테면 법률가와
뛰어난 왕은 어떠한 자가 되어야 할 것인가에 대한 모범을 보여
주었던 것입니다. 왜냐하면 그는 법률을 완벽하게 구축하여 지
금까지도 페르시아 제국이 온존하도록 해 놓았기 때문입니다.[206]
게다가 아테네 사람들 또한, 이민족들에 의해 함락되었지만 사
람들이 거주하는 수많은 그리스 도시들을 넘겨받아, 비록 이 도

시들을 아테네 사람들 자신들이 식민하지는 않았을지라도, 거의
c 70년에 걸쳐[207] 지배권을 행사해 왔습니다. 각각의 나라들에 친
분 있는 사람들을 갖고 있었기 때문이지요. 그러나 디오뉘시오
스는 시칠리아 사람들 모두를 하나의 도시로 끌어모았지만[208] 자
기 지혜만 믿고 어느 누구도 믿지를 않아 그저 간신히 나라를 유
지했던 것입니다. 즉 그에겐 친분 있고 믿을 만한 사람들이 빈
약했기 때문입니다. 덕과 악덕의 증표로서 사람이 그러한 사람
들을 갖고 있느냐 없느냐보다 더 큰 것은 없습니다. 그래서 나
와 디온은 그 점을 디오뉘시오스에게 조언해 왔던 것입니다. 부
d 친으로부터 양육 받은 결과, 그는 고작 이 정도의 수준, 즉 교양
은 물론 신분에 걸맞은 교유[209]조차 할 수 없는 상태에 있었기 때
문에, 우선 그것을 향해[210] 매진한다면 친척들은 물론 동년배들[211]
중에서 자신을 위해 몇 사람의 친구들 및 함께 덕을 추구하는 협
력자들을 얻게 될 것이라고 말입니다. 다른 무엇보다도 그로서
는 덕을 향해 자신과 친구가 되는 것이지요. 왜냐하면 그는 놀랄
정도로 그것을 결하고 있었기 때문입니다. 물론 이 점을 대놓고
말하진 않았습니다. 그랬다가는 신변상 안전하지 않기 때문입니
다. 그래서 수수께끼식으로[212] 그리고 말 하나하나에 고심해 가
면서 이렇게 말했습니다. 사람은 모두 그렇게 하면 자신과 자기
e 가 이끄는 사람들을 구제할 수 있게 될 테지만 그러한 방향으로
하지 않으면 모든 것이 정반대의 결과로 끝나게 될 것이라고 말

입니다. 그리고 또 그가 우리가 말해 준 대로 실천하여 그 자신이 분별과 절제[213]를 갖추어서 만일 황폐해진 시칠리아의 도시들을 식민하고 법과 정치체제로 결속시켜, 결과적으로 이민족들의 공격에 대항하여 그 자신과도 그리고 그들 서로끼리도 친밀한 동맹이 되게 만들면, 부친의 지배권을 단지 두 배가 아니라 실로 몇 배를 강화시키는 것이 될 것이라고 말입니다. 사실 이런 일들이 이루어진다면 그는 겔론 시대[214] 때 카르타고인들이 처했었던 예속상태보다 더 가혹하게 카르타고인들을 예속상태로 빠트릴 수가 있으며, 그것과는 정반대인 지금의 상태 즉 그의 부친이 이민족에게 공물[215]을 바치는 데 동의해 버린 것 따위의 사태 또한 없게 될 것이라고 조언을 했던 것입니다.

333a

이상이 우리가 디오뉘시오스에게 말했던 것이자 권고였습니다. 그런데도 우리가 그에 대해 모반을 꾀하는 자들이라는 말들이 여러 곳에서 소문으로 흘러 나왔고 또 급기야 그러한 소문들이 디오뉘시오스를 압도하는 바람에 결국 디온은 추방되고 말았고 우리들도 공포 속에 내던져지게 되었던 것입니다.

b

그런데 이후 적지 않은 사건들이 일어났지만 그것들을 짧은 시간 내에[216] 말하자면 요컨대 디온은 그렇게 추방되었다가 펠로폰네소스와 아테네로부터 돌아와 말이 아닌 행동으로 디오뉘시오스를 훈계하였습니다.[217] 그러나 그가 도시를 해방시켜 그들에게 두 번[218]이나 나라를 되찾게 해 주었을 때조차, 시라쿠사 사람들은 당시[219] 디오뉘시오스가 디온에 대해 갖고 있었던 감정과 같은 감정을 갖고 있었습니다. 디온은 그를 가르치고 통치권에 걸맞은 왕으로 기르면서 그런 식으로 그와 전 생애를 함께 하려고 c 시도하였으나, 디오뉘시오스는 중상모리배들의 말에 속아 넘어가고 말았던 것입니다. 그들은 디온이 당시에 행한 모든 것이 참주정에 대한 음모에서 나온 행동이며 그 목적 또한 디오뉘시오스로 하여금 교육을 통해 마음을 현혹시켜 디온에게 의지한 채 통치를 등한하게 하여 자기가 통치권을 빼앗아 계략으로 그를 권좌에서 내쫓고자 했다는 것입니다. 당시 시라쿠사 사람들 사이에서 이러한 소문들이 재차 나돌았고 그 소문은 또 승리를 거두었는데, [이 승리는] 승리를 가져다준 자들에게 아주 터무니없는 것이자 치욕이 되는 승리였습니다.

이러한즉, 지금 사태와 관련해서 나를 초청하려는 사람들은 d 그때 어떤 일이 일어났었는지를 꼭 들어야만 합니다. 나는 아테네 사람으로서 디온의 동지로서 그의 전우로서 참주를 방문했습니다. 싸움 대신에 우애를 도모하기 위해서였지요. 그러나 중상모리배들과의 싸움에서 난 지고 말았던 것입니다. 그러나 디오뉘시오스가 명예와 금품으로 자기와 한편이 되도록, 그리고 자기를 위해 디온의 추방이 타당했음을 지지하는 증인이자 친구가 되어 줄 것을 설득해 왔을 때는, 이런 일에 대해선 그가 완전히 e 실패했습니다. 그런데 그 후 디온은 조국으로 복귀하면서 아테네로부터 자기들끼리 형제간인 두 사람[220]을 달고 왔습니다. 그런데 그 두 사람과는 철학에 의거해서가 아니라 보통의 대다수 친구들 사이에서 떠도는 그런 유의 동지애에 의거하여 친구가 된 사람들이었습니다. 이러한 동지애는 함께 향응을 즐기거나 같은 종교에 입문하였거나 특별한 비밀의식에 참여하거나[221] 그런 일을 겪으면서 비롯된 것입니다. 더욱이 그를 수행하여 돌아온 그들의 경우 그러한 일로 친구 사이가 된 것에 덧붙여, 디온에게 귀국하는 뱃길까지 도움을 주는 바람에 동지가 되었던 것이지요. 그러나 시칠리아에 도착해서 그들은 디온에 의해 해방 334a 된 시칠리아 사람들 사이에서 디온이 그 자신 참주가 되려고 음모를 꾸미고 있다는 중상에 내던져져 있다는 것을 감지하게 되었습니다. 그래서 그들은 단지 동지이자 외지 친구인 그를 배반하는 데 그치지 않고 이른바 그를 죽인 살인자가 되기까지에 이르렀습니다.[222] 그들 자신이 직접 무기를 들고 학살자들 옆에 서서 그들을 돕는 수족이 되었던 것입니다. 이 수치스럽고 불경한 일을 나로서는 못 본 체 넘어갈 수도 없고 그렇다고 뭐라 말할 것도 없습니다. 왜냐하면 이것은 나 말고도 많은 사람들에게 관심사로 회자되고 있고 또 앞으로도 쭉 그럴 것이기 때문입니다. b 그러나 그들 아테네 사람들이 나라에 오명을 씌웠다는 소문에 대해서는 한마디 해 둘까 합니다. 내가 말하건대 돈과 그 밖에 많은 명예를 취할 수 있을 때 그 같은 사람을 배반하지 않은 그 사람[223] 또한 아테네 사람이었습니다. 왜냐하면 그는 통속적인 친분을 통해 친구 사이가 된 것이 아니라 자유인다운 교양을 함께 나눔으로써 친구가 되었기 때문입니다. 사려를 가진 자가 혼의 인척관계 및 신체의 인척관계보다도 더 신뢰해야 할 것은 이것뿐입니다. 그러므로 디온을 살해한 그 두 사람은 한때 유명하게 되었을지언정 그렇다고 나라에 비난을 안겨줄 만한 사람조차도 못 되는 자들입니다.[224]

c

이상은 모두 디온의 친구들과 친척들을 위해 충고로서 한 말입니다. 그리고 나는 이상의 것에 덧붙여, 이미 했었던 똑같은 조언과 주장을—이게 세 번째라 당신들이 듣는 쪽으로서 세 번째인 셈인데—또 해야겠습니다. 내 말인즉슨 시칠리아는, 다른 나라도 그래서는 안 되겠지만 전제적인 인간들에게 종속되어서는 안 될 것이며 법에 의해 종속되어야만 합니다. 왜냐하면 그

d

것[225]은 예속하는 자들이나 예속을 당하는 자들에게 그들 자신이건 아이들이건 아이들의 자손들이건 간에 결코 좋을 것이 없고, 오히려 그러한 시도는 전적으로 파괴적이기 때문입니다. 그리고 영혼들의 성향이 편협하고 천박한 자들이 그러한 것들을 이익으로 낚아채기를 좋아합니다. 현세에서나 내세에서도 신적인 그리고 인간적인 선과 정의에 대해 좋은 것을 전혀 알고 있지 못하기 때문이지요.

이것을 처음에[226] 난 디온에게 설득하려 했고 두 번째로[227] 디

오뉘시오스에게 그랬으며 지금 세 번째로[228] 여러분들에게 설득하고자 하는 것입니다. 그러니 세 번째 구원자 제우스[229]에게 빌며 부탁하건대, 내 말을 잘 따라 주세요. 여러분들은 또 디오뉘시오스와 디온을 눈으로 보았을 테니까요. 그중 한 사람은 내 말을 듣지 않아 아름답지 못하게 이생을 살고 있으나, 내 말을 들은 사람은 아름답게 이생을 하직하였습니다. 왜냐하면 그 자신과 나라를 위해 가장 아름다운 것을 추구할 때에 겪어야 할 것을 겪는 것은 전적으로 올바르고 아름다운 것이기 때문입니다. 우리들 중 본래 어느 누구도 죽지 않는 자로 태어나지 않았으며 누가 그렇게 된다 해도 그는 대다수 사람들이 생각하는 것 같은 그런 행복한 사람은 되지 않을 것이기 때문이지요. 사실 영혼이 없는 것들에게는 언급할 만한 가치가 있는 그 어떤 선과 악도 없으며, 그것은 영혼이 육체와 함께 있든 따로 떨어져 있든 상관없이 각각의 영혼에 있는 것이라 할 것입니다.

그리고 우리들은 옛날부터 전해 오는 신성한 말[230]을 진정으로 항상 따라야 합니다. 그 말은 우리에게 '영혼은 불사이며 육체로부터 풀려나게 되면 반드시 심판을 받고 가장 큰 대가를 치른다'는 것을 알려 주고 있습니다. 그러므로 큰 잘못과 부정의는 자기가 그것을 저지르는 것보다 그것에 당하는 것이 오히려 덜 나쁜 것이라고 생각해야 합니다.[231] 물론 돈은 좋아하면서도 영혼은 빈약한 사람은 이러한 말을 듣지도 않을 것이고 설령 듣는다 해도 자기 생각대로 비웃음을 던지겠지요. 그는 모든 영역에서 짐승과도 같이, 자기 생각에 먹는 것, 마시는 것으로 여겨지는 것은 모두 그리고 부당하게도 아프로디테[232]라고 불리는 비루하고 품격 없는 쾌락에 이르기까지 모두, 자기들에게 만족을 가져다주는 것이라 생각되는 것이면 그 어떤 것도 아무런 부끄럼 없이 모조리 낚아채려 할 것입니다. 그런 자는 눈이 멀어서 그것들을 약탈하는 행위들 중 어느 것에 불경죄가 따라붙는지, 그 그릇된 행위들 각각에는 얼마나 무거운 재앙이 늘 붙어 다니는지를 보지 못합니다. 불의를 저지른 자가 지상에서 아무리 이곳저곳 떠돌아다녀도 그리고 지하로 돌아가 갖은 방식으로 철저히 불명예스럽고 비참한 길을 걸을 때조차 그 재앙은 그를 반드시 따라다닙니다.

그래서 나는 이것 및 그 밖의 그러저러한 것들을 말해 주면서 디온을 설득하였습니다. 그리고 나는 어떤 의미에서 디오뉘시오스에게 하는 것과 아주 똑같은 그만큼 아주 정당하게 디온을 죽인 자들에게도 화를 낼 수 있는 것입니다. 왜냐하면 그들과 디오뉘시오스 양쪽 모두는 나와 거의 모든 사람들에 대해 엄청난 해악을 끼쳤기 때문입니다. 전자는 정의를 실행하려 했던 사람을 철저히 파멸시켰기 때문이고, 후자는 가장 큰 권력을 갖고 있으면서도 통치의 전 기간을 통해 정의를 실현하려 들지 않은 사람이기 때문입니다. 그 통치하에서 철학과 권력이 참으로 같은 한 사람에게서 생겨났더라면 그리스인들과 이방인들 전 인류에 걸쳐 충분하게 빛을 발하면서 아래와 같은 참다운 생각[233]을 모두에게 불어넣어 주었을 것입니다. 참다운 생각이란 "사려분별과 더불어 정의로써 삶을 영위하지 않는다면,[234] 그 어떤 나라건, 사람이건 간에 결코 행복할 수 없다. 그것은 자기 안에 갖추고 있거나 아니면 경건한 통치자들의 품성 속에서 바르게 길러지고 가르쳐짐으로써 있는 것이다"라는 그러한 생각입니다. 디오뉘시오스는 이러한 해악들을 끼쳤는데. 내가 보기엔 여타의 피해는 그가 끼친 이러한 해악에 비하면 새 발의 피일 겁니다. 그런데 디온을 살해한 자들은 자기가 그 자[235]에 필적할 만한 짓을 저질렀다는 걸 모르고 있습니다. 왜냐하면[236] 나는 디온에 대해서 다음과 같은 것을 확실히 알고 있기 때문입니다. 사람이 사람들에 관해 확신을 갖고 말할 수 있는 한, 만일 디온이 통치권을 갖고 있었다면 결코 이런 것 이외의 다른 통치 형태를 지향하지 않았을 것입니다. 즉, 우선 그 자신의 조국인 시라쿠사 문제에 대해서는 먼저 그 노예상태를 푼 다음 나라를 청결하게 하여 체제상 자유로운 나라를 세웠을 것입니다. 그다음에 그는 모든 수단을 다해 나라에 적합한 최선의 법률로 시민들을 질서 지웠을 것입니다. 그리고 그다음에 그것들에 뒤따르는 과제들을 실행하는 데에 전념을 다했을 것입니다. 즉 시칠리아 전체를 식민하고, 이민족들 중 어떤 자들은 추방하고 어떤 자들은 히에론[237]이 한 것보다 쉽

게 굴복시켜 시칠리아를 이민족들로부터 해방시키는 그러한 일

b 들 말입니다. 그런가 하면 또 이러한 일들이 정의롭고 용감하며
절제 있고 지혜를 사랑하는 사람에 의해[238] 실현되었더라면, 덕
에 대한 다음과 같은 생각이 많은 사람들에게 생겨났을 것입니
다. 즉 디오뉘시오스가 내 말을 따랐더라면 이른바 전 인류에 걸
쳐 그 생각이 실현되어 그가 모두를 구원했을 것이라는 그런 생
각이 말입니다. 그러나 지금 현재는 아마도 어떤 신령 내지 원혼
같은 것이 무법적이고도 신성 모독적으로 그리고 무엇보다도 무
지스런 만용을 가지고 우리를 습격해 왔습니다.[239] 무지는 모든
사람에게 모든 해악을 뿌리내리게 하고 자라나게 하며, 나중에
그것을 심은 자들에게 가장 쓴 열매를 가져다주는 것인데, 바로

c 이 무지[240]가 두 번째로 모든 것을 뒤집어엎고 파탄에 이르게 했
던 것입니다.

그러나 이제 세 번째로 새점(鳥占)에서 길조를 비는 마음으로
말을 삼가도록 합시다. 하지만 그럼에도 불구하고 디온의 친구
들인 여러분들에게 디온을 닮도록 조언하고자 합니다. 즉 디온
이 보여 준 조국에 대한 성의와 절제 있는 삶의 방식을 좇아, 보
다 길조의 점괘가 나왔을 때, 디온의 바람을 실현하는 데 노력
해 줄 것을 조언하는 것입니다. 여러분은 그의 바람이 무엇인지

d 나한테서 명확히 들었습니다. 여러분들 중 선조로부터 내려오는
도리아풍의 삶[241]을 영유할 수 없고, 또 디온을 살해한 자의 삶의

방식 및 시칠리아풍의 삶의 방식을 추구하는 자가 있으면 절대 영입해선 안 되며, 그들이 언젠가 신뢰할 만한 어떤 건전한 일을 실행할지도 모른다고 여겨서도 안 됩니다. 시칠리아 전체의 식민과 법적 평등을 위해서는 그들과 다른 사람들을 영입해야 합니다. 시칠리아에서 직접 영입하든지 펠로폰네소스 전 지역에서 영입하든지 상관없으며 아테네에서 영입하는 것 또한 두려워할게 없습니다. 왜냐하면 그곳에도 모든 사람들보다도 덕에 있어서 뛰어난 사람이 있고 또 손님을 살해한 자[242]들의 만용을 혐오하는 자 또한 있으니까요. 그러나 어쨌든 이런 일들은 장차의 일들이고, 당장은 여러 파벌들 간에 온갖 종류의 많은 불화들이 연일 일어나고 그것들이 당신들을 짓누르고 있는 만큼,[243] 조금이나마 어떤 행운의 신으로부터 올바른 생각[244]을 나눠 받은 자라면 누구라도 아마 이것만큼은 명심해 두어야 할 것입니다. 즉 싸움에 이긴 자들이, 여러 사람들을 추방하고 살해하는 식으로 분풀이를 한다거나 복수를 위해 원수들에 대해 앙갚음하는 일을 그만두고, 오히려 스스로에 대해 절제력을 가진 자로서 자기들 못지않게 패자들에게도 만족을 가져다주는 공동의 법률을 제정하여, 그들로 하여금 외경과 공포라는 두 가지 강제로써[245] 그 법을 반드시 준수하도록 강제하기 전까지는, 파벌 싸움을 하는 자들에게서 결코 재앙이 멈추는 일은 없다는 것을 말입니다. 이때 공포에 의해서란 싸움에 이긴 자들이 패한 자들보다 강자이므로

e

337a

힘을 과시함에 의해서라는 것이고, 외경에 의해서란 그들이 쾌락을 이겨내는 데도 강하고 법률에 복종하는 데도 더욱 의욕적이고 더욱 능력이 있다는 것을 보여 줌에 의해서라는 것을 말합니다. 이 길 말고는 달리 그 내부에서 다툼이 일어나고 있는 나라가 재앙에서 벗어날 수 있는 길은 없으며, 파벌 싸움과 적대 관계와 증오와 불신은 서로가 서로에 대해 그렇게 분열된 나라에서는 끊임없이 늘 발생하기 마련입니다.[246] 실로 승자들은 나라의 안전을 욕구한다면 늘 자기들끼리 서로 그리스 사람들 중 가장 훌륭한 자를 수소문해서 그 사람을 뽑아야 합니다. 우선 나이가 많아야 하고[247] 가정에서 처자를 거느리고 있고 그들의 모든 선조들 중 뛰어나고 유명한 사람이 최대한 많으며, 그래서 아주 충분할 정도의 재산을 소유한 사람들입니다. 이들의 수는 1만 명이 사는 국가의 경우 50명이면 충분합니다. 실로 이러한 사람들을 최대한의 간청과 영예로써 살던 곳에서 불러들여야 합니다. 그래서 불러들이게 되면 다음과 같은 의무사항을 서약하게 하고 법률을 제정하도록 의뢰해야 합니다. 즉 승자이건 패자이건 누구에게 더 많이 주는 것 없이, 나라 전체에 두루 똑같은 것을 누구에게나 주겠노라고 서약케 하는 것입니다. 또한 법률이 제정되면 그 성공 여부의 모든 것은 이 안에 있게 됩니다. 즉 승자들 자신이 패자들보다 더 법률을 지킬 태세가 되면 모든 것이 안전과 행복으로 충만할 것이고 모든 재앙으로부터의 탈출이 가능할 것입니다. 그러나 그런 태세가 아니라면, 나든 그 밖의 누구든 지금 이 편지에 쓴 내용에 따르지 않는 자의 협조자로 불러들여서는 안 됩니다. 왜냐하면 이러한 것은 곧 디온이나 내가 시라쿠사를 위해 좋다고 생각하여 실현코자 시도했었던 것들과 아주 밀접한 연관을 갖는 것이기 때문입니다. 물론 차선의 것이긴 하지만요. 하지만 최선책은, 디오뉘시오스 그 사람과 함께 모든 사람들에게 공통된 선으로서 애당초 실현하려고 시도했던 것인데, 인간보다 강한 어떤 운명이 그것을 허공에 날려 버리고 말았던 것입니다. 그러나 이제 여러분들이 운명의 신의 가호와 어떤 e 신적 우연의 도움을 받아 보다 좋은 행운을 누리면서 그것이 잘 실현되도록 노력해 주세요.

자, 나의 조언과 당부, 그리고 앞선 디오뉘시오스[248] 방문에 대해서는 이쯤 하기로 합시다. 하지만 그다음 번 뱃길 여행[249]이 얼마나 합당하면서도 적절하게 이루어졌는지를 듣고 싶은 생각이 있는 사람들은 이어서 들을 수 있습니다. 내가 이야기했던 대로 나의 시칠리아 체류 중 처음 시기에 대한 이야기는 디온의 친척 338a 들과 주변 동료들에게 충고하기 전에[250] 내가 마무리 지었습니다. 그 이후[251] 나는 할 수 있는 수단을 다해서 디오뉘시오스를 설득하여 나를 보내 주도록 하였고, 우리 둘 다는 다음과 같이 하기로 합의를 했습니다. 평화가 찾아오면(그때는 시칠리아가 전쟁 중에[252] 있었기 때문입니다), 디오뉘시오스는 자신의 권력을 둘

러싼 사항들이 한층 안정이 되는 대로, 디온과 나를 다시 부르
러 사람을 보내기로 하였습니다. 그런 한편 그는 디온에게는 당
시에 디온 자신에게 벌어진 일이 추방이 아니라 이주[253]라고 생
각할 것을 요청했습니다. 다른 한편 나는 이 조건하에서 돌아오
겠노라고 합의했습니다. 평화가 찾아오자, 그는 나를 부르기 위
해서는 사람을 보냈지만, 디온에게는 여전히 한 해를 더 지체하
라고 요구하고는, 나더러는 돌아오라고 갖은 수단을 다해서 요
청했습니다. 그리하여 디온은 나더러 배를 타라고 종용하고 당
부했습니다. 그 이유는 디오뉘시오스가 요즘 다시 놀랍도록 철
학에 대한 열의에 차 있다는 이야기가 시칠리아에서 많이 전해
졌기 때문입니다. 이를 근거로 디온은 우리에게 부름에 불응하
지 말기를 간곡히 당부했습니다. 그렇지만 나는 비록 철학과 관
련해서 젊은이들에게 그런 일이 많이 일어나는 것을 보긴 했었
지만, 그때만큼은 디온과도 디오뉘시오스와도 상당한 거리를 두
는 것이 더 안전하다는 판단을 내렸고, 그래서 내가 나이가 들었
을 뿐만 아니라 현재 벌어지고 있는 일 중에 합의에 따라 이루어
지는 것이 아무것도 없다고 답장을 했고, 그래서 둘 다를 화나게
했습니다. 그런데 그 일이 있고 나서 아르퀴테스[254]가 디오뉘소
스의 궁정에 도착한 듯싶습니다(왜냐하면 떠나기 전에 나는 아르퀴
테스와 타렌툼 사람들과 디오뉘시오스 사이에 선린과 우호의 관계를
맺어주고 배를 탔기 때문입니다). 또한 시라쿠사에는 디온에게서

뭘 좀 귀담아들은 사람들도 있고, 또 이들에게서 귀담아들은 사람들이 있었는데, 이들은 철학에 대해 귀동냥한 소리로 꽉 차 있었습니다. 이들은 디오뉘시오스가 내가 생각하는 것을 전부 귀담아들었으리라고 생각하고서는, 내가 보기에는 그런 것들과 관련된 문제들에 대하여 디오뉘시오스와 대화하려 시도했던 것 같습니다. 하지만 그는 배움의 능력과 관련해서 유달리 자질이 없거나 하진 않았지만 놀랄 만치 명예욕이 강했습니다. 그리하여 그에게는 아마도 이야기되는 것들이 마음에 들기도 했고, 내가 방문했을 때 자신이 아무것도 들은 것이 없다는 사실이 드러나는 것을 부끄럽게 생각하기도 했을 것입니다. 그런 이유로 그는   e
더 확실하게 귀담아듣고자 하는 욕구로 치닫는가 하면, 동시에 명예욕이 그를 안달 나게 했습니다. 이전의 방문에서 그가 무엇 때문에 듣지 못했는지는 좀 전에 위에서 한 이야기에서[255] 자세히 설명했습니다. 방금 말한 대로, 내가 집으로 무사히 돌아와서 그가 두 번째로 초청하는 것을 거절했을 때, 내가 보기에 철저히   339a
명예를 탐하는 마음에서 디오뉘시오스는 내가 그의 자질과 성향을 하찮게 여기는가 하면 그의 생활방식을 겪어 보고서는, 넌더리가 나서 더는 그의 궁전에 가기를 거부하는 것으로 누군가에게 보이지 않을까 염려하는 것 같았습니다. 자, 마땅히 나는 진실을 말하고, 그래서 일어난 일에 대해서 누군가가 듣고서는 나의 철학을 경멸하고 그 참주가 지각이 있다고 생각하더라도 견여내야 합니다. 디오뉘시오스는 세 번째 초청 때에는[256] 여행의 편의를 위해서 나에게 삼단노선을 보내는 한편, 시칠리아에 있는 사람들 중에서 내가 가장 높이 평가한다고 그가 생각하는 사

b 람이자 아르퀴테스의 제자 중 한 사람인 아르케데모스와 시칠리아에 있는 내가 아는 다른 사람들을 보냈기에 하는 말입니다. 그런데 이들 모두가 나에게 같은 이야기를 전했습니다. 디오뉘시오스가 철학에 대해서 진전을 보이는 정도가 놀랍다는 것입니다. 한편 그는 내가 디온과 어떤 상태에 있으며[257] 내가 배를 타고 시라쿠사에 가기를 디온 역시 바란다는 점을 알고서 아주 긴 편지를 보냈습니다. 그는 이 모든 것을 고려해서 그 편지를 준비했고, 서두는 대략 다음과 같은 식이었습니다. "디오뉘시오스

c 가 플라톤에게." 이에 더해서 의례적인 말을 하고서는 그다음으로는 다짜고짜 바로 다음과 같이 말하였습니다. "당신이 우리에게 설득이 되어 지금 시칠리아에 온다면, 먼저 당신 자신이 원하는 그대로 디온과 관련된 일들이 이루어지는 것을 볼 수 있을 것입니다. 나는 당신이 적정한 것들을 바라리라는 것을 알고 있고, 나는 그것을 허용할 것입니다. 그렇지 않다면, 디온과 관련된 일들 중 그것이 다른 것들과 관련된 것이든 그 자신과 관련된 것이든지 간에 그 어느 것도 당신의 뜻에 맞게 이루어지지 않을 것입니다." 그는 이런 식으로 그 이야기를 했고, 그 밖의 이야기들은

d 이야기하자면 길고 그럴 때도 아닐 겁니다. 다른 한편 아르퀴테

스를 비롯해 타렌툼에 있는 사람들로부터 다른 편지들이 빈번히 왔는데, 디오뉘시오스의 철학을 칭송하는 그 편지들에는 내가 지금 오지 않으면, 나를 통해 디오뉘시오스와 그들 사이에 생긴 우호관계가 정치적인 일들과 관련해서 적지 않은 의미가 있는데 도 그것을 내가 완전히 틀어지게 할 것이라는 내용도 있었습니 다. 당시 바로 그와 같은 초청이 이루어져, 시칠리아와 이탈리 아 쪽 사람들은 나를 끌어당기고, 아테네 쪽 사람들은 부탁과 더 불어 거의 떠밀다시피 했는데, 다시 역시 이유는 같은 것으로,[258] 디온과 타렌툼에 있는 외지 친구들이자 동지들을 포기해서는 안 된다는 것이었습니다. 그런가 하면 내 편에서는 쉬 배우는 젊은 사람이 말할 만한 가치가 있는 것들에 대하여 귀동냥을 해서 최 선의 삶에 대한 사랑에 빠지는 것은 전혀 놀랄 일이 아니라는 생 각이 들었습니다. 그래서 도대체 어느 쪽에 사태의 진실이 있는 지를 명확히 검토해야지, 그것을 미리 포기해서도 안 되고, 누군 가가 한 이 이야기들이 정말일 경우에 있을 엄청나고 참된 비난 을 사는 사람이 되어서도 안 되겠다는 생각이 들었습니다.

그래서 나는 이런 생각 때문에 눈 딱 감고 여행을 떠나게 됩니 다. 짐작하다시피 걱정되는 것이 많았고 그다지 좋은 예감이 들 지는 않았지만 말이죠. 그리하여 나는 갔고, 그리하여 '구원자를 위한 세 번째'[259]라는 이 말을 나는 정말로 실감했습니다. 왜냐하 면 나는 다시 운 좋게 무사히 돌아왔으며, 이 점에 대해서만큼은 신 다음으로 디오뉘시오스에게 감사를 표해야 하기 때문입니다. 많은 사람이 나를 죽이고 싶어 했지만 그는 막아주었고 나와 관련된 일들에 대해 일말의 염치를 보였기 때문입니다. 내가 도착했을 때, 나는 우선 다음과 같은 것에 대해서, 즉 정말 디오뉘시오스가 불에 의한 듯이 철학에 의해 불이 붙었는지, 아니면 아테네에 전해진 그 많은 이야기가 헛된 것인지를 검토해 봐야겠다고 생각했습니다. 그런데 그런 일들과 관련하여 상스럽지 않고 정말 참주들에게 적합하며, 특히 귀동냥한 소리로 가득 찬 사람(그가 바로 그런 경험을 많이 했다는 사실을 나는 가서 바로 알아차렸습니다.)에게 적합한 시험이 한 가지 있습니다. 그와 같은 사람들에게는 그 수행이 전체적으로 어떤 것이고 어느 만큼의 수행을 통해야 하고 어느 만큼의 노고가 드는 것인지를 보여 주어야 합니다. 만일 그가 진정 지혜를 사랑하고, 또한 비범하여 그 수행과 가까운 사이이며 그 수행에 적합하다면, 그는 그 수행에 대해 듣고서 경탄할 만한 길에 대해 들었다고 생각하고 이제는 그것에 매진해야 하고 그렇게 하지 않는 자는 살 가치가 없다고 생각할 것입니다. 바로 그다음부터 그는 스스로도 매진하고 그 길을 이끄는 사람도 매진케 하고, 모든 것을 끝마치거나 길을 제시해 준 사람으로부터 독립해서 스스로 자신을 인도할 수 있는 능력을 갖추기 전까지는 그를 놓아주지 않을 것입니다. 그런 사람은 이런 식으로, 그리고 이것들을 염두에 두고 살면서, 그 어떤 활동에 종사하더라도 그 모든 것을 넘어서 언제나 철학을 고수하고 자신이 최대한 쉬 배울 수 있고 기억을 잘할 수 있으며 자신 안에서 맑은 정신으로 사고할 수 있는 생활양식을 고수합니다. 반면에 이와 반대되는 생활양식은 끝까지 혐오합니다. 그러나 진정으로 지혜를 사랑하지 않는 사람들은 육신이 태양에 의해 그을린 사람들처럼 의견들에 물든 나머지 배울 것들이 얼마나 많고 얼마나 오랜 노고가 들며 규칙적인 생활방식이 그 수행에 적합하다는 것을 알고 나면 그것이 자신들에게는 어렵고 불가능하다고 생각합니다. 그래서 정말로 그것에 전념할 수 없게 됩니다. 그들 중 또 어떤 사람들은 자신들이 전부 다 충분히 들었고 더 이상은 어떤 수행도 전혀 필요하지 않다고 자신들을 설득시킵니다. 그러니 이 시험은 사치스런 삶을 살고 노고를 감내할 수 없는 사람들을 상대로 해서 확실하고도 가장 안전한 시험이 됩니다. 왜냐하면 그 시험을 통해서는 그 사실을 밝혀주는 사람을 탓하는 일이 없고 그 수행에 부가되는 모든 일에 전념할 수 없는 자신을 탓하기 때문입니다.

지금 이야기된 것을 바로 이렇게 그때 디오뉘시오스에게도 이야기했습니다. 그렇지만 모든 것을 내가 상세히 설명하지도 않았고 디오뉘시오스가 그것을 요구하지도 않았습니다. 그는 다른 자들에게서 귀동냥한 것을 가지고 자신이 가장 중요한 것들을 많이 알 뿐만 아니라 그것으로 충분한 척했기 때문입니다. 심지어 나는 나중에 그가 그때 들었던 것들에 대해서, 그가 들었을 내용과는 전혀 다른 내용으로 마치 자신의 작품인 양 구성해서 책을 썼다는 소리를 듣게 됩니다. 하지만 나는 그 작품의 내용 중에 아는 것이 아무것도 없습니다. 나는 그 이외에 다른 사람들이 이와 똑같은 것들에 대하여 책을 썼다는 것을 알고 있지만, 그들이 어떤 사람들인지는, 그들 자신이 자신들을 모릅니다.[260]

c 하지만 내가 몰두하고 있는 것들에 관해 안다고 말하며 이미 책을 썼거나 앞으로 책을 쓸 모든 사람에 대해서(그들이 내게서 듣고서 그러든 다른 사람에게서 듣고서 그러든, 또는 스스로 발견했다고 하고 그러든), 다음과 같은 정도만큼은 확언해 줄 수 있습니다. 적어도 내 의견에 따르면 이들은 그 주제에 대해서 전혀 정통할 수 없다는 것입니다. 그것들에 대한 나의 저술은 있지도 않고 결코 나오지도 않을 겁니다. 왜냐하면 그것은 다른 학문들처럼 결코 말로 옮길 수 있는 것이 아니라, 주제 자체와 관련하여 이루어진 오랜 교유[261]와 공동생활로부터, 예컨대 튀는 불꽃에서 댕

d 겨진 불빛처럼 갑자기[262] 혼 안에 생겨나서 비로소 자기 자신을 스스로 길러 내기 때문입니다. 그렇지만 나는 그 주제가 글이나 말로 옮겨진다면 나에 의해 가장 잘 말로 옮겨지리라는 것쯤은 압니다. 더 나아가 그것이 글로 잘못 옮겨지면 내가 가장 괴로움을 받으리라는 것도 압니다. 하지만 대중을 상대로 해서 그것들이 충분히 글과 말로 옮길 수 있는 것으로 내게 보였더라면, 사

람들에게 대단한 이로움이 되는 것을 글로 옮겨 내고 모두를 위   e
해 그 본성이 빛을 보게 하는 이 일보다 더 아름다운 일을 우리
가 일생에 할 수 있었을까요?[263] 그러나 나는 그런 시도라고 하는
것이 사람들에게 좋은 것이라 생각하지 않습니다. 약간의 암시
만 받아도 스스로 알아낼 수 있는 소수의 사람은 예외가 되겠지
요. 하지만 그런 시도가 그 밖의 어떤 사람들은 당치 않게도 옳
지 못한 경멸감으로, 또 어떤 사람들은 뭔가 신묘한 것들을 배웠
다고 생각하는 탓에 드높고도 속빈 기대감으로 가득 차게 할 것
입니다. 그렇지만 아직 좀 더 그 주제들에 관해 이야기를 해야겠   342a
다는 생각이 드는군요. 왜냐하면 그것들에 대해 이야기가 되어
야 내가 말하는 것들이 좀 더 분명해질 것 같기 때문입니다. 사
실 그와 같은 주제들에 대하여 아무것이나 글로 옮기기를 감행
하는 자들에 대항하는 참된 논변이 있습니다. 이것은 이전에도
내가 여러 차례 이야기한 것이긴 하지만, 지금 다시 이야기해야
할 듯합니다.

있는 것들 각각에는[264] 그것들을 통해서가 아니면 앎이 생길 수
없는 세 가지가 있고, 앎 자체는 네 번째 것입니다. 앎의 대상이
며 참으로 있는 것[265]인 것 자체는 다섯 번째로 놓아야 합니다.
하나는 이름이요, 두 번째는 정의요, 세 번째는 모상이요, 네 번   b
째는 앎입니다.[266] 그러니 지금 이야기되는 것을 배우기 원하면
한 가지 사례와 연결해 파악하고, 다른 모든 것과 관련해서도 그

런 식으로 사고하세요.[267] 원이라 불리는 어떤 것이 있고, 우리가
지금 발음하는 바로 그 이름은 거기에 붙어 있는 것입니다. 그것
의 정의가 두 번째 것으로, 이름들과 술어들로 구성됩니다. 어
느 가장자리에서나 중심까지의 거리가 모든 방면에서 같다는 것
이 그것의 정의이고, 거기[268]에 "구형의", "둥근", "원"이라는 이
c   름이 붙어 있다는 말입니다. 세 번째 것은 그려지거나 지워지며
돌림판에서 돌려 만들어지거나[269] 부서지는 원입니다. 원 자체는
이 모든 원과 관련되어 있지만 이것들과는 다른 것으로서, 이런
일들을[270] 전혀 겪지 않습니다. 네 번째 것으로는 이 원들에 대한
앎과 지성과 참된 의견이 있습니다. 이것들은 소리에도 물체의
형태에도 없고 영혼들 안에 있기 때문에 우리는 이것들 모두를
한 가지라고 파악해야 합니다. 그런 점에서 이것들은 원 자체의
본성과도 다르고 앞서 이야기된 세 가지[271]와도 다른 것이 분명합
d   니다. 이것들 중에서 지성이 친족성과 유사성의 측면에서 다섯
번째 것과 가장 가까이 근접한 반면, 그 밖의 것들은 더 멀리 떨
어져 있습니다.

둥근 형태뿐만 아니라 곧은 형태와 색깔과 관련해서도, 좋은
것과 아름다운 것과 올바른 것과 관련해서도, 인공적인 물체나
자연적으로 생긴 모든 물체, 즉 불, 물 및 그와 유사한 모든 것에
관련해서도, 온갖 생물과 영혼에 있는 성품과 관련해서도, 능동
적인 것과 수동적인 것[272] 모두와 관련해서도 사정은 같습니다.

사실 이것들[273]에 대하여 어떤 방식으론가 네 가지 것을 파악하지   e
못한다면, 누구도 결코 다섯 번째 것에 대한 앎에 완벽하게 동
참하지 못할 것입니다. 이에 더해 이것들은 말의 허약함 탓으로
각각의 것의 실재[274] 못지않게 각각의 것의 어떠어떠함[275]을 밝히
려 듭니다. 그런 이유로 생각이 있는 사람이라면 누구라도 그것   343a
에다 자신이 생각한 것들을 담아 두지 않을 것이고, 글로 새겨진
것들이 겪는 고정성 때문에도 그렇게 하지 않을 것입니다.

　그런데 방금 이야기된[276] 이것에 대해서는 새로 다시 설명을 들
을 필요가 있습니다. 실제로 그려지거나 돌림판에서 돌려 만들
어진 각각의 원은 다섯 번째 것에 대립되는 것으로 가득 차 있습
니다. 왜냐하면 그것은 모든 방향에서 직선과 접하기 때문입니
다.[277] 하지만 원 자체는 그 자체 안에 대립되는 본성의 것을 더
도 덜도 갖지 않는다고 우리는 말합니다. 그리고 그것들[278] 중 어
느 것에도 확고한 이름이 없으며 지금 굽은 것들이라 불리는 것   b
들이 곧다고 일컬어지고 곧은 것들이라 불리는 바로 그것들이
굽었다고 일컬어지지 말라는 법이 없으며, 그것들의 이름을 바
꿔서 반대로 부르는 사람들에게는 그런다고 해서 이름이 그들에
게 덜 확고한 상태가 되지는 않을 것이라고[279] 우리는 말합니다.
정의에 대해서도 동일한 논변이 적용됩니다. 이름과 술어로 구
성되는 한에서 정의는 충분히 확고하게 확고한 것이 아니라는
것이죠. 그런가 하면 네 가지 것들 각각과 관련해서 그것이 불분

명하다는 무수한 논변들이 있지만 가장 중요한 것은 좀 전에 우리가 이야기했던 것입니다. 즉 두 종류의 있는 것들[280]인 실재와

c 어떠어떠함 중에서 혼이 알고자 찾는 것은 어떠어떠함이 아니라 무엇임[281]이지만, 네 가지 것들 각각이 이론으로나 실제로나 영혼에 제시하는 것은 영혼이 찾는 것이 아니고, 각 경우에 말로 옮겨지거나 그림으로 옮겨지는 것을 언제나 감각에 의해[282] 쉽게 논박되기 때문에, 모든 사람을 온갖 어려운 문제와 불분명함으로 가득 채운다고 할 수 있습니다. 그리하여 나쁜 양육 탓에 참된 것을 찾아내는 데 우리가 익숙하지 못하고, 모상들의 제시된 형태로 충분한 영역[283]에서는, 네 가지 것들을 분석하고 논박할

d 수 있으면, 서로 질문을 주고받을 때 우리는 서로에게 비웃음을 사게 되지는 않습니다. 반면에 우리가 다섯 번째 것에 대하여 답하고 밝힐 필요가 있다고 주장하는 영역에서는, 상대 주장을 뒤엎을 능력이 있는 사람이면 누구나 원하기만 하면 주도권을 잡고 말이나 글 또는 대답의 방식으로[284] 설명하는 사람을 듣는 사람들 대다수에게 그가 글로 쓰거나 말로 하려 시도하는 것들에 대해 아무것도 알지 못하는 사람으로 보이게 만듭니다. 이는 논박의 대상이 되는 것은 글로 쓰거나 말로 하는 사람의 영혼이 아니라 네 가지 것들 각각의 본성이라는(그 본성이 하찮기 때문에)

e 사실을 듣는 사람들 대다수가 때때로 모르기 때문입니다. 한편 본래 훌륭한 것에 대한 앎은 위아래로 각각의 것을 차례대로 옮

102

거가며 그것들 전부를 두루 섭렵[285]해야 겨우 본래 훌륭한 사람에게 생깁니다. 그런데 대다수의 사람들의 혼의 상태가 배움을 위해서나 이른바 품성을 위해서나 본래 나쁘게 태어났듯이, 누군가가 본래 나쁘게 태어났거나 그가 나중에 망가졌다면,[286] 륑케 344a 우스[287]라도 그런 사람들을 보게 만들지 못할 것입니다. 한마디로 하면, 그 대상과 친족 간이지 않은 사람이라면 쉬 배우는 능력이나 기억력이라도 그를 보게 만들지 못한다 할 것입니다. 애초에 그런 일은 이질적인 상태에는 생기지 않기 때문입니다. 그리하여 올바른 것들과 그 밖의 아름다운 것들에 본성적으로 속하거나 친족 간이지 않은 다른 사람들은 다른 것들은 쉬 배우는 동시에 기억하더라도 이들 중 그 누구도 결코 덕과 악에 대한 진리를 가능한 한도까지 배우지 못하며, 친족 간이라도 잘 배우지 못하고 기억력이 나쁜 자들도 역시 그렇습니다. 왜냐하면 이것 b 들을 배우는 것은 내가 처음에 말했듯이 전체 실재의 거짓과 진상을 배우는 것과 동시에 이루어져야 하며, 많은 시간을 들여 온갖 연마를 해야 하는 것이 필연적이기 때문입니다. 이름들과 정의들, 시각들과 감각들이 서로와 관련해서 각각이 연마되고 호의를 품은 검토 과정에서 검토가 되고 질투심 없는 물음과 대답을 이용할 때, 인간의 능력의 최대치에 이르러, 가까스로 분별력 c 과 지성이 각각과 관련해서 빛을 발합니다.

바로 이런 이유로 해서 누구든 진지한 사람이 진지한 실재들에 대해 글을 써 그것이 사람들 사이에서 질시 받고 혼란에 빠지게 하는 일은 결코 없을 것입니다. 한마디로 해서 이 점들을 보건대, 글로 쓰인 어떤 이의 저술을 누군가가 보게 되면, 그 어떤 이 자신이 진지한 사람일 경우에는 그것이 입법가의 법률 형태로 된 것이든 다른 어떤 형태로 된 것이든 간에, 이 사람이 가장 진지하게 대하는 것이 아니라는 사실을 알아야 합니다. 아울러 그가 가장 진지하게 대하는 것은 그의 것들 중 가장 아름다운 장소에[288] 놓여 있을 것이라는 사실도 알아야 합니다. 그런데 진정

d 으로 그가 그것을 진지하게 대하면서도 글의 형태로 놓았다면, "그렇다면 정말이지", 신들이 아니라 사멸하는 인간들 "자신이 그의 분별을 망쳤던 것입니다."[289]

　바로 이 이야기 겸 여담을 좇아온 사람이라면 디오뉘시오스든 그보다 능력이 더하거나 덜한 어떤 사람이든 자연과 관련하여 절정이자 최우선적인 것들 중 무엇인가를 글로 썼다면, 나의 견해에 따르면 그가 썼던 것들 중에서 그가 변변하게 듣거나 배우고서 쓴 것은 아무것도 없다는 사실을 잘 알 것입니다. 그랬더라면 그는 나와 마찬가지로 그것들을 경외하였을 것이고, 그것들을 감히 걸맞지도 적합하지도 않은 곳에 내던져 버리지는 않았을 테니까요. 그가 나중에 기억해 내기 위한 수단 삼아 쓴 것도 아니니 말입니다. 왜냐하면 누구든 일단 그것을 영혼에 의해 포

e 획하면 그것을 잊을 위험은 전혀 없기 때문입니다. 그것은 아주

짧은 형태로[290] 되어 있으니까요. 만약 그가 그것을 썼다면, 이는 그것을 자신의 것인 체하거나, 그것에 대한 교육의 참여자인 체해서 명예를 얻으려는 부끄러운 욕심 때문입니다. 그리고 그 교육에 참여함으로써 생기는 명성을 좋아했던 것이라면, 그에게는 그 교육에 참여할 자격이 없었을 것입니다. 그러니 단 한 차 345a 례의 교유에서 디오뉘시오스에게 그것이 생기는 일이 가능은 하겠지만, 어떻게 해서 그것이 생겼는지는, 테베 사람이 말하듯이, 제우스신께서나 아실 일입니다.[291] 왜냐하면 우리가 그것에 대해 상세한 이야기를 한 것은 내가 말했던 방식대로였을 뿐만 아니라[292] 그것도 딱 한 차례뿐이었고, 그 이후에는 더 이상 하지 않았기 때문입니다.

그러니 그것들과 관련된 일이 어떻게 일어났는지를 밝히는 데 관심이 있는 사람이라면 누구든 그다음 것을, 즉 어떤 이유로 우리가 자세한 이야기를 두 번 세 번, 또는 더 여러 번 하지 않았는지를 생각해 봐야 합니다. 디오뉘시오스 스스로 그것을 발견했거나 남들한테서 그것에 대해 배웠거나 한 터라, 딱 한 번만 들어도 될 정도로 안다고 생각할 뿐만 아니라 실제로도 충분히 알 b 고 있는지, 아니면 내가 이야기한 것들이 하찮은 것들이라고 생각했는지, 또는 세 번째로는 자신이 그것에 비할 바 못 되고 그것이 더 대단하며, 참으로 자신은 분별과 덕을 돌보며 살 수는 없다고 생각하는지를 살펴봐야 합니다. 만약 그가 그것들이 하찮다고 생각한다면, 그런 문제들에 대해서는 디오뉘시오스보다 훨씬 권위 있는 심판관들이자 그의 말과 반대되는 이야기를 하는 다수의 증인들과 그가 싸우게 될 것이기에 하는 말입니다. 반면에 그가 그것들을 스스로 발견했거나 배웠다고 생각한다면, 그리하여 그것들이 자유인을 위한 영혼의 교육과 관련해서 가치가 있는 것이라고 생각한다면, 그가 이상한 인간이 아닌 한 어떻게 그것들을 인도하는 자요 그것들의 권위자인[293] 사람을 그렇게 가볍게 무시할 수 있겠습니까? 그가 어떻게 무시했는지를 나는 말해 보고자 합니다.

그 일이[294] 있고 얼마 시간이 흐르지 않아서 디오뉘시오스는 그전에는 디온 자신의 재산 소유를 인정하고 재산의 수익을 누릴 수 있게 허용했으면서도, 그때는 마치 그 편지[295]를 완전히 잊은 듯이 디온의 재산관리인들이 그 수익을 펠로폰네소스[296]로 보내는 것을 더 이상 허용하지 않았습니다. 그것이 디온의 것이 아니라 디온의 아들의 재산이며, 디온의 아들은 자신의 조카이고 자신은 그의 법적 재산관리인이라면서 말입니다. 이런 것들이 그때까지 그동안에 그가 했던 일들이었고, 그런 일들이 벌어지는 동안 나는 철학에 대한 디오뉘시오스의 열망을 정확하게 간파했고, 상황 또한 내가 화내고 싶어 하는지와는 상관없이 화를 낼 만 했습니다. 실은 때가 벌써 여름이었고 배들의 출항시기였습니다. 그래서 나 자신에게보다, 그리고 "죽음과도 같은 카륍디스

를 되밟으라고"[297] 나로 하여금 세 번째로 스퀼라 해협을 건너가
도록 종용한 사람들에게보다 디오뉘시오스에게 더 많이 화를 내
서는 안 되고, 디온이 그렇게 흙탕물을 뒤집어쓰고 있는 상황에
서는 내가 머물러 있을 수는 없노라고 그에게 말해야 한다는 생
각이 내게 들었습니다. 그는 내가 그렇게 빨리 가서 그런 일들을
전하는 것이 자신에게 좋지 않다고 생각해서 나를 달래기도 하
고 머물러 달라고 요구하기도 했습니다. 하지만 나를 설득하지
못하자 자신이 직접 나를 위해 호위선을 준비하겠노라고 말했습
니다. 왜냐하면 나는 상선을 타고 갈 작정이었기 때문이었습니
다. 내가 전혀 부당한 일을 하지 않은 것이 분명한데, 부당한 일
을 당하는 것이었기 때문에 나는 분노했으며, 내가 제지당하고
있는 상황이니만큼 어떤 일이라도 무릅써야겠다고 생각했기 때
문입니다. 그런데 그는 머물러 있으라는 제안을 내가 도무지 수
용하지 않는 것을 보자, 출항기 동안 머물게 할 다음과 같은 한
가지 수단을 강구합니다. 그다음 날 그가 와서 내게 그럴듯한 이
야기를 합니다. 그는 말하길, "갈등을 자꾸 야기하고 있는 디온
과 디온의 재산 문제가 나와 당신 사이에 걸림돌이 되지 않게 치
워 버립시다. 나는 당신을 봐서 디온에게 다음과 같이 하려고 합
니다. 나는 그가 자신의 재산을 넘겨받아서 펠로폰네소스에서
살되 망명객이 아니라 그가 그곳을 떠나와도 좋겠다는 생각이,
그 사람뿐만 아니라 나에게도, 그리고 그의 친구인 당신들에게

도, 그런 생각이 들 때에 거기서 떠나올 수 있는 신분으로서 살 것을 요청합니다. 물론 이것은 그가 나에 대해 모반을 꾀하지 않는 경우에 해당이 되는 사항이고, 당신과 당신의 친지들 및 여기 있는 디온의 친지들이 보증을 서야 한다는 것이 나의 요청이며, 한편 디온이 당신들에게 확답을 주도록 해야 합니다. 그리고 그가 받을 재산들은 펠로폰네소스와 아테네 지역에서 당신들 마음에 드는 사람에게 맡기게 하고 디온이 그 수익을 누리게 하되 당신들 없이 그것을 가져갈 권한은 주지 마세요. 나는 그가 이 재산을 나와 관련해서 정당하게 사용하리라고 별로 믿지 않습니다. 그 재산이 적지 않거든요. 그보다 나는 당신과 당신의 친구들을 더 믿습니다. 이 조건들이 당신에게 흡족한지 보시고, 이것을 조건으로 해서 올해는 머무르시고 내년에 이 재산들을 갖고 떠나세요. 디온도 자기를 위해 이것들을 처리해 준 당신에게 무척 감사해 하리라 장담합니다"라고 했습니다.

나는 이 이야기를 듣고서 화가 치밀었지만, 그럼에도 불구하고 궁리 끝에 다음 날 이와 관련한 결정 사항을 그에게 알려 주겠노라고 말했습니다. 그때 우리는 그러기로 약속했습니다. 그리하여 그 후 나는 홀로 되어 궁리했으나 몹시 갈등이 되었습니다. 하지만 궁리하는 나를 이끌어간 이치는 다음과 같은 것이었습니다. "자, 만약 디오뉘시오스가 자신이 말하는 이것들 중에서 그 어느 것도 이행할 생각이 없으면서도 내가 떠나고 나서 좀 전

108

에 나에게 한 이야기들을 디온에게 편지로 설득력 있게 써 보내되(자신뿐만 아니라 심지어 자기 사람들 중 다른 많은 사람에게도 그렇게 하도록 명해서는) 그가 나에게 하라고 당부한 일들을 그 자신은 원했지만 나는 원하지 않았고, 디온의 일에 대해서 내가 거의 관심이 없었다는 듯이 써 보낸다면? 이런 일들에 더해서 심지어 내가 배를 타고 떠나는 것을 그가 승인하지 않으면서, 어떤 선장 347a 에게도 본인이 직접 명령을 내리지는 않는다고 하더라도, 모든 사람에게 내가 배를 타고 떠나는 것을 자신이 원하지 않는다는 사실을 밝히는 일이 쉬운 일이라면, 어느 누가 디오뉘시오스의 궁전에서 떠나려는 나를 손님으로 맞아 데려 가려 할까?"(사실 다른 문제점들에 더해서 나는 궁전 둘레에 있는 정원에 기거하고 있었고, 디오뉘시오스에게서 별다른 명령이 하달되지 않는 한 문지기는 내가 나가는 것을 허락하지 않았을 것입니다.) 반면에 내가 올해 여기서 머문다면, 나는 디온에게 이런 일들을 편지로 써서 내가 처한 상황과 내가 진행하는 일들을 전할 수 있을 것이다. 또한 만약 디오뉘시오스가 자신이 말하는 것들 중 하나라도 이행한다면, 일이 나 때문에 전적으로 우습게 처리되는 것은 아닐 것이다. 제 b 대로 평가한다면 디온의 재산은 아마 못해도 100탈란톤은 될 테니까. 반면에 일어나기 십상인, 지금 낌새를 보이고 있는 일들이 일어난다면, 내 자신 어떻게 처신해야 할지 난감하겠지만, 그럼에도 불구하고 올해는 더 수고를 하고 실질적인 행동으로 디오

c 뉘시오스의 간계를 검토해 보려 노력하는 수밖에 없을 듯하다."

이런 결정을 내리고 다음날 나는 디오뉘시오스에게 "나는 머물기로 결정했습니다"라고 말했습니다. "하지만 내가 디온에게 영향력을 미치리라고는 생각하지 말고, 나와 함께 당신은 그에게 지금 결정된 것들을 밝히는 글을 보내, 이것들이 그의 마음에 드는지, 그렇지 않고 다른 것을 원하고 요구한다면, 그것들을 가급적 빨리 편지로 보내라고 요청하는 한편, 디온과 관련된 일들 중 그 어느 것도 새로 바꾸지 말 것을 나는 당신에게 당부합니다"라고 나는 말했습니다. 지금 내가 한 이야기들은 실제로 이야기되고 우리가 합의한 내용 거의 그대롭니다.

그런 일이 있은 후에 상선들은 떠났고, 나는 더는 배를 잡아탈 수 없게 되었습니다만, 그때 디오뉘시오스는 재산의 절반은 디온의 것이어야 하지만 절반은 아들의 것이어야 한다는 언급을
d 내게 했습니다. 그는 재산을 내놓아서 팔리면 그 절반은 가지고 가도록 내게 주겠지만, 절반은 디온의 아들에게 남겨 두겠노라고 말했습니다. 그렇게 하는 것이 가장 올바르기 때문이라는 것이었습니다. 나는 그가 한 이야기에 충격을 받고 더 이상 대거리하는 것이 우스운 일이라고 생각했지만, 우리는 디온의 답장을 기다렸다가 바로 이 사항들을 다시 편지로 알려 주어야 한다고 말했습니다. 하지만 이런 일들에 이어서 그는 디온의 전 재산을
e 너무도 일방적으로 내놓았고, 어떤 방식으로 어떻게 누구에게

팔 의향인지, 그것들에 대해서는 나에게 전반적으로 어떤 말도 없었고, 나 또한 마찬가지로 디온과 디온의 문제들에 관해서 더 이상 대화를 나누지 않았습니다. 해봐야 더 이상 나아질 게 없다고 생각했기 때문입니다.

그때까지 나는 철학과 내 친구들을 이런 방식으로 도왔습니다. 이후 나와 디오뉘시오스는 살아가긴 했습니다만, 나는 어디론가부터 날아가 버리고 싶어 하는 새처럼 밖을 바라보며 살았고, 그는 어떻게 하면 디온의 재산을 전혀 내주지 않고 나를 놀래켜 날아오르게 할지를[298] 궁리하면서 살았습니다. 그러면서도 우리는 전 시칠리아를 향해서는 우리가 동료라고 말했습니다. 그런데 나이든 용병들에게 디오뉘시오스가 자신의 아버지의 관례와 다르게 더 적은 봉급을 지불하려고 시도했고, 격분한 병사들은 무리로 집결해서는 받아들이기를 거부했습니다. 디오뉘시오스는 아크로폴리스의 성문을 닫아걸고 진압을 시도했으나, 그들은 이민족의 진군가를 소리 높여 부르며 성벽으로 돌진했습니다. 이에 질겁해서 그는 모든 것을 양보했고 심지어 그때 모였던 경방패병들에게는 그 이상의 것을 양보했습니다. 그런데 이 모든 일의 원인이 헤라클레이데스[299]라는 소문이 빠르게 퍼졌습니다. 이를 듣고 헤라클레이데스는 피신하여 몸을 숨겼는데, 디오뉘시오스는 그를 체포하기 위해 찾다가 그것이 어렵게 되자 테오도테스[300]를 정원으로 불렀습니다. 그런데 마침 나는 그때에 정원에서 산책하고 있었습니다. 다른 내용은 내가 알지도 못하고 그들이 대화하는 내용을 듣지도 못했지만, 내 앞에서 테오도 테스가 디오뉘시오스를 상대로 말한 내용은 내가 알고 있고 기억하고 있습니다. 그는 말하길, "플라톤, 사실 나는 여기 계신 디오뉘시오스에게 다음과 같은 점을 설득시키고 있습니다. 내 생각에 만일 내가 헤라클레이데스를 지금 그에게 걸린 혐의와 관련한 해명을 위해 여기 있는 우리에게 데려올 수 있게 된다면, 그래서 그가 시칠리아에서 살아서는 안 된다는 결정을 디오뉘시 오스가 내리는 경우에는 그가 아들과 부인을 데리고 펠로폰네소스로 떠나서, 거기서 디오뉘시오스에게 아무런 해를 끼치지 않고 자기 재산의 수입으로 먹고 살게 하는 것이 적절하다는 점을 말입니다. 그런 생각에서 나는 이전에도 그를 부르러 사람을 보냈고, 지금도 부를 참입니다. 부디 이전 부름에든 지금 부름에든 그가 내 말에 응했으면 합니다. 다른 한편 디오뉘시오스에게 내가 주장하고 또 요구하고 있는 것은 누군가가 헤라클레이데스를 성 바깥에서 발견하든, 여기서 발견하든 관계없이 디오뉘시오스 자신이 다른 결정을 내리지 않는 한 이 고장에서 떠나는 것 외에는 그가 사소한 해라도 입어서는 안 된다는 점입니다. 당신은 이 점들에 동의하십니까?"라고 디오뉘시오스를 향해서 그가 말했습니다. "동의하오. 설사 그가 당신 집 부근에서 나타나더라도 지금 이야기된 것에 거슬러 그가 사소한 해라도 입는 일은 없을

d

e

것이오."

그런데 그다음 날 오후에 에우뤼비오스[301]와 테오도테스 둘이
보는 사람이 놀랄 만큼 당황해서는 황급히 내게 와서, 테오도테
스가 말했습니다. "플라톤, 어제 디오뉘시오스가 헤라클레이데
스와 관련해서 나와 당신에게 동의의 말을 했을 때, 당신은 그
자리에 계셨습니까?" "물론입니다." 내가 말했습니다. "지금 경
방패병들이[302] 헤라클레이데스를 붙잡으러 수색하며 뛰어 돌아다
니고 있는데, 아마 그가 여기 어딘가에 있는 모양입니다." 그가
말했습니다. "무슨 일이 있어도 우리와 함께 디오뉘시오스에게   349a
가주십시오." 그가 말했습니다. 그래서 우리는 길을 나서서 그
의 궁전에 들어가서, 그 둘은 눈물을 흘리며 말없이 섰고, 내가
말을 했습니다. "여기 있는 이 사람들은 당신이 헤라클레이데스
와 관련해서 어제 합의한 것들을 어기고 무슨 새로운 일을 벌이
지 않을까 싶어서 걱정하고 있습니다. 내 생각에는 그가 돌아와
여기 어딘가에 나타난 듯합니다." 그는 듣고 얼굴을 붉힐 뿐만
아니라 화가 나서 내는 온갖 낯빛을 다 냈습니다. 반면에 테오도
테스는 그의 발 앞에 엎드려 그의 손을 잡고 눈물을 흘리며 그런   b
일은 절대 하지 말아 달라고 간청했고, 나는 끼어들어 위로의 말
을 했습니다. "테오도테스, 기운을 내세요. 디오뉘시오스는 결코
어제 합의된 것을 어기고 다른 일을 감행하지는 않을 테니까요."
그러자 그는 나를 노려보며 지극히 참주답게 말했습니다. "나는

크든 작든 당신과 동의한 것이 없소." 하지만 내가 말했습니다. "맹세코, 당신은 지금 이 사람이 하지 말 것을 요구하는 것들에 대해 동의했습니다." 이 말을 하고 나는 등을 돌려 밖으로 나왔습니다. 그 후에 디오뉘시오스는 헤라클레이데스를 추적했으나, 테오도테스는 헤라클레이데스에게 전령들을 보내서 피신할 것을 권했습니다. 디오뉘시오스는 테이시아스[303]와 경방패병들을 내보내 추격하도록 명했습니다. 그렇지만 사람들 이야기로는 헤라클레이데스가 하루의 작은 부분에 해당하는 시간 차이로[304] 먼저 카르타고 영토로 피했다고 합니다.

이 일이 있고 나서 디오뉘시오스는 디온의 재산을 내주지 않으려는 자신의 오래된 계획으로 말미암아 나에 대해 적개심을 품을 수 있는 설득력 있는 근거를 자신이 갖추게 되었다고 판단했고,[305] 내가 묵고 있던 정원에서 여자들이 열흘 동안 어떤 제의를 거행해야 한다는 구실을 찾아내 먼저 나를 아크로폴리스 밖으로 내보냅니다. 그는 내게 그 기간 동안 밖에 있는 아르케데모스의 집에 머물도록 명했습니다. 그런데 내가 거기 있는 동안 테오도테스가 나를 불러서 당시에 시행되고 있는 일들에 대해 많은 불만을 토로하면서 디오뉘시오스를 비난했습니다. 디오뉘시오스는 내가 테오도테스의 집을 방문했다는 것을 듣고는 다시 이것을 나와 갈등을 일으킬, 앞의 것의 자매격인 또 다른 구실로 간주하고서는, 어떤 사람을 보내 테오도테스가 나를 불러 내

가 그를 만난 일이 정말 있는지를 나에게 물었습니다. 그래서 나
는 "물론입니다"라고 말했습니다. 그는 말하길, "당신이 디온과
디온의 친구들을 그분보다 늘 더 소중히 여기는 것은 훌륭한 처
신이 아니라는 점을 당신에게 지적해 주라고 그분이 명하셨습니 350a
다"라고 했습니다. 이 말을 전하게 한 후 그는 다시는 더 이상 나
를 궁전으로 부르지 않았습니다. 이제 테오도테스와 헤라클레이
데스는 나의 친구인 반면, 자신은 적이 분명하다고 생각했기 때
문입니다. 또한 그는 디온의 재산들이 완전히 사라졌기 때문에
내가 호의를 갖고 있지 않으리라 생각했습니다. 그래서 그 일이
있고 난 후 나는 아크로폴리스 바깥, 용병들 틈에서 살았습니다.
그런데 내게 다른 사람들도 찾아왔지만, 특히 아테네에서 온 나
의 동료 시민인 선원들[306]도 찾아 와서는, 내가 경무장보병들 사
이에서 비방을 받고 있으며[307] 어떤 이들은 나를 붙잡게 되면 없
애 버리겠노라고 나를 위협하는 말을 한다고 했습니다. 그래서
나는 다음과 같은 구제책을 강구합니다. 나는 아르퀴테스[308]뿐만
아니라 타렌툼에 있는 다른 친구들에게도 전갈을 보내 내가 처해
있는 상황을 전합니다. 한편 그들은 사절단을 보낼 구실을 만들
어 그들의 나라에서 30개의 노를 갖춘 배와 자신들 중 한 사람[309] b
인 라미스코스를 보냈고, 그는 와서 내가 떠나기를 원한다고 말
하면서 나와 관련하여 디오뉘시오스에게 절대 방해하지 말 것을
요구했습니다. 그는 동의하고 여비를 주고 나를 보내 주었으나,

디온의 재산에 대해서는 나 역시 더 이상 돌려 달라고 요구하지도 않았고 누구 하나 돌려주는 사람도 없었습니다.

나는 펠로폰네소스에 있는 올림피아에 가서 경기를 관람 중인 디온을 발견하고 일어난 일들을 전했습니다. 그는 제우스를 증인으로 청하여 즉각 나와 내 친척과 친구들에게 디오뉘시오스에게 복수할 채비를 할 것을 호소하였습니다. 우리는 손님에 대한 배반을 복수하기 위해서, 그는 부당한 추방과 유형을 복수하기 위해서라고 말입니다. 사실 그는 말뿐만 아니라 생각도 그랬습니다. 나는 듣고서 나의 친구들이 원하는 경우에 그들을 불러들이라고 그에게 일렀습니다. "하지만 나의 경우에는 당신이 다른 사람들과 함께 나를 어떤 방식으론가 강제로 디오뉘시오스와 같이 식사하고 같은 집에서 살며 제의에 동참하게 했고, 그는 아마 많은 사람이 중상모략 한 탓에 내가 당신과 함께 자신과 참주제에 반하는 음모를 꾸미고 있다고 생각했겠지만, 그럼에도 불구하고 부끄러움을 알고 나를 죽이지 않았습니다. 나는 거의 그 누구와도 합세하여 싸울 나이가 더 이상 아니기도 하고, 당신들이 서로에 대한 우정을 아쉬워하고 서로에 대해 뭔가 좋은 일을 하기를 원하는 경우에. 나는 당신들과 유대를 같이 할 것입니다. 그렇지만 나쁜 일을 욕구하는 한, 다른 사람들을 불러들이세요"라고 나는 말했습니다. 나는 나의 시칠리아 방황과 불운을 증오하여 이런 말을 하였습니다만, 그들은 설득되지 않았고 나의 화

해 시도에도 따르지 않았기 때문에 그들 스스로 현재 벌어진 모
든 나쁜 일의 원인이 되었습니다. 만약 디오뉘시오스가 디온에   e
게 재산을 돌려주거나 어떻게든 화해를 했더라면, 그 일들은 인
간이 할 수 있는 한에서는 전혀 일어나지 않았을 것입니다. 만일
그랬다면 나는 디온을 나의 뜻과 영향력으로 쉽게 제재했을 것
이기 때문입니다. 그러나 이제 그들은 서로에게 달려들어 만사
를 나쁜 것으로 가득 채운 상태입니다.

  그렇지만 디온이 품은 포부만큼은 나쁨만 아니라 정도(程度)를   351a
아는 사람이면 누구나 가져야 한다고 내가 말할 만한 바로 그것
이었습니다. 그와 같은 사람은 자신의 권력과 친구들과 자신의
나라와 관련하여 최대의 기여를 해서 최대의 권력과 영예를 얻
을 의향을 갖습니다. 자신과 동료들과 나라들을 부유하게 만들
지라도 공범을 규합하여 음모를 꾸며서 하는 자라면, 또 스스로
가난하고 자신을 다스리지 못하고 쾌락에 지는 자라면, 그러고   b
서는 재산을 축적한 사람들을 적이라 부르고 죽이며 재산을 강
탈하는 자라면, 또 동업자들과 동료들에게도 이 일을 권하여 아
무도 자신들이 가난하다고 그에게 불만을 토로하는 일이 없게
하는 자라면, 그는 정도를 아는 사람이 아닐 것입니다. 누군가
가 그런 식으로 나라에 기여하여 나라로부터 영예를 얻는 경우
에도, 다수의 법령을 통해 소수의 재산을 다수에게 분배해 주거
나, 다수의 더 작은 나라들을 다스리는 큰 나라의 수장으로서 자

c 신의 나라에 더 작은 나라들의 재산을 정의롭지 못한 방식으로 분배해 주는 경우에도 마찬가지일 것입니다. 사실 디온도 그 어떤 사람도 이런 식으로 자신과 자신의 종족에게 재앙이 될 권력을 자발적으로 추구하는 경우는 영원히 없으며, 최소한의 사형과 살인조차 없이 가장 올바르고 가장 훌륭한 정부와 법의 설립이 이루어지기를 추구합니다. 바로 이런 일을 디온이 실제로 행한 것이고, 디온은 더러운 짓을 먼저 하느니 당하는 편을 선택했던 것입니다. 물론 디온은 더러운 짓을 당하지 않기 위해 주의를 기울였지만, 그럼에도 불구하고 적들에 대한 절대적 우세의 정

d 점에서 그가 쓰러졌다고 해서 전혀 놀랄 만한 일은 아닙니다. 왜냐하면 절제 있고 지각 있는 고결한 사람이 더러운 사람들과 관련해서 그와 같은 이들의 영혼에 대해 잘못 판단하는 경우가 전반적으로는 없겠지만, 폭풍우를 놓치는 법은 물론 없으면서도 폭풍우가 비정상적이고 예측을 불허하는 규모일 경우에는 그 규모를 놓치고, 그 결과 폭풍우에 휘말리게 되는 훌륭한 선장의 경우에 그가 처했다고 해서 아마도 이상할 것이 없을 것입니다. 똑같은 상황이 디온도 넘어뜨렸습니다. 디온이 자신을 넘어뜨린

e 자들이 나쁘다는 사실을 놓치지는 않았지만, 그들이 가진 무지와 그 밖의 사악함과 식탐의 극치가 어느 정도인지는 놓쳤기 때문이며, 이로 인해 그는 넘어져 누었으며, 시칠리아를 헤아릴 길 없는 비탄에 휩싸이게 했습니다.

118

지금 이야기된 것들의 다음에 오는 상황에 대하여 내가 주는 조언은 거의 이야기되었고, 또 그렇다고 합시다. 내가 두 번째 시칠리아 방문을 되풀이해서 이야기한 이유는 그때 일어난 일들이 기이하고 사리에 맞지 않기 때문에 그것에 대해 불가피하게 이야기할 수밖에 없다는 판단을 했기 때문입니다. 그러니 만약 지금 이야기된 것들이 누군가에게 사리에 잘 맞아 보이고 일어난 일들과 관련해서 충분한 명분이 되는 것으로 누군가에게 보인다면, 우리가 지금 한 이야기들은 적절하고 충분할 것입니다.

여덟째 편지

†

b 플라톤이 디온의 친척들과 동료들에게, 잘 지내시길.

여러분이 정말로 잘 지내게 되려면 특히 어떤 생각들을 가져야 할지 여러분에게 힘닿는 대로 설명해 보겠습니다.[310] 그리고 내가 하게 될 조언이 무엇보다도 여러분에게 유익하겠지만 단지

c 여러분에게만이 아니라 둘째로는 시라쿠사에 있는 모든 이들에게도, 그리고 셋째로는 여러분의 원수와 적들에게까지도 유익한 것이 되길 바랍니다. 다만 불경스런 일을 행한 자는 빼고서 말입니다.[311] 이런 행위는 치유 불가능하며 아무도 그 더러움을 씻어 낼 수 없으니까요. 이제 내가 말하는 것들을 숙고해 보세요.

참주정이 몰락한 상태에서 시칠리아 전역에 걸쳐 여러분이 당면한 온갖 투쟁은[312] 바로 이 사안을 두고 벌어지고 있습니다. 즉 한쪽은 다시 지배권을 되찾기를 바라고, 다른 쪽은 참주정에서 벗어나는 일의 매듭을 짓기를 바라고 있다는 것 말입니다. 그런

d 데 이런 일들과 관련해서 대다수 사람들이 늘 생각하는 바로는, 올바른 조언이란 모름지기 적들에게는 가능한 한 많은 악을, 친구들에게는 가능한 한 많은 선(善)을 가져다주게 될 것들이 무엇인지를 조언하는 것이어야 합니다. 하지만 다른 사람들에게 많은 악을 행하면서 자신은 다른 많은 악을 겪지 않게 되기란 결코

쉬운 일이 아닙니다. 그런 유의 일들은 멀리 갈 것도 없이 요즘 바로 여기 시칠리아에서 일어난 일들만 보아도 분명히 알 수 있습니다. 한쪽은 악을 행하려 하고, 다른 쪽은 악을 행하는 자들을 막으려 하고 있는[313] 상황을 보면 말입니다. 이런 이야기들을 e 다른 사람들에게도 들려준다면[314] 여러분은 그때마다 유능한 선생 노릇을 하는 게 될 겁니다. 그러니 바로 이런 것들[315]이 모자라서 문제가 되지는 않는다 할 것입니다. 하지만 적이든 친구든 모든 사람에게 유익하게 될 것들, 혹은 양자 모두에게 가능한 한 가장 작은 악이 될 것들에 대해 이야기하자면, 이것들은 알아내기도 쉽지 않을뿐더러 알아낸다 한들 실행에 옮기기도 쉽지 않습니다. 이런 유의 조언을 하고 그걸 말로 풀어내려고 시도하는 건 기도(祈禱)하는 일과 흡사합니다. 그러니 이건 그야말로 일종 353a 의 기도일 뿐이라 칩시다.[316] (하긴 누구든 말하거나 사유할 때는 언제나 신들에서 시작해야 마땅하지요.) 그렇지만 그 기도가 이루어졌으면 합니다. 우리에게 뭔가 다음과 같은 메시지를 드러내고자 하는 기도[317]가 말입니다.

지금, 그리고 전쟁이 일어난 때부터 거의 내내, 한 가문이 여러분과 여러분의 적들을 다스리고 있는데, 일찍이 여러분의 조상들이 온통 난처한 지경에 빠졌을 때 그 가문을 권좌에 앉힌 바 있습니다.[318] 그리스 사람들의 시칠리아 전체가 카르타고 사람들에 의해 전복되어 야만스럽게 될 극도의 위험이 생겨난 때의 일

b 이지요. 그때 그들은 젊고 전쟁에 능하다는 이유로 디오뉘시오스를 택해 그가 적격인 전쟁 수행을 맡겼고, 더 나이든 히파리노스를 조언자로 택했습니다. 시칠리아의 안녕을 위해서, 그들을 이른바 '전권을 가진' 참주로 임명했지요.[319] 그런데 그 안녕을 가져다준 원인이 된 것이 신적인 행운이나 신인지, 아니면 다스리던 자들의 탁월함[320]인지, 아니면 양자 모두가 당시 시민들과 더불어 이룬 것인지는 각자 생각하는 대로 그냥 둡시다. 어쨌든 이런 방식으로 그 당시 사람들에게 안녕이 생겨나게 되었지요.

c 그러니까 이들이 그런 사람들이었으므로 아마도[321] 모두가 이들 구원자들에게 감사하는 게 정당할 겁니다. 하지만 나중에 그 참주정권이 국가의 선물을 올바르지 않은 방식으로 남용한 적이 있다면, 그 정권은 이 일들의 대가를 치러야 하는데, 그중 일부는 이미 치르고 있고, 또 일부는 앞으로 치러야 하지요.[322] 그렇다면 지금 상황에서 그들에게 어떤 대가가 부과될 때[323] 필연적으로 올바른 대가가 될까요? 만일 여러분이 쉽게, 큰 위험이나 노력 없이 그들을 벗어날 수 있다고 한다면, 혹은 저들이 쉽게 권력을 다시 잡게 된다고 한다면, 나는 앞으로 말하게 될 조언들

d 을 할 수조차 없게 되겠지요.[324] 하지만 이제 여러분 양쪽 모두는 유념하고 기억해야 합니다. 얼마나 자주 양편 각각이, 모든 일을 마음먹은 대로 해나가는 데 있어서 거의 언제나 조금만 부족할 뿐이라는 낙관적인 생각에 빠져 있었는가를, 더군다나 이 '조

금'이란 게 매번 수많은 큰 악들의 원인임이 드러난다는 것을 말입니다. 그리고 이런 악의[325] 어떤 끝에도 결코 도달하지 못한 채 오히려 이전에 끝이라고 여겨지던 것이 언제나 새로 생겨나는 시작과 맞물려 있습니다. 바로 이 순환으로 인해 참주파나 민주 e 파 전체가 완전히 궤멸할 위험이 있습니다. 그리고 얼마든지 일 어날 수 있는 그런 일들이 (물론 일어나지 않길 바라지만) 실제로 일어나게 된다면, 전(全) 시칠리아가 페니키아인들이나 오피키아 인들의 패권적 지배 아래 들어가게 되어 거의 그리스말이 사라 지는 상태가 될 겁니다.[326]

모든 그리스 사람들은 바로 이런 일들에 대한 치유책을 마련 하는 데 전심전력을 다해야 합니다. 그러니 누군가가 내가 말하 게 될 것보다 더 온당하고 좋은 치유책을 가지고 있다면, 공개적 으로 내놓으세요. 그러면 그는 '그리스를 사랑하는 사람'이라는 354a 아주 온당한 말을 듣게 될 겁니다. 나로서는 지금 어떤 방식으 로든 내게 좋아 보이는 치유책을 아주 솔직하게, 그리고 불편부 당하고 정의로운 언사를 구사하면서 보여 주려 시도하겠습니다. 그야말로 어떤 중재자처럼, 그러니까 참주였던 사람 쪽과 참주 지배 아래 있던 사람들 쪽, 그 양쪽 사이에서 중재하는 사람처럼 그들과 대화하면서, 마치 양쪽 각각이 한 사람인 양 대하면서 나 의 오랜 조언을 말로 풀어놓겠습니다. 그리고 여느 때처럼[327] 지 금도 모든 참주에게 주는 내 조언의 말[328]은 참주라는 이 명칭만

이 아니라 이 명칭이 가리키는 실제 사태도 피하고,[329] 가능하다
b 면 왕정(王政)[330]으로 탈바꿈하라는 게 될 겁니다. 그런데 그건 가
능합니다. 지혜롭고 훌륭한 사람인 뤼쿠르고스가 실제 행동[331]으
로 보여 주었던 대로 말입니다. 그는 아르고스와 메세네에 사는
친척들[332]의 가문이 왕들의 권력으로부터 참주들의 권력으로 이
행하게 됨으로 해서 양쪽 사람들 각각이 자신들과 국가를 망친
것을 보고, 자기 국가와 가문을 염려하여, 그 치유책으로서 원로
들의 권위와 감독관들의 권위를[333] 도입하여 왕권의 안정을 위한
결속 노릇을 하도록 했습니다. 그랬기에 그토록 여러 세대에 걸
c 쳐 그 왕권이 좋은 명성을 갖고 유지될 수 있었던 겁니다. 참주
인 사람들이 법들을 지배하는 왕이 된 것이 아니라 법이 사람들
을 지배하는 왕이 되었기 때문이지요.

　지금 내 말이 여러분 모두에게 권하고 있는 것도 바로 이것입
니다. 참주정을 지향하는 사람들에게는 방향을 바꾸어, 탐욕스
럽게 갈망하는 몰지각한 사람들이 행복이라 여기는 것들을 서둘
러 피하라고, 그래서 왕의 모습으로 탈바꿈하여,[334] 왕의 지위를
가진 법들에 복종하려는 노력을 기울이라고 권하는 바입니다.
그럼으로써 그들은 사람들에게서 마음에서 우러난 최대의 존경
을 받게 될 뿐만 아니라 법들에게서도 최대의 존경을 받게 될 겁
d 니다. 반면에 자유로운 습속을 추구하고 종살이의 멍에를 나쁜
것이라고 피하는 사람들에게는, 적정선을 넘는 자유를 탐욕스럽

게 갈구함으로써 선조들의 병폐에 빠지지 않도록 조심하라고 조언하고 싶습니다. 그 당시 사람들은 자유에 대한 사랑이 적도(適度)를 벗어남으로써 지나친 무정부 상태 때문에 그 병폐를 겪었습니다. 디오뉘시오스와 히파리노스가 다스리게 되기 이전 시대의 시칠리아 사람들[335]은 당시에 호사를 부리면서, 또 동시에 그들을 다스리던 자들을 다스리면서 자기들 생각에 행복하게 살고 있었고, 심지어 디오뉘시오스 이전의 열 명 장군들을 아무런 법적 절차에 따른 심리도 없이 돌로 쳐 죽였지요.[336] 그 어떤 주인에게도 (그가 정당한 주인이든 아니면 심지어 법이든 간에)[337] 종노릇하지 않고 온갖 수단을 다해 완전히 자유롭게 되려고 말입니다. 바로 그 때문에 그들에게 참주정이 생겨났던 겁니다. 종살이와 자유는 과도하면 둘 다 아주 나쁜 것이지만, 적정하면 아주 좋은 것이거든요. 그런데 신에 대한 종살이는 적정하지만 사람들에 대한 종살이는 적도를 벗어나 있고, 사려 깊은 사람들에게는 법이 신이지만 사려 없는 자들에게는 쾌락이 신이지요.

이런 일들은 이렇게 되도록 되어 있으니, 나는 내가 조언하는 것들을, 디온과 내가 함께 하는 조언으로서,[338] 모든 시라쿠사인들에게 알릴 것을 디온의 친구들에게 권고합니다. 나는 만일 그가[339] 살아 있어서 말할 수 있다면 지금 여러분을 향해 말할 법한 것들을 여러분에게 대신 풀어 말해 줄 것입니다. 누군가가 말하겠지요. "그렇다면 디온의 조언은 지금 상황과 관련해서 우리에

게 도대체 어떤 메시지를 제시해 주고 있습니까?"라고요. 그건
다음과 같습니다.

b　"시라쿠사인들이여, 여러분은 무엇보다도 우선 여러분의 욕망
과 더불어 여러분의 마음을[340] 돈벌이나 부(富) 쪽으로 돌려놓지
않을 게 분명한 법들을 받아들이세요. 영혼과 육체, 그리고 돈,
이렇게 셋이 있는데, 그 가운데 영혼의 탁월함을 가장 존귀한 것
으로 여기고, 육체의 탁월함을 영혼의 탁월함 밑에 놓인 둘째 것
으로, 그리고 돈의 가치를 육체와 영혼에 종노릇하는 셋째이자
c　마지막 것으로 삼는 게 분명한 법들을 말입니다.[341] 그리고 이런
결과를 산출하는 규정이 있다면, 그것이 여러분에게[342] 법으로
제정되는 게 올바른 일일 겁니다. 그것을 채택하는 사람들을 진
정으로 행복하게 만들어 주기 때문이지요.[343] 반면에 부유한 자
들을 '행복하다'고 칭하는 말은 여인들이나 아이들의 몰지각한
말이기에 그 자체도 비참할뿐더러 그것을 따르는 자들도 비참하
게[344] 만듭니다. 내가 하는 이 권고들이 참되다는 것은, 법들에
관해 지금 내가 이야기하고 있는 것들을 여러분이 시험해 본다
면 실제 경험[345]으로 알게 될 겁니다. 바로 그 실제 경험이야말로
어떤 일들에 관해서든 가장 참된 시금석이 된다고 간주되지요.

d　이런 법들을 받아들인 후에는, 위험이 시칠리아를 사로잡고
있고 여러분이 충분히 승세를 장악한 것도 아니요 그렇다고 결
정적으로 패세에 몰린 것도 아니니까, 아마도 중도를 취하는 것

이 여러분 모두에게 (즉 권력의 가혹함을 피하려는 여러분만이 아니라 권력을 다시 얻기를 갈망하는 사람들에게도) 정의롭고 유익한 일이 될 겁니다. 여러분의 조상들은 그 당시에 그리스 사람들을 이민족(異民族)들로부터 지켜내는 가장 중차대한 일을 해냈습니다. 그러기에 지금 우리가 정치체제에 관해 논의를 할 수 있는 것이지요. 그때 그들이 멸망했더라면 지금 어디에도 어떤 식으로도 논의나 희망이 남아 있지 않을 겁니다. 그러니 이제 한쪽 사람들에게는 자유가 생기게 하되 왕의 권력과 함께 성립하는[346] 자유가 e 되게 하고, 다른 쪽 사람들에게는 권력이 생기게 하되 법의 지배를 받는[347] 왕의 권력이 되게 합시다. 어떤 불법적인 일을 하는 경우에는 다른 시민들만이 아니라 왕들 자신까지도 법들의 절대적 지배를 받게 하면서 말입니다. 이런 것들 전부를 조건으로 삼아, 성실하고 건전한 의도를 가지고[348] 신들의 도우심을 얻어 왕들을 세우세요. 첫째로는 이중의 은덕(즉 나와 내 아버지에게서 입은 은덕)을 생각하여 내 아들[349]을 세우세요. 내 아버지는 당대에 이민족들로부터 국가를 자유롭게 만드셨으며, 나는 최근에 (여 356a 러분 자신이 몸소 목격한 바와 같이) 참주들로부터 국가를 두 번이나 자유롭게 했으니까요. 그리고 둘째로는 내 아버지와 같은 이름을 가진 사람인, 디오뉘시오스의 아들[350]을 왕으로 삼으세요. 그가 지금 베풀고 있는 도움[351]과 경건한 성품을 생각해서 말입니다. 그는 아버지가 참주였음에도 불구하고 자발적으로 나서서 국가를 자유롭게 만들고 있지요. 그럼으로 해서 자신과 가문에게 덧없고 불의한 참주정권 대신 영원히 남을 명예를 안겨 주고 있고요. 그리고 셋째로 여러분은 지금 적들의 진영을 지휘하고 있는 사람인, 디오뉘시오스의 아들 디오뉘시오스를 시라쿠사인들의 왕이 되도록 초빙해야 합니다. 초빙하는 국가도 자발적으로 초빙하고 왕이 되는 그 사람도 자발적으로 왕이 되도록 해야

b 합니다. 그가 운명을 두려워하고 자기 조국을, 그리고 그 신전들과 무덤들[352]이 돌보아지지 않는 것을 안타깝게 여겨서, 자발적으로 왕의 형태로 탈바꿈하려[353] 한다면 말입니다. 그가 야심 때문에 일을 완전히 다 망쳐서 이민족들을 즐겁게 하는 일이 일어나지 않으려면 그렇게 해야 합니다.

여러분은 이 세 사람을 (라코니아 왕의 권력[354]을 그들에게 주든 아니면 합의 하에 축소하든 해서) 왕으로 세우되, 다음과 같은 어

c 떤 방식으로 해야 합니다. 그 방식은 이전에도 여러분에게 말한 바 있지만, 지금 다시 한 번 들으세요. 디오뉘시오스와 히파리노스의 가문이, 당장 그리고 장차 자신들과 가문에게 명예가 주어져 그걸 받게 되리라는 것을 전제로, 시칠리아를 구하기 위해 지금 있는 악들을 기꺼이 종식시킬 용의가 있다고 한다면, 이전에도 말했듯이 여러분은 바로 이런 것들을 조건으로 삼아, 그들이 인정하는 원로들을, 본토 출신이든 외지 출신이든 아니면 둘 다이든 상관없이, 그들이 동의하는 수만큼 초빙하세요. 화해를 주

도할 전권을 준 상태로 말입니다. 이들은 와서 우선 법들과 정치   d
체제를 세워야 합니다. 왕들이 종교적인 일들과, 유공자였던 사
람들에게 어울리는 다른 일들을 주도할 권한을 갖도록 짜인 그
런 정치체제를 말입니다. 그리고 전쟁과 평화 문제를 관장할 사
람들로서, 민회, 평의회와 더불어 일할 법 수호자들을 임명해야
하는데, 수는 서른다섯이 되어야 합니다.[355] 그리고 서로 다른 사
안들에 대해 서로 다른 법정들이 있도록 하되, 다만 죽음이나 추
방이 형으로 부과되는 사안의 경우[356]는 그 서른다섯 사람이 다루
어야 합니다. 이들에 더해 매번 직전 해에 관리였던 사람들 가운
데서 재판관들이 선출되어야 합니다. 각 관직에서 가장 훌륭하   e
고 정의롭다고 평가받는 한 사람씩을 골라서 말입니다. 이들이
그 뒤 일 년 동안 시민들의 죽음이나 감금, 이주[357]에 관한 일들
을 판결해야 합니다. 왕은 이런 송사들의 재판관이 되어서는 안
되고, 사제처럼 살인과 감금과 추방으로부터 정결한 상태를 유   357a
지해야 합니다.

이것들이 바로 내가 살아 있을 때 그렇게 되도록 계획했었고
또 지금도 계획하고 있는 것들입니다. 또 그때 친구의 모습을
한 복수의 여신들[358]이 막지 않았다면, 나는 여러분의 도움을 받
아 적들을 무찌르고 계획하던 대로 이것들을 이루어 냈을 겁니
다.[359] 그리고 그다음에는, 마음먹은 것이 실행[360]에 옮겨졌다면,
나머지 시칠리아 지역에 사람들을 다시[361] 정착시켰을 겁니다.

이민족들을 지금 그들이 차지하고 있는 곳에서 제거하고 (물론

b 공동의 자유를 위해 참주정에 대항하여 싸웠던 사람들은 제외하고 말
입니다), 이전에 그리스 지역들에 살던 사람들을 옛 조상들의 집
으로 옮겨 줌으로써 그런 일을 했겠지요. 지금도 나는 여러분 모
두에게[362] 조언합니다. 바로 이 똑같은 것들을 함께 계획하고 실
행하라고, 뿐만 아니라 모두에게 이런 실천을 하도록 권유하라
고, 또 거부하는 자를 공동의 적으로 여기라고 말입니다.

그런데 이것들은 불가능하지 않습니다. 두 영혼 속에 있고, 또
추론을 해 보면 최선책이라는 게 금세 발견될 만한 것들인데, 바

c 로 이런 것들을 불가능하다고 판정하는 자는 판단을 잘 하고 있
다고 보기 어렵지요. 그런데 내가 말하는 두 영혼이란 디오뉘시
오스의 아들 히파리노스[363]와 내 아들의 영혼을 가리킵니다. 이
둘이 합의하면 적어도 국가에 대해 염려하는 나머지 시라쿠사인
들도 모두 같은 의견을 가지게 된다고 생각하기 때문에 하는 말
입니다.

자, 이제 모든 신들에게, 그리고 신들 외에도 드리는 게 마땅
한 다른 모든 이들에게, 기도와 더불어 영예를 드린 후에, 친구
들과 적대자들을 부드러우면서도 온갖 수단을 다해 설득하고 권

d 유하기를 멈추지 마세요. 여러분의 노력으로 방금 우리가 말한
것들이, 마치 깨어 있는 자들에게 신이 보낸 꿈들이 나타나듯,
분명하면서도 성공적인 모습으로 실현될 때까지 말입니다."[364]

아홉째 편지

✝

플라톤이 타렌툼의 아르퀴타스에게,[365] 잘 지내시길.

아르키포스와 필로니데스, 그리고 그 주변 사람들[366]이 우리에게 왔는데, 당신이 직접 그들에게 준 편지를 들고 와서 당신 소식을 전해 주더군요. 그런데 그들이 국가와 관련된 일들은 어려움 없이 마무리했습니다. 사실 대단히 힘든 일도 아니었지요. 하지만 당신의 형편에 대해서 그들이 우리에게 자세히 이야기해 주었는데, 당신이 공적인 일들로 분주한 상태에서 벗어날 수 없어 약간 속을 태우고 있다고 하더군요. 자신의 일을 행한다는 것이 삶에 있어서 가장 즐거운 일이라는 것, 당신이 선택한[367] 것과 같은 그런 유의 일들을 행하기로 선택했을 경우는 특히나 그렇다는 것은 거의 누구에게나 분명합니다. 그러나 당신은 이것도 염두에 두어야 합니다. 우리들 각자는 자신만을 위해[368] 태어난 것이 아니라, 우리 존재[369]의 일부는 조국이, 또 일부는 우리 부모가, 또 일부는 나머지 친구들[370]이 몫으로 나눠 갖고 있으며, 많은 부분은 우리 삶을 좌지우지하는 시대[371]에 맡겨져 있습니다. 또 우리 조국이 몸소, 공적인 일들을 하라고 우리를 부를 때 응하지 않는 것은 아마도 도에 어긋난 일일 것입니다. 그렇게 하는 건 동시에, 가장 좋은 것이 아닌 동기에서 공적인 일들을 향

e

358a

b

해 다가오는 못난 사람들에게 자리를 남겨 주는 결과를 초래하게 되니까요.

이것들에 관해서는 이 정도로 충분합니다. 에케크라테스는 지금도 우리가 돌봐 주고 있거니와 앞으로도 그럴 겁니다. 당신 때문에도 그렇거니와 그의 아버지 프뤼니온 때문에도 그렇고 바로 그 젊은이 자신 때문에도 그렇게 할 겁니다.[372]

열째 편지

✝

플라톤이 아리스토도로스에게,[373] 잘 지내시길.

디온에게 듣기로, 당신은 그동안도 내내 그랬거니와 지금도   c
여전히 그의 가장 중요한 동료 가운데 한 사람입니다. 지혜 사랑
에 몸담고 있는 사람들 가운데 가장 지혜로운 성향을 드러내고
있으니 말입니다. 흔들리지 않음과 신뢰할 만함과 건전함, 이것
이 참다운 지혜 사랑이라고 난 주장하거든요. 이와는 다른 것들
을 지향하는 다른 지혜들과 영리함은 '세련됨'이라고 부르면 옳
게 부르는 것이라고 생각합니다.

그러니 평안하시길. 그리고 지금껏 유지해 오고 있는 성향을
계속 그대로 유지하시길.[374]

열한째 편지

✞

d   플라톤이 라오다마스에게,[375] 잘 지내시길.

전에도, 당신이 말하는 그 모든 일들과 관련해서 당신이 몸소
아테네에 오는 게 대단히 중요하다고 당신에게 편지를 쓴 바 있
습니다. 그런데 그게 불가능하다고 당신이 말하니 이제 차선책
은, 당신이 편지에 쓴 대로, 가능하다면 나나 소크라테스[376]가 당
e   신에게[377] 가는 일일 겁니다. 하지만 지금 소크라테스는 배뇨 곤
란 증세 때문에 고생하고 있고, 나는 거기 갔는데도 당신이 초빙
하면서 염두에 두고 있는 일들을 제대로 해내지 못할 경우 모양
새가 안 좋게 될 겁니다. 그런데 나로서는 이 일들이 이루어지리
라는 기대를 별로 하고 있지 않습니다. 무엇 때문에 그런지 말하
려면 그 이유들을 하나하나 열거하는 또 다른 장문의 편지가 필
요할 겁니다. 더군다나 내가 나이 때문에 육로와 해로로 돌아다
니면서 맞부딪치게 될 위험들을 무릅쓰기에 충분한 몸 상태가
아닙니다. 요즘 여행이 또 온통 위험투성이지요.[378]

359a   그렇지만 당신과 식민지 개척자들에게, 헤시오도스의 말마따
나 '내가 말할 땐 별것 아닌 걸로 보일 수도 있지만 정작 이해하
기엔 어려운' 조언을 해 줄 수는 있습니다. 노예든 자유인이든 막
론하고 그들의 매일매일의 삶이 절도 있고 남자답게 되도록 돌

봐 주는 어떤 권위가 국가에 있지 않은데도, 어떤 종류의 것이 되었든 법들을 제정하기만 하면 그것으로써 정치체제가 잘 확립될 것이라고 이들이 생각한다면, 올바르게 사고하고 있는 게 아니니까요.[379] 물론 이런 권위[380]를 행사할 만한 사람들이 이미 있다면, 이런 일이 일어날 수 있겠지요. 하지만 그들을 가르치는 일에 누군가가 필요하다면, 내가 생각하기에 당신들에게는 가르칠 사람도 가르침을 받을 사람들도 없고, 그저 신들에게 기도하는 일만 남아 있을 따름입니다.[381] 이전의 국가들도 거의 다 이 비슷한 방식으로 확립되었다가, 나중에 전쟁이나 다른 행위들과 관련된 큰 문제들이 겹쳐 일어나게 되는데, 그런 순간에 멋있고 훌륭한 사람이 나타나 큰 권력을 가지게 되었을 때, 잘 다스려지게 되었거든요.

우선 당신이 해야만 하고 또 할 수밖에 없는 일은 다음과 같은 일입니다. 그것들을 열망하되, 내가 말한 것들에 유념하여, 무엇이든 손쉽게 이루어 내리라고 생각할 정도로 지각없는 상태가 되지는 말아야 합니다. 행운을 빕니다.[382]

열두째 편지

⸸

플라톤이 타렌툼의 아르퀴타스에게,[383] 잘 지내시길.

d   당신에게서 온 원고들을 놀라울 정도로 흡족해하면서 받았고, 그걸 쓴 사람에 대해 무한한 경탄을 금치 못했습니다.[384] 그 사람은 저 옛 조상들에 값할 만한 사람이라는 생각이 들더군요.[385] 이 사람들은 뮈리아인들이라고 불리는데, 이들은 라오메돈[386] 치하에 이민을 떠난 트로이인들 가운데 일부였습니다. 전해지는 이야기가 밝혀 주는 바에 따르면 훌륭한[387] 사람들이지요. 당신이 편지에서 말한 내 원고들은 아직 충분히 완성된 상태는 아니지

e   만, 그때의 상태 그대로 당신에게 보냈습니다. 그것들의 보존에 관해 우리 둘 다 동의하고 있으니 따로[388] 권고할 필요는 전혀 없겠지요.

(플라톤의 작품이 아니라는 반론이 있다.)[389]

136

열셋째 편지

✝

플라톤이 시라쿠사의 참주 디오뉘시오스에게, 잘 지내시길.   360a

이것이 당신에게 보내는 편지의 시작이면서 동시에 내게서 온
것이라는 징표가 되게 합시다.[390] 언젠가 당신이 로크리의 젊은
이들을 대접하면서 내게서 멀리 떨어져 앉아 있다[391]가 일어나
내 쪽으로 와 따뜻하게 인사하면서, 내가 생각하기에 뭔가 좋
은 말을 했었지요. 내 옆에 앉아 있던 사람이 생각하기에도 그랬   b
고요. 이 사람은 멋있는 젊은이들 가운데 하나였는데, 그때 그가
말했지요. "디오뉘시오스, 실로 당신은 지혜에 있어서 플라톤에
게서 많은 덕을 보고 계심에 틀림없습니다"라고요. 그러자 당신
이 말했지요. "다른 많은 것들에 있어서도 그렇다오. 초빙한 그
순간부터 내가 그를 초빙했다는 것 자체로 인해 나는 곧바로 덕
을 보았으니까"라고요. 그러니 이런 기조를[392] 우리가 잘 유지해
야 합니다. 우리가 서로에게서 입는 덕[393]이 계속 커져 가도록 말
입니다.

그래서 바로 이런 일을 이루어 내기 위한 준비의 일환으로 지
금 나는 피타고라스적인 저작들과 '나눔들'[394] 몇 개를 당신에게
보냅니다. 또 사람 하나를 보냅니다. 그때 우리가 생각하기에 당   c
신과 아르퀴테스[395]가 (아르퀴테스가 당신 곁에 왔다면 말입니다) 쓸

수 있겠다 싶던 그 사람 말입니다. 이름은 헬리콘[396]이고 태어난 곳은 퀴지코스인데, 에우독소스[397]의 제자이며 그 사람의 모든 가르침들에 관해 아주 밝은 사람입니다. 게다가 그는 이소크라테스[398]의 제자들 중 한 사람과, 또 브뤼손[399]의 동료들 중 한 사람인 폴뤽세노스[400]와 함께 지낸 적이 있습니다.[401] 그리고 이런 경우[402]에 흔치 않은 일인데, 그는 대하기 불쾌하지 않은데다가 심성도 나쁘지 않은 것 같습니다. 오히려 온유하고 심성 좋은 사

d 람이라 여겨질 수 있겠습니다. 이런 말들을 하면서 주저되는 바가 없지 않은데, 그건 내가 인간에 관해, 그러니까 형편없는 동물은 아니지만 (아주 소수의 예외가, 그것도 그저 몇 가지 문제에서만, 있긴 하지만 그걸 빼면) 조변석개(朝變夕改)하는 동물인 인간에 관해 의견을 표명하고 있기 때문입니다. 이 사람에 관해서도 저어되고 의심쩍은 마음에, 직접 만나 살펴보기도 하고 그의 동료 시민들에게 물어보기도 했는데, 아무도 그 사람에 대해 나쁜 말을 않더군요. 하지만 당신도 직접 주의를 기울여 살펴보세요. 무

e 엇보다도, 당신이 어떻게든 여유가 있다면, 그에게 배우세요. 다른 철학적 탐구도 계속 하면서 말입니다. 여유가 없다면, 다른 누군가가 꼼꼼히 배우도록 시켜 두세요. 여유 있을 때 그 누군가에게서[403] 배우면서 더 나은 사람이 되고 좋은 평판도 얻게 말입니다. 그렇게 하면 당신이 나를 통해 덕을 보게 되는 일이 끊이지 않게 될 겁니다. 자, 이것들에 대해서는 이 정도로 해 두지요.

당신이 내게 보내 달라고 편지로 부탁한 것들에 관해 말을 하 361a
자면, 아폴론 상(像)은 만들게 했고,[404] 렙티네스[405]가 당신에게 가
져 갈 겁니다. 젊고 훌륭한 장인(匠人)이 만들었는데, 그의 이름
은 레오카레스[406]입니다. 그에게는 또 다른 작품이 있었는데, 내
게는 아주 세련된 것으로 보였습니다. 그래서 당신 부인[407]에게
줄 생각으로 그걸 샀지요. 그녀는 내가 건강할 때나 아플 때나
나와 당신에게 걸맞게[408] 나를 돌보아 주었으니까요. 그러니 달
리 어떻게 하는 게 좋겠다는 생각이 있는 게 아니면, 그걸 그녀에
게 주세요. 그리고 아이들을 위해서는 달콤한 포도주 열 두 단지
와 꿀 두 단지를 보냅니다. 그런데 무화과를 수확하여 저장하기 b
엔 우리가 너무 늦게 도착했고,[409] 저장한 도금양(桃金孃) 열매들
은 썩어 버렸더군요. 하지만 앞으로는 우리가 더 잘 돌보도록 하
지요. 식물들에 관해서는 렙티네스가 당신에게 말해 줄 겁니다.

이것들에 들어간 돈, 그러니까 이것들을 구하기 위해 든 돈과
국가에 모종의 세금을 내기 위해 든 돈은 렙티네스에게서 받았
습니다. 내가 보기에 우리에게 가장 모양새가 좋고 진실이기도
한 말을 그에게 했거든요. 우리가 레우카디아 배에 쓴 비용이 대
략 16므나인데, 우리 돈이었다고 말입니다. 그래서 이걸 내가 받
았고, 받은 걸 가지고 나 자신이 사용하기도 하고 이 물건들을 c
구입하여 당신들에게 보내기도 했습니다.[410]

자, 이제 그다음으로 돈에 관해, 그러니까 아테네에 있는 당신

의 돈에 관해, 그리고 내 돈에 관해 상황이 어떤지를 들어 보세요. 전에 당신에게 말했다시피 나는 당신의 돈을 다른 친구들의 돈을 쓰는 것처럼 쓸 겁니다. 나는 할 수 있는 한 적은 돈을 씁니다. 내가 보기에, 그리고 내가 돈을 받아낸 그 사람이 보기에 꼭 필요하고 정당하고 적절한 만큼만 씁니다. 지금 내가 처한 상황은 이렇습니다. 내게 질녀들의 딸들이 있습니다. 당신이 화관을 받으라고 명했지만 내가 거부했던 그 당시에 죽은 질녀들이 남기고 간 딸들인데 넷입니다. 하나는 혼기가 찼고, 또 하나는 여덟 살, 또 하나는 세 살이 약간 넘었고, 나머지 하나는 아직 한 살이 채 안 되었지요. 나와 내 친구들이 이 여자 아이들 결혼의 지참금을 주어야 합니다. 적어도[411] 내가 살아서 결혼식을 보게 되는 아이들에게는 그렇게 해 주어야 합니다. 그렇지 않은 아이들은 논외로 해도 좋겠지요. 자기들 아버지들이 나보다 더 부자가 된 아이들에게도 그렇게 해 줄 필요가 없겠고요. 그런데 지금은 내가 그들 가운데 가장 부유하고, 디온과 다른 사람들의 도움을 받아 그 아이들 엄마들에게 지참금을 떼어 준 것도 바로 나였지요. 그런데 그중 첫 아이가 스페우시포스[412](그에겐 이 아이가 누이의 딸이지요)와 결혼합니다. 그래서 이 아이를 위해 돈이 필요한데, 30므나를 넘지는 않을 겁니다. 이 정도가 우리에게 적당한 지참금이거든요.[413] 게다가 내 어머니가 돌아가시게 되면, 무덤을 짓기 위해 돈이 필요할 텐데, 이 경우는 10므나를 넘지 않을 겁니다. 이 일들과 관련해서 내게 꼭 필요한 건 지금으로서는 대략 이 정도입니다. 당신을 방문하는 것 때문에 사적으로든 공적으로든 더 지출이 생긴다면, 이전에 내가 말한 대로 해야겠지요. 그러니까 나는 가능한 한 지출이 적게끔 노력을 기울이고, 내 능력으로 안 되는 건 당신이 지출하는 것으로 말입니다.

362a

자, 이제 그다음으로는 아테네에 있는 당신의 돈을 지출하는 일에 관해 말하겠습니다. 우선 내가 가무단을 후원하는 일이나 그 비슷한 일을 위해 뭔가 지출할 필요가 있을 경우, 우리가 생각했던 바와는 달리, 당신의 외지 친구[414] 가운데 어느 누구 하나 돈을 줄 사람이 없습니다. 또 당신 자신에게 중요한 어떤 일이 생겨, 막바로 지출하는 경우엔 당신에게[415] 도움이 되지만 지출하지 않고 당신으로부터 누군가가 올 때까지 지출이 지연되는 경우엔 해가 될 만한 상황이 되면, 이런 상황은 당신에게 난처한 일일 뿐만 아니라 체면이 깎이는 일이기도 하지요. 내가 직접 바로 이런 일들을 알게 되었습니다. 당신이 보내 달라고 편지에 썼던 다른 더 중요한 것들을 보내고 싶어서 아이기나 사람인 안드로메데스[416](내가 뭔가 필요할 때 당신들의 외지 친구인 그 사람에게 받으라고 당신이 말했던 사람이지요)에게 에라스토스[417]를 보냈을 때였지요. 그는 인간이라면 누구라도 할 만한 당연한 말을 하더군요. 이전에도 당신의 아버지를 위해 돈을 썼다가 그걸 돌려받는 데 애를 먹었고, 그래서 이번에는 조금만 주겠으며 더 이상은

b

안 되겠노라고 말입니다. 이런 연유로 해서 내가 렙티네스에게서 돈을 받게 되었지요. 그런데 렙티네스를 칭찬할 만한 건 그가 돈을 주었다는 것 때문이 아니라 흔쾌히 주었다는 것 때문입니다. 그리고 다른 일들에서도 당신과 관련해서 친구로서 할 수 있는 최대한의 말과 행동을 분명하게 보여 주었습니다. 각 사람이 당신에 관해 어떤 태도를 갖고 있는 것으로 내게 보이는지를 알리려면, 이와 반대되는 일들만이 아니라 이런 일들도 알려 주어야 마땅하기에 하는 말입니다.

어쨌든[418] 돈 문제에 대해서 나로서는 당신에게 터놓고 말하겠습니다. 그게 정의로운 일이기도 하거니와 나는 당신 곁에 있는 사람들[419]에 대한 경험을 가진 상태에서 말할 수 있으니까요. 매번 당신에게 소식을 전해 주는 사람들은 돈이 든다는 보고를 해야 한다고 생각하는 일은 무엇이든, 당신을 짜증스럽게 할까봐 전하려 하지 않습니다. 그러니 그들이 다른 일들만이 아니라 이런 일들도 으레 알리도록 버릇을 들이고 강제하세요. 당신은 능력이 닿는 한 모든 일들을 알고 스스로 판정하는 자 역할을 해야지, 아는 것을 회피해서는 안 되거든요. 그게 당신의 권위를 위해 무엇보다도 가장 좋은 일일 테니까요. 쓸 돈을 올바로 쓰고 또 올바르게 갚으면, 다른 일들을 위해서도 그렇지만 특히 돈 버는 일 자체를 위해서도 좋은 일이라고 당신도 주장하고 있고 또 앞으로도 주장할 것이니까 말입니다. 그러니 당신에게 신경 쓴다고 공언하는 자들이 사람들 사이에서 당신의 신용을 떨어뜨리는 일을 못 하게 하세요. 이런 일은, 즉 함께 거래하기 어려운 자라고 간주되는 일은 당신의 평판을 위해 좋지 못할 뿐만 아니라 아름답지도 못한 일입니다.

이제 그다음으로 디온에 관해 말하겠습니다. 다른 일들에 대해서는 당신이 보내겠다고 말한 편지들이 당신에게서 오기 전 e 까지는 아직 말할 수 없습니다. 그러나 당신이 그에게 언급하지 말라고 한 일들에 관해서는 언급한 적도 대화를 나눈 적도 없지만,[420] 그런 일들이 일어날 때 그가 버겁게 받아들일지 아니면 무덤덤하게 받아들일지를 알아보려고 했었지요. 그런데 그런 일들이 일어나면 그는 적잖이 괴로워할 것으로 보였습니다. 다른 일들에 있어서는 디온이, 말로 보나 실제 행동으로 보나, 당신에 관해 무던하다고 나는 생각합니다.

티모테오스의 형제이자 나의 동료인 크라티노스[421]에게는 중무 363a 장 보병용 가슴받이를, 보병들이 쓰기에 부드러운[422] 것들 가운데 하나를 골라[423] 선물합시다. 그리고 케베스의 딸들에게는 7완 척(腕尺)짜리 속두루마기 세 벌을, 비싼 아모르고스 것 말고 시칠리아 아마포로 된 걸로 선물합시다. 케베스라는 이름은 아마 당신도 알 겁니다. 그는 소크라테스적인 대화들에 기록되어 있는데, 심미아스와 더불어 영혼에 관한 논의에서 소크라테스와 대화를 나누는 것으로 나와 있지요.[424] 우리 모두에게 가깝고 호의를 가진 사람입니다.

b   그런데 어떤 편지들이 내가 진지하게 쓴 것이고 어떤 것들이
그렇지 않은 것인지를 보여 주는 징표에 관해서는 당신이 기억
하고 있으리라 생각하지만, 어쨌거나 계속 유념하고 주의를 많
이 기울여 주세요. 나더러 편지를[425] 써 달라고 요구하는 사람들
이 많은데, 그들을 공공연히 물리치기란 쉽지 않거든요. 진지
한 편지는 '신'으로 시작하고 덜 진지한 편지는 '신들'로 시작합니
다.[426]

사절들도 당신에게 갈 편지를 써 달라고 청했는데, 그들로서
는 당연한 일이기도 하지요. 그들은 도처에서 아주 열렬하게 당
신과 나를 칭송하고 있으니 말입니다. 특히나 필라그로스[427]가
c   그렇습니다. 그때 손이 아파 고생하던 사람 말입니다. 필라이데
스도 대왕[428]에게서 돌아와서 당신에 관해 말하더군요. 아주 긴
편지가 필요한 게 아니라면 그가 한 말들도 내가 썼을 텐데, 지
금으로서는 그냥 렙티네스에게 물어보세요.

가슴받이나 내가 편지에서 말한 다른 어떤 것을 당신이 보내
게 된다면, 당신 자신이 주어 보내면 좋겠다 싶은 누군가가 있다
면 그에게 주되, 그렇지 않다면 테릴로스에게 주세요. 그는 늘
항해하고 다니는 사람들 가운데 하나인데, 우리의 친구이며 다
른 것들에도 그렇지만 특히 지혜 사랑에 일가견이 있는 사람입
니다. 우리가 배 타고 떠나올 당시 국가 관료였던 테이손의 사위

지요.

강건하고 지혜 사랑에 힘쓰고 다른 젊은이들을 그리로 권면하세요. 또 당신의 공놀이 친구들[429]에게 안부 전해 주세요. 그리고 다른 사람들에게도 그렇지만 특히 아리스토크리토스에게 명하세요. 내게서 어떤 전갈이나 편지가 당신에게 갈 때 가능한 한 빨리 당신이 알게 되도록 신경 쓰라고, 또 편지의 내용들에 당신이 신경 쓸 수 있게 당신에게 상기시켜 주라고 말입니다. 또 지금 렙티네스에게 그의 돈을 되돌려주는 일을 소홀히 하지 말고 가능한 한 빨리 되돌려주세요. 그래야 다른 사람들도 이 사람의 경우를 보면서 더 기꺼이 우리에게 도움을 주려 할 겁니다.

그때 내가 뮈로니데스와 같은 때에 자유인으로 해방시켜 준 사람인 이아트로클레스가 지금, 내가 보내는 것들을 갖고 항해하고 있습니다. 그러니까 (그가 당신에게 호의를 갖고 있으므로) 어딘가 급료를 받는 자리에 그를 두고 원하는 대로 그를 써 주세요. 그리고 이 편지는 편지 자체를 보관하거나 아니면 그 요약문을 보관하고, 계속 지금 그대로의 당신 모습을 유지하세요.[430]

주석

1 위작 여부와 관계없이 플라톤이 이 편지를 썼으리라 상정하는 연대는 기원전 360년경이다. 플라톤이 세 번째 시칠리아 방문을 마치고 돌아온 직후였으리라 짐작된다. 따라서 이 편지를 받는 사람은 디오뉘시오스 1세가 아닌 2세로 보아야 한다.

2 **잘 지내시길** : 그리스 사람들은 편지의 첫머리에 상대방의 안녕을 기원하는 인사말을 붙였다. 대개는 '안녕하시길!(chairein)'이라는 인사말을 붙였으나 플라톤은 독특하게 '잘 지내시길!(eu prattein)'이라는 인사말을 붙였다. 『카르미데스』 164e에서 플라톤은 델피의 아폴론 신전에 '잘 지내시길'이라는 일상적인 인사말 대신에 '너 자신을 알라'는 말이 붙어 있는 것이 신이 인간들에게 건네는 인사말로서 적절하다는 이야기를 하는데, 플라톤이 자신의 편지에 이런 독특한 인사말을 붙이는 것도 일상적인 인사말을 철학적으로 고양된 의미로 사용하려는 의도가 있는 것으로 보인다. 이 인사말에 대한 플라톤 자신의 설명은 셋째와 열셋째 편지에 나온다. 이 인사말은 플라톤의 철학과도 밀접한 관계를 맺고 있는 말로서, 플라톤의 대화편 중에서는 『고르기아스』 507c, 『카르미데스』 172a, 『국가』 353e, 『에우튀데모스』 278e 이하에 이 말이 갖는

철학적 함축에 대한 설명이 잘 나타나 있다. 이 인사말을 '잘 지내시길'로 번역한 데에는 두 가지 설명이 필요하다. 우선 이 말은 그리스어로는 'eu prattein'인데 이 말은 두 가지 뜻을 갖고 있어서 '잘 지내다', '잘 살다', '번영하다'란 자동사 용법에 기인한 뜻들과 함께 '잘 하다'란 타동사 용법에 기인한 뜻들을 갖고 있다. 따라서 이 말을 한 가지 뜻으로 묶어서 번역하기는 힘들어서 인사말로 자연스런 '잘 지내다'란 의미로 번역했지만, 플라톤은 이 말의 뜻이 '잘 하다'에서 '잘 살다'로 넘어가는 과정에 자신의 삶에 대한 인간의 능동적인 역할을 강조하는 의미가 담겨 있다고 앞에서 언급한 대화편들에서 밝히고 있다. 다른 한편 우리의 관습상 편지머리에는 기원의 말보다는 안부를 묻는 의문문이 들어가는 것이 자연스럽지만 원문이 갖고 있는 기원의 의미를 드러내려 직역했다.

3 악의적인 비방을 받았습니다 : 『일곱째 편지』 350a의 내용을 말하는 것으로 보인다. 또한 『셋째 편지』 역시 플라톤이 받은 비방에 대한 설명을 담고 있다.

4 많은 이를 도와 … 벗어나게 해 주었으니까요 : 『일곱째 편지』 348a~349c의 내용을 말하는 것으로 보인다.

5 전권을 가진 직위 : '전권을 가진 직위'로 번역한 'autokratōr'는 말 그대로는 '스스로를 다스리는 자'란 뜻이다. 이 뜻으로는 『크라튈로스』 413c에 나온다. 여기서는 전쟁이나 외국에서 전적인 결정권을 가진 장군이나 대사, 또는 면책특권을 가진 고위관리와 관련된 뜻으로 보인다. 플라톤이 머물렀던 시라쿠사에서 이 직위는 국가 위기시에 위기 관리 차원에서 전권을 부여받은 디오뉘시오스 1세를 비롯한 여러 사람에게 부여되었다(『여덟째 편지』 353b 참고). 하지만 『일곱째 편지』의 내용을 보면 플라톤은 디오뉘시오스 2세의 궁정에서 처음 넉 달을 제외한 기간 외에는 줄곧 억류되어 있었기 때문에 실제로 플라톤이 이 직위를 가졌을 것으로는 보이지 않는다. 이 점도 이 편지를 위서로 보게 하는 한 가지 근거가 된다. 이 편지를 제외한 다른 편지들에서는 '전권을 가진'이 항

상 '참주'와 같이 나왔으나(324d, 353b), 여기서는 디오뉘시오스가 이미 참주이기 때문에 '참주'가 생략되었다고 보지 못하고, '직위'를 보충해 넣었다.

6 플라톤의 은둔 생활에 대해서는 고대부터 여러 가지 이야기가 전한다. 디오게네스 라에르티오스의 『유명한 철학자들의 생애와 사상』 3권 28절, 40절 참고.

7 그런 참주 : '좋다'거나 '나쁘다'란 말을 생략한 채로 흔히 쓰는 표현. 이 문맥에서는 '그런 몹쓸 참주' 정도의 뜻이 숨겨져 있다고 봐도 된다.

8 바케이오스 : 이 편지 외에는 알려지지 않은 인물.

9 여비 : 플라톤이 추방되다시피 할 때 디오뉘시오스 2세에게서 여비를 받았다는 이야기가 『일곱째 편지』 350b에 나온다.

10 그런 사람 : 앞의 309b의 '그런 참주'와 '그런'은 같은 '그런'인데, 뜻은 정반대다. 나름 멋을 부린 표현이다.

11 이 구절이 나오는 작품명은 알 수 없다.

12 작자 미상.

13 작자 미상. 이 편지를 쓴 사람이 쓴 시일 것이라는 추측도 있다[하워드 (1932) 193쪽 주석 5 참고].

14 우리 : 그리스에서는 일종의 겸손의 표현으로 '나'를 '우리'라 말하기도 한다. 문맥에 비추어 '플라톤' 자신을 지칭하는 것으로 봐도 무방하지만, 원문의 맛을 살리기 위해 직역했다.

15 아르케데모스 : 타렌툼(그리스어로는 '타라스')의 철학자 겸 정치가였던 아르퀴타스의 제자이자 피타고라스학파의 철학자. 시라쿠사 출신으로 플라톤의 『일곱째 편지』 339a, 349d, 『셋째 편지』 319a에도 그 이름이 나온다. 편지들의 내용으로 보아 플라톤의 신임을 받았던 인물로 보인다.

16 디온 : 디온은 디오뉘시오스 2세의 외삼촌이 되는 인물로 플라톤이 시라쿠사에 처음 방문했을 때 그에게 감복해 제자가 되었고, 후에 플라톤을 시라쿠사에 초청한 인물이다. 플라톤의 편지 전체를 통틀어 플라톤에게 가장 아낌을 받던 인물이다. 디온의 가문과 디오뉘시오스 2세의

가문의 관계에 대해서는 353b의 주석 참고.

17 하지만 현실적으로 … 대단할 뿐입니다 : '현실적으로는 나 말고는 아무도 나의 말에 따르지 않는다'는 뜻.

18 크라티스톨로스와 폴뤽세노스 : 크라티스톨로스에 대해서는 이 편지 외에 달리 알려진 바가 없다. 폴뤽세노스는 메가라학파에 속하는 철학자로 이 편지 314d에는 플라톤의 소개를 받아 디오뉘소스 2세에게 간 사람으로 소개되어 있으며, 『열셋째 편지』 360c에는 이 사람이 브리손의 제자인 것으로 나온다.

19 올림피아에서 : 아마 올림피아 제전이 열린 때를 말하는 것으로 보이는데, 이 올림피아 제전이 언제 열렸는지에 대해서는 논란이 있다. 만약 이 편지가 플라톤이 쓴 것이 맞다면, 이 올림피아 제전은 기원전 360년에 열린 것이라는 쪽[하워드(J. Harward 1932), 브리송(1987) 등]과 364년에 열린 것이라는 쪽[모로우(1962), 베리(R.G. Bury 1929)]으로 나뉜다. 이에 관한 자세한 논의는 모로우(1932) 110쪽 이하와 블룩(R.S. Bluck, 1960) 140~151쪽 참고.

20 교유 : '교유'로 번역한 'synousia'는 말 그대로 번역하면 '함께함'이다. 함께 하는 사람들은 동료들일 수도 있고 연인들일 수도 있고, 스승과 제자일 수도 있다. 플라톤과 디오뉘시오스 2세의 사이는 일종의 사제 관계로 볼 수 있으니 이들의 교유는 스승과 제자 사이의 교유이고, 학문적이고 철학적인 교유라 할 수 있다.

21 그 정도로 많습니다 : 사본과 그것을 받아들인 OCT는 '그런 성격의 (toioutoi)'라고 했으나, 문맥에 맞는 뜻이 나오지 않아 뷔데(Budé)판이 받아들인 리처드의 수정제안인 '그 정도로 많다(tosoutoi)'로 읽고 해석했다.

22 그들과 시모니데스의 교유 : 시모니데스는 케오스 출신의 시인이며, 시라쿠사의 참주였던 히에론과 친분이 있었으며 페르시아를 상대로 한 플라타이아 전투에서 대승을 거둔 스파르타의 장군 파우사니아스와도 절친한 사이였다고 한다.

23 페리안드로스는 코린토스의 참주였고 탈레스는 일반적으로 최초의 자연철학자로 꼽히는 인물이다. 탈레스는 그리스의 7현인에 꼽히는 인물이며, 꼽는 사람에 따라 다르긴 하지만 페리안드로스도 7현인 중에 꼽히기도 하는 인물이다.

24 페리클레스는 아테네의 전성기를 이끈 정치가이며 아낙사고라스는 클라조메네 출신의 자연철학자이다. 페리클레스가 아낙사고라스의 제자이거나 친구였다는 이야기가 전한다.

25 크로이소스는 뤼디아의 왕이고, 솔론은 아테네의 정치가이자 입법가이며, 퀴로스는 크로이소스가 통치하던 뤼디아를 정복한 페르시아의 왕이다. 크로이소스는 권력자이자 현자라는 이중성을 갖고 이 편지에 등장하는데, 이에 대한 자세한 설명은 하워드(1932), 170쪽 참고.

26 크레온은 테베의 왕으로, 전설적인 테베의 왕 오이디푸스가 물러난 후 왕이 된 인물이고, 테이레시아스는 오이디푸스에게 출생의 비밀을 밝힌 예언자이자 소포클레스의 작품 『안티고네』와 에우리피데스의 작품 『테베를 공격한 7인』 등에서 크레온에게 예언과 충고를 하는 인물로 그려진다.

27 폴뤼에이도스는 아르고스의 예언자이고, 미노스는 크레타의 전설적인 왕이다. 이들에 관한 이야기는 에우리피데스의 작품 『폴뤼에이도스』에 전한다.

28 아가멤논은 미케네의 왕이자 트로이를 침공한 그리스 연합군의 총사령관이었으며 네스토르는 메세네의 왕, 오뒤세우스는 이타케의 왕, 팔라메데스는 에우보이아의 왕 나우플리오스의 아들로 모두 트로이 전쟁에 참가했던 영웅들이다. 이들은 모두 호메로스의 『일리아스』에 등장하는 인물들이다. 이 네 명 중 권력자는 아가멤논이고, 나머지 셋은 현자들로 묶인 듯하다.

29 바로 이 점 : 죽은 후의 말에 신경 쓴다는 사실.

30 바로 이 점 … 증거로 삼는 것이기도 합니다 : 플라톤이 죽은 사람들의 지각에 대한 이야기를 하는 내용은 『메넥세노스』 248c, 『소크라테스의 변

명』40c 이하, 『법률』927a에도 나온다.

31 왜냐하면 가장 훌륭한 혼들은 … 더 신뢰할 만하기 때문입니다 : 훌륭한 사람들이 자신이 죽은 후에 있을 이승의 평판에 신경 쓴다는 사실은 곧 훌륭한 사람들의 혼이 죽은 사람들이 이승에 대한 지각을 갖고 있다는 사실을 알고 있다는(예언한다는) 것을 함축한다고 보는 듯하다.

32 왜 그래야 하냐면 … 입장을 내가 갖고 있기 때문입니다 : 이 문장은 언뜻 이해되지 않는다. 우선 '참된 의견과 말이 있을 것이다'란 문장이 쉽게 이해되지 않기 때문이다. 수이에(Souihe)는 이 편지의 저자가 플라톤이 『메논』 등에서 특별한 의미를 부여해서 사용한 '참된 판단(alethē doxa)'이란 말을 의도적으로 사용하려 문맥에 맞지 않는 어색한 문장이 되었다고 지적한다[수이에(1977) 7쪽 주석 1]. 본문의 번역은 해석을 열어 놓기 위해 문장이 애매한 그대로 직역을 해 놓았다. 그렇지만 거의 모든 번역자는 '참된 의견과 말'은 '철학에 관한 것'이라고 이해한다. 따라서 이 문장은 '우리가 처신을 반듯하게 잘 하면 사람들은 철학에 대해서 더욱더 긍정적으로 생각하고 말하겠지만 그렇지 못하면, 철학에 대해서 욕을 하리라'란 뜻으로 이해할 수 있다.

33 나의 일 : 문맥으로 볼 때, 플라톤의 철학을 말하는 듯하다.

34 다른 것들 : 앞의 '나의 일'과 문맥에 비추어 볼 때 이것은 '다른 사람들의 철학'을 말하는 듯하다.

35 우리에게 있는 것들 : 바로 앞의 '나에게 있는 것들'이라고 한 것과 같은 것이라고 봐도 된다. '나'를 '우리'라고 하는 것은 플라톤이 자주 쓰는 표현 방식이다.

36 다른 사람들까지도 : 플루타르코스의 『영웅전』「디온」19장 3절에는 당시 디오뉘시오스의 궁정에 쾌락주의 학파인 퀴레네 학파의 아리스티포스와 같은 인물들이 있었다고 한다. 『일곱째 편지』327e와 해당 주석 참고.

37 소형천구의 : '소형천구의'는 본래 '작은 공'이라는 뜻의 'sphairion'을 옮긴 말이다. 비밀스런 이야기를 시작하는 이 지점에서 이것이 정확히 무

엇인지는 문맥에서 파악하기 어렵지만 태양계 행성들의 운동을 보여 주는 모형이라고 보고 이렇게 옮겼다. 플루타르코스의 『영웅전』 「디온」 9장 2절에 보면, 디오뉘시오스 2세가 어려서부터 장난감을 만드는 데 재주를 보였다고 한다. 아마 이 소형천구의는 디오뉘시오스 2세와 그 주변 인물들이 만든 것으로 보이며(『열셋째 편지』 365d에는 '당신의 공놀이 친구들(sysphairistai)'이라는 말이 나온다), 이를 본 아르케데모스가 플라톤 에게 알려 준 것으로 보인다. 천구와 그 모형에 대한 플라톤의 생각은 『티마이오스』 40d, 55c, 『파이돈』 110b에서 찾아볼 수 있다.

38 **첫 번째 것의 본성** : 이것과 연결 지어 볼 수 있는 내용을 플라톤의 『법률』 10권 886c에서 찾아볼 수 있다.

39 **서판** : 정황으로 볼 때 아르케데모스가 파퓌로스가 아닌 서판(나무판에 밀랍을 바른 것으로 정서된 글을 파퓌로스에 옮겨 적기 전에 초벌을 적어두는 것이다)에 담긴 글을 디오뉘소스 2세에게 가져갔으리라고는 보이지 않는다. 하지만 'deltos'란 말이 플라톤 당시에는 '서판'이라는 뜻으로만 쓰였기 때문에 이렇게 번역했다.

40 **읽는 사람이** : 바다의 해적이나 육지의 도적에 의해 편지가 탈취되어서 디오뉘소스가 아닌 다른 사람이 그것을 읽는 경우를 말하는 것이다.

41 **모든 것의 왕** : 플라톤이 수수께끼로 만든 이 구절을 해석하기 위해서 오랜 세월을 두고 학자들이 매달려 왔다. 우선 플라톤이 왜 자신의 철학 중에서도 핵심적인 내용을 수수께끼로 만들었는지에 대해서부터 논란이 될 수 있다. 이 둘째 편지를 위서로 보는 사람들은 이런 수수께끼 방식은 『일곱째 편지』 342~344의 내용을 본뜬 것이라고 본다. 반면에 하워드같이 진서 쪽으로 보려는 사람은 이것이 디오뉘소스 2세에게 자신의 철학의 핵심적인 내용을 전달하고 싶지 않은 플라톤이 핑계(편지가 배달 도중에 사고를 당할 수 있다)를 대고 모호하게 설명했다고 본다[하워드(1932) 172쪽 주석 17]. 그리고 '모든 것의 왕'이 무엇인지에 대해서는 1) 『국가』 509d에 나오는 '좋음의 형상', 2) 『티마이오스』 28c3, 37c7, 41a7에 나오는 '우주를 만든 자'인 데미우르고스(dēmiourgos), 3)

『필레보스』 28c7에 나오는 지성(nous) 등으로 해석이 구구하다. 이에 대한 자세한 논의는 하워드의 같은 책, 같은 쪽을 참고.

42 하지만 두 번째 … 관련됩니다 : '모든 것의 왕' 이상으로 이 구절들도 해석하기는 어렵다. 우선 이 구절에서 저자는 '첫 번째 것인 왕과 모든 것', '두 번째 것과 두 번째 것들', '세 번째 것과 세 번째 것들'을 묶고 있다. 앞엣것들은 원리나 인식 능력 등 인간의 혼에 있는 것이라면, 뒤엣것들은 이에 상응하는 대상들일 것으로 보인다. 하워드에 따르면 안드레아이는 두 번째 것과 두 번째 것들의 쌍을 '세계혼'과 '천체들'로, 세 번째 것과 세 번째 것들의 쌍을 '인간의 혼'과 '감각 세계'로 보았다고 한다(하워드의 같은 책 같은 쪽). '자신의 친족들을 들여다보고(blepousa eis ta hautēs syngenē)'란 표현은 플라톤의 『알키비아데스』 133b의 '혼도 자신을 알려면 혼을 들여다봐야 하고'와 흡사하다. 교부 철학자들은 이 세 가지에서 '삼위일체'의 전조를 읽기도 했다(클레멘스, 『학설집(Strōmateis)』 598d).

43 그것들에 관하여 : 앞의 주석에서 밝혔듯이 안드레아이의 해석을 따른다면, 인간의 혼은 세 번째 것에 속한다. 그렇다면 '그것들'이란 '감각 세계'가 될 것이다.

44 그것들이 어떠어떠한 것인지를 : 플라톤은 어떤 앎의 대상에 대하여 앎을 구하는 질문을 구분한다. 하나는 '그것이 무엇인지(ti esti)'를 묻는 질문으로, 이것은 그 대상의 본질적 속성, 즉 대상의 정의(定義)와 형상을 묻는 질문이다. 다른 하나는 '그것이 어떤 것인지(ti poion esti)'를 묻는 질문으로, 대상의 본질이 아닌 우연적 속성을 묻는 질문이다. 예를 들어 『국가』 1권의 끝 무렵(354a~b)에서 소크라테스는 정의(올바름)에 대한 그때까지의 탐구를 정리하면서, 대화를 시작할 때는 '정의가 도대체 무엇인지(to dikaion hoti pot' estin)'를 물었는데, 그러다가 '정의가 악이며 무지인지, 아니면 지혜이며 훌륭함인지'에 대한 검토에 착수했고, 나중에는 '부정의가 정의보다 더 이득이 되는지'를 따져보게 되었다고 밝힌다. 그러면서 그는 정의가 무엇인지를 밝히지 못했기 때문에 정의

154

가 어떤 것인지, 즉 덕의 일종인지 아닌지, 정의를 가진 자는 불행한지 행복한지 따위도 알 수 없게 되었다고 밝힌다. 바로 여기서 드러나는 것이 대상의 '무엇'에 대한 질문과 '어떤 것'에 대한 질문의 차이이다. 대상의 본질을 알지 못하면 그 대상이 다른 대상들과 관련해서 갖게 되는 속성에 대한 앎도 알지 못한다는 것이 소크라테스의 기본적인 생각이며 이 생각은 『메논』편에서부터 정식화되어 제기되어 온 것이다. 우리말로는 '무엇'과 '어떤'이 정확히 구별되지 않지만 달리 번역할 도리가 없어서 이렇게 번역했으나 질문의 성격이 다름을 이해해 둘 필요가 있다. 이 구별은 『일곱째 편지』 343a에도 다시 나타난다.

45 친족 : 여기서 '친족'이란 두 번째 것에 묶인 '두 번째 것들', 세 번째 것에 묶인 '세 번째 것들'을 말하는 것으로 보인다.

46 디오뉘시오스와 도리스의 자식이여 : 디오뉘소스 2세는 디오뉘소스 1세와 도리스 사이에서 난 자식이다.

47 이에 대해 논란이 있을 수 있다. 내용상의 비약이 있어 보이기 때문이다. 여기서는 '그것이 무엇인지'를 묻지 않고 '어떤 종류인지'를 묻는 질문이 문제라고 보았다.

48 신적인 섭리에 의해 : 이 구절은 『메논』 99e에 나오는, '훌륭함을 가진 자들은 타고나는 것도, 배워서 그렇게 된 것도 아니고, 다만 신적인 섭리 (theia moira)에 의해서 그렇게 된 것으로, 그들은 자신들이 하는 말을 스스로 이해하지 못하지만, 그들은 참된 판단을 갖고 있다'는 내용과 관련되는 듯하다.

49 꼭 매어 두지 않았고 : 이것 역시 『메논』과 관련된 구절이다. 『메논』 97d에서 참된 의견(alēthēs doxa)은 다이달로스가 만든 조상과 같아서 매어 두지 않으면 다 달아나 버려서 제 가치를 갖지 못한다고 했다.

50 보이는 모습 : 이것은 312e에 나온 '어떠어떠한 것'과 같은 것이라 볼 수 있다.

51 다른 사람들 : 다른 철학자들.

52 이것들 : 문맥상 플라톤의 철학 이론들을 말하는 듯하다.

53 우리 : 여기서 '우리'는 디오뉘시오스 2세와 플라톤을 묶는 말이 아니라 앞에서처럼 말하는 사람 자신을 가리키는 표현으로 보아야 한다.

54 이 일들을 비롯하여 우리가 말해 온 모든 일 : 이 구절은 애매하다. 우선 '이 일들'과 '우리가 말해 온 모든 일'이 확연히 구별되지 않기 때문이다. 또한 그리스어로만 볼 때 '이 일들'로 번역한 'auta'는 '플라톤의 철학 이론들'을 가리켜야 하는데, 그것은 문맥에 맞지 않는다. 따라서 이 구절은 '이 모든 일' 정도로 누그려서 받아들일 수밖에 없을 듯하다.

55 무역상 : 배를 타고 오가며 플라톤과 디오뉘시오스의 편지 왕래를 거들어준다는 뜻에서 비유적으로 한 말이다.

56 나는 놀랄 겁니다 : 그럴 리가 없다는 뜻이다.

57 그렇게들 하세요 : 갑자기 대상이 복수로 바뀌었다. 이 편지의 저자가 자신을 복수로 표현했듯이 디오뉘시오스 2세를 복수로 표현하는 것일 수도 있고, 디오뉘시오스 2세 주변의 철학자들까지 합쳐서 하는 말일 수도 있다.

58 이것들이 : 플라톤이 편지에 써 보내는 내용을 말한다.

59 신명나는 : '신명(神明)나는'으로 번역한 'enthousiaskos'는 '신이 사람에게 들어와 신들린 상태가 되어 열광적인 상태가 되는'이라는 뜻을 어원적으로 갖는다. 현재 우리에게는 '신명나는'이라는 말이 그저 '흥겨운', '흥분되는' 정도의 의미라서 그리스어의 의미보다 약하지만 그리스어와 어원적으로 맞아 떨어져서 이 말을 번역어로 사용했다.

60 30년 남짓 동안 이것들을 듣고 : 플라톤은 『국가』 7권에서 진정한 철학자가 되기 위해서는 이와 비슷한 정도의 세월이 필요하다고 말하고, 그런 교육 체계를 건설한다.

61 이것들이 : 플라톤의 철학이자 그 철학이 담긴 편지.

62 이것들에 관한 플라톤의 저작도 … 소크라테스 선생님의 것입니다 : 이 말을 플라톤이 전혀 저술을 하지 않았거나 플라톤의 저술로 알려진 것이 사실은 젊은 시절의 소크라테스가 쓴 것이라고 생각할 필요는 없다. 이 편지를 진서로 보느냐 위서로 보느냐에 따라 이 말에 대한 해석의 차

이가 생기기는 하지만 기본적으로 이 말은 '플라톤이 자신의 철학의 핵심적인 내용에 대해서는 저술을 하지 않았고, 자신이 한 저술들은 젊고 아름다운 모습의 소크라테스를 등장시켜 그의 가르침에 대해 적은 것이다'란 뜻으로 새기는 것이 적절할 것이다. 베리는 이 말이 가리키는 저술이 소크라테스가 20대의 모습으로 등장하는 『파르메니데스(*Parmenidēs*)』를 말하는 것이리라고 짐작한다[베리(1929), 416쪽 주석 1 참고].

63 **내가 그를 … 의아해했습니다** : 필사본에 있는 문장 부정어 'ou'를 버넷 (J. Burnet)을 비롯한 모든 편집자들이 뺀 것에 대해서는 논란이 있을 수 있다. 뒤에 이어지는 내용으로만 보면 플라톤은 소피스트인 폴뤽세노스에 대해서 부정적인 평가를 하고 있는데, 그를 디오뉘시오스에게 보냈다는 것이 이해되지 않기 때문이다. 그러나 이 편지 서두에 나오듯이 이미 폴뤽세노스는 디오뉘시오스 2세의 궁정에 있기 때문에, 그가 플라톤의 추천을 받아서 갔다고 보고 버넷의 수정을 다들 받아들인 것으로 보인다. 따라서 이 뒤편의 이야기는 플라톤이 어떤 사정으로 마지못해 폴뤽세노스를 보냈으나 그를 너무 후하게 대하지 말 것을 당부하는 내용으로 이해하는 것이 좋겠다.

64 **뤼코프론** : 아마도 아리스토텔레스가 『형이상학』에서 자주 언급하는 (1045b10 등.) 고르기아스 학파에 속하는 당시의 소피스트인 것으로 보인다.

65 **필리스티온** : 디오뉘시오스 2세의 궁정에 있던 유명한 의사.

66 **스페우시포스** : 스페우시포스는 나중에 플라톤의 아카데미를 물려받은 플라톤의 조카다. 스페우시포스는 플라톤이 기원전 361년에 시라쿠사를 세 번째 방문할 때 플라톤과 동행했다.

67 당시 스페우시포스가 건강이 좋지 않았다고 한다.

68 **채석장** : 당시 채석장은 지하에 있어서 감옥으로 사용되었다고 한다. 여기서 풀려난 사람이 누군지는 알 수 없다.

69 **저들** : 채석장에서 풀려난 사람의 식솔들.

70 아리스톤, 헤게시포스, 그리고 뤼시클레이데스에 대해서는 달리 알려진 바가 없다.

71 플라톤이 디오뉘시오스에게, 기쁘게 지내시길 : 플라톤은 이미 디오뉘시오스에게 여러 통의 편지를 보냈었는데, 여기서는 유독 인사말에 대한 별도의 해명을 덧붙이고 있다. 이는 바로 뒤 디오뉘시오스의 기원문과 관련이 있을 것이다.

72 델피에서 : 실제로 참주 본인이 가지 않고 참주를 대신하여 사절단이 참주의 기원문만을 가지고 델피에 갔을 가능성도 있다. 시기적으로는 시칠리아에서 디온이 최초의 정치적 성공을 거둔 직후인 기원전 357년, 델피에 신탁을 구하러 보냈을 때이거나 혹은 디오뉘시오스와 아테네 사절단이 함께 참석한 퓌티아 축제기 즉 기원전 358년경이 될 것이다.

73 기쁘게 지내시길 … 늘 보전하시길 : 이 기원(祈願)이 퓌티아 축제기간에 이루어진 것이라고 한다면 이것은 참주 디오뉘시오스 2세가 아폴론 신에게 바친 시의 일부분 혹은 무녀 퓌티아에게 보낸 문후 인사 중 일부일 것이다.

74 『일곱째 편지』 332e~333a 참고.

75 언젠가 : 플라톤의 두 번째 시칠리아 방문 초기. 기원전 367년경.

76 지금 와서는 : 10년 후 지금 즉 기원전 357년 가을경.

77 필리스티데스 : 필리스티데스는 "필리스토스의 자손"이라는 뜻이다. 아테네에서는 조상의 이름과 자기 이름을 같이 쓰는 경우가 많았다. 여기서는 시칠리아의 역사가이자 정치가 필리스토스를 가리킨다. 필리스토스는 디오뉘시오스 1세에게 추방되었다가 참주 2세 즉위 후 복귀하여 가장 영향력이 큰 정치가가 되었다. 이후 그는 플라톤과 디온을 중상하여 디온을 추방하게 만들었다. 그는 이 편지가 써진 다음 해 즉 기원전 356년 디온의 군대와 벌어진 해전에서 전사했다.

78 처음 동안[만] : 기원전 367년 가을경. 『일곱째 편지』에서는 법률 서문의 기초에 대한 이야기가 나오지 않는다. 이것은 『셋째 편지』가 『일곱째 편지』의 단순한 요약이라는 주장을 부정하는 근거가 된다. 법률 서문의

내용에 대해서는 『법률』 10권 887a를 참고.

79 **법률 서문** : 플라톤이 법률 서문을 기초한 것은 두 번째 방문 초기 시절 즉 기원전 367년 말경이다. 법률 서문 내용과 관련해서는 『법률』 722d 참고.

80 플라톤과 디온은 기원전 388년 이래 20여 년을 교유한 사이이다. 디온의 나이 42세쯤. 디오뉘시오스 2세의 나이는 27세가량. 『일곱째 편지』 328b 참고.

81 **조금이라도 지각이 있고** : 여기서 '지각'은 'nous'를 옮긴 말.

82 **당신의 경우 … 많이 부족하고** : 여기서 peri se의 의미는 '당신에 관해서'가 아니라 '당신 쪽'을 의미한다. 그러므로 apeirias는 플라톤의 경험 부족이 아닌 디오뉘시오스 쪽의 부족을 의미. 하워드(1932) p. 180 참고.

83 **전쟁** : 카르타고 사람들과의 전쟁. 본 편지와 『일곱째 편지』를 미루어 보면 이 전쟁은 기원전 366년 가을부터 363년 말까지 계속된 것으로 보인다. 이 부분은 『일곱째 편지』 338a와 부합한다. 한편 베리는 이탈리아 남부 지방 루카니아인들과의 전쟁일 것이라고 추정한다. 베리(1942) p. 316.

84 플라톤의 첫 번째 시라쿠사 방문과 관련해선 『일곱째 편지』 327c 이하, 338a,b 참고.

85 플라톤의 두 번째 시라쿠사 방문과 관련해선 『일곱째 편지』 338b 이하, 345c 이하 참고.

86 이와 관련해서는 337e 이하 참고.

87 여기 나오는 '추후에'가 『일곱째 편지』에서는 '일 년 뒤'로 되어 있다. 참주 2세의 이 약속 때문에 플라톤은 기원전 361년 봄 다시 시라쿠사로 간다. 317e~318a 참고.

88 기원전 361년 이른 봄, 두 번째 시칠리아 방문(기원전 367~366년) 이후 친구로 지냈던 아르케데모스가 사절로 왔다. 『일곱째 편지』 339a~340a 참고.

89 이때가 기원전 361년경이었으므로 플라톤의 나이는 67세가량.

90 기원전 361년 4월 상순경. 이 부분은 『일곱째 편지』 339e~340a와 부합한다.

91 친척 관계를 : 디온의 손위 누이가 디오뉘시오스 2세의 장모이다. 그러니까 디온은 디오뉘시오스의 처숙부가 된다.

92 당신이 잘 아는 분배자들 : 재산을 분배하고 처분하는 관리들.

93 기원전 361년 7월경. 『일곱째 편지』 345d~346a 참고.

94 이 부분은 『일곱째 편지』와 대응되는 부분이긴 하지만 디온이 코린토스에 거주한다는 내용은 이곳에만 있다는 점 또한 본 편지가 『일곱째 편지』에 의존하고 있지 않음을 보여 준다.

95 『일곱째 편지』 347d~e 참고.

96 헤라클레이데스는 시라쿠사의 유수 귀족으로서 디온을 지지하였다. 『넷째 편지』 320e, 『일곱째 편지』 348b 참고. 『일곱째 편지』 349d에 나오는 "여인들의 10일간의 희생제"(4~6월 무렵), 350b에 나오는 "올림피아제"(8월 무렵) 그리고 319a에 나오는 "섬을 떠나기 20일 전" 등의 내용으로 미루어 보면, 이 추방은 기원전 360년 5월 중순경으로 보인다.

97 테오도테스 : 테오도테스는 플루타르코스의 『영웅전』 「디온」에 의하면 헤라클레이데스의 숙부이다. 이 두 사람이 디온과 가까운 사이 내지 친척이라고 하는 사실은 이곳에만 나온다.

98 늑대의 우정 : lykophilia. '늑대의 우정'은 그야말로 직역. 우화적인 표현으로서 늑대가 양과 맺는 우정 따위의 '잘못된 우정'을 의미한다.

99 사안 : 316b에서 언급한 '이전에 이루어진 비난과 그 뒤에 더욱 커지고 극렬해진 현재의 비난에 대한 해명' 중 후자.

100 궁정에 있을 때 : 여기서 "20일 전"이란, 본 편지에만 나오는 내용. 아마도 기원전 360년 5월 중반 무렵으로 보인다. "궁정"에 관해서는 『일곱째 편지』 313b에서도 언급되고 있다. 플라톤은 두 번째 시칠리아 방문 초기 4개월이 좀 안 되는 기간 동안 그리고 세 번째 방문의 말기 20일 좀 못 미치는 기간을 제외하고 나머지 전 기간을 궁정에서 거주했던 것으로 추측된다. 또한 "궁정"은 시라쿠사만이 바라보이는 오

르튀기아 고개에 위치한 디오뉘시오스 성내에 있었다. 『일곱째 편지』 310b, 『둘째 편지』 313a 참고. 아리스토크리토스에 관해서는 『둘째 편지』 310b~c 참고. 아리스토크리토스는 『열셋째 편지』 363d에서 참주 2세의 참모역으로 적합한 인물로 묘사되어 있다.

101 처음 여기에 왔을 때 : 세 번째 방문 말기에 일어난 헤라클레이데스 사건 당시(기원전 360년)를 서술한 문맥 가운데에서 언급되고 있어, 오해의 소지가 있으나 여기서 "처음 왔을 때"란 두 번째 방문 때(기원전 367년 초봄)를 말한다. 두 번째, 세 번째 방문을 일괄해서 말하는 경향은 315e, 316a 그리고 『첫째 편지』 309a에서도 엿보인다.

102 기원전 360년까지 플라톤은 정치와 철학이 하나가 되어야 함을 역설하였지만 디오뉘시오스는 이것을 꿈이라고 일소에 붙이고 있다. 그 꿈이, 지금(기원전 357년) 디온의 손에서 현실화 되었던 것이다. 여기에서는, '현실이 되어 있다'에 쓰인 동사 gegonen이 현재 완료형임이 눈에 띈다. 이로 미루어 본 편지가 디온이 최초 정치적 성공을 이룬 기원전 357년 가을 직후에 써진 것으로 보인다. 『일곱째 편지』 333 참고.

103 기하학 교육 : 기원전 367년 방문했을 때 플라톤이 참주 2세에게 기하학의 공부를 장려했다고 하는 것에 대해서는 플루타르코스 『영웅전』 「디온」에서 약간 과장되어 언급되고 있지만 『편지들』 중에서는 이곳에서만 언급되어 있다. 다만 『둘째 편지』 319a~c 참고.

104 내 말은 그것으로 정당화되는 것입니다 : echō tēn dikēn. 직역하면 '나는 정의를 가진다'. 한편 하워드는 이 말의 의미를 "내가 그러한 거짓말을 믿은 대가를 치러도 싸다"로 해석.(하워드(1932) p.181.)

105 315d~e, 319d에서 언급된 플라톤에 대한 비방.

106 스테시코로스 : 스테시코로스는 기원전 600년경의 서정시인. 생애의 대부분을 시칠리아 섬 히메라에서 지냈다. 본명은 테이시아스. 스테시코로스(합창대 창설자의 뜻)는 예명인 듯하다. 스테시코로스는 트로이 전쟁의 원인이 헬레네에 있다고 공격하는 시를 지어 눈이 멀게 되

었으나, 헬레네가 신 제우스의 피를 받은 것을 알아채고 시를 고쳐 헬레네의 탓이 아니라고 노래하자(팔리노이디아) 다시 눈이 떠졌다고 한다. 『파이드로스』 243a,b 참고.

107 고쳐 부르는 노래 : 그리스의 시인 스테시코로스가 트로이 전쟁의 헬레네에 대해 비난하는 시를 썼다가 눈이 멀자 그 내용을 바꾸어 시를 씀으로 해서 다시 시력을 회복했다는 일화에서 나온 말. 플라톤의 『파이드로스』 243a~b에 같은 내용이 나온다.

108 당신이 이루어 낸 성과들 : 원문 그대로 '이루어진 성과/행위들' (symbebēkuiai praxeis)이라 옮기는 것이 더 정확하겠지만, 우리말의 자연스러움과 이해의 편의를 위해 의역하였다. '성과/행위들'이라는 것은 기원전 357년 디온이 취한 일련의 군사 행동을 가리키는 듯하다. 자신을 추방한 디오뉘시오스 2세에 맞서기 위해 망명 인사들을 규합하여 반군을 조직한 디온은 결국 기습적인 상륙 작전을 통해 시라쿠사에 무혈 입성하게 된다. 상륙 예상 지점을 잘못 짚어 시라쿠사를 떠났다가 허를 찔린 디오뉘시오스가 재탈환을 시도하지만 무위로 끝나고, 결국 디온이 시라쿠사를 장악하여 정국을 주도하게 된다. 그러나 정권 내부의 갈등, 엄격한 성품 등으로 인해 그의 정권이 오래 가지는 못했다. 이런 일들이 아마도 이 편지의 배경을 이루는 것으로 보인다.

109 내가 그런 공감과 바람을 가진 건 : 원문에 없지만 이해를 돕기 위해 보충하였다.

110 열망 : 'philotimia'는 원래 '명예에 대한 사랑/추구'를 뜻하는 말이다. 이 편지에는 싸움/겨룸(agōn) 관련어가 크게 강조되어 있다는 것이 주목할 만한데, 지금 이 단어가 그것을 대표할 만한 것으로 처음 등장하고 있다. 아래 '싸움'의 주석을 참고할 것.

111 올곧은 : 원문에는 그냥 '그런'(toiauta)으로 되어 있다.

112 가장 큰 싸움이 앞으로 남아 있지요 : '싸움'으로 옮긴 'agōn'은 경연, 경쟁에서부터 심지어 전쟁에 이르기까지 온갖 종류의 겨룸에 두루 사용

되는 말이다. 고대 그리스 문화를 대변할 만한 키워드 가운데 하나이다. 이 편지에서 부각되어 등장하는 관련 개념 몇몇을 들면 다음과 같다. 경연/싸움(agōn, agōnizesthai), 전쟁(polemos), 극장(theatron), 능력/힘/권력(dynamis, archē, rhmē), 탁월함/뛰어남(aretē, diapherein), 용기/남자다움/유능함(andreia, andreios, andrikos), 평판/명예/영예(doxa, timē), 명예 추구/열망/야망/야심(philotimia, philonikia, prothymia) 등. 지금 편지 서두에서 플라톤(혹은 플라톤을 자처하는 저자)은 디온파의 군사적 성공에 일정한 공감과 성원을 표명하면서도, 그것보다 더 중요한 싸움이 아직 남아 있으며 그 싸움에서의 승리가 무엇보다 중요하다는 것을 강조하고 있다. 곧 밝혀지겠지만, 그 싸움은 물리적, 외면적, 육체적인 것이 아니라 영혼의 덕(aretē)을 성취, 공유하기 위한 싸움이다. 바로 앞에서 말한 '아름다운 것들에 대한 열망'이 그런 싸움을 바라보는 저자 자신의 절박한 심경을 잘 표현해 주고 있다.

113 뛰어나게 되는 : 원어가 'dienenkein' 즉 부정과거 시제로 되어 있다. 아래 '뛰어남을 유지하는'의 주석을 참고할 것.

114 호방함 : 'megaloprepeia'는 원래 '큰 것에 어울릴 만함'을 뜻하는 말이다. '호방(豪放)함' 대신 더 문어적인 '호연(浩然)함' 내지 '호연지기(浩然之氣)'로 새기거나 더 구어적인 '통이 큼' 정도로 새길 수도 있겠다. 『니코마코스 윤리학』 4권 2장에서 아리스토텔레스는 이것을 품성적인 덕(ēthikē aretē) 가운데 하나로 다루고 있다. 그 책의 우리말 번역자들은 이 말을 '통이 큼'으로 옮겼다.

115 뛰어남을 유지하는 : 원어가 'diapherein', 즉 앞에 '뛰어나게 되다'로 옮긴 말과 같은 단어이면서 시제만 현재로 바뀌어 있다. 이 두 시제가 드러내는 일회성과 지속성의 대비를 살리기 위해 각각 '뛰어나게 되다'(dienenkein)와 '뛰어남을 유지하다'(diapherein)로 옮겼다. 남들도 할 수 있는 일과 이들(즉 탁월한 식견과 품성을 갖고 있는 소수 엘리트)만이 할 수 있는 일의 차이가 단지 덕의 목록(예컨대 용기 대 정의)만이 아

니라 지속성 여부에도 있다는 아이디어를 읽을 수 있는 대목이다. 이 아이디어는 기존 서양 번역들에 반영되어 있지 않다.

116 (누굴 가리키는지 당신도 물론 알고 있을) 그 사람들 : 정치적 지향에 있어서 플라톤의 일정한 영향 아래 있거나 그와 일정한 공감을 나누는 특정 소수의 사람들, 그러니까 그의 제자들이나 디온 주변 사람들, 혹은 둘 다를 가리키는 것으로 보인다. '누굴 가리키는지'는 원문에 없지만 이 해를 돕기 위해 보충하였다. 비슷한 표현이 『셋째 편지』 318a1~2에도 나온다.

117 다른 사람들이 어린아이들보다도 못해 보일 정도로 : 'pleon ē paidōn' 을 뜻에 따라 풀어 옮긴 것이다. 직역하면 '그들이 어린아이들에 비해 뛰어난 것보다 더한 정도로'가 된다. '그들'을 다른 사람들로 이해하는 것도 완전히 불가능하지는 않으며, 그럴 경우엔 번역도 달라지게 될 것이다. 하지만 '그들'을 주문장의 주어인 특정의 사람들로 보는 것이 구문상 좀 더 자연스럽고, 같은 표현이 나오는 『파이드로스』 말미 (279a)를 보아도 그런 식의 구문 이해가 적절하다.

118 스스로에게 : 이 말을 '서로에게'로 이해할 수도 있다.

119 뤼쿠르고스와 퀴로스 : 스파르타의 전설적인 입법가인 뤼쿠르고스는 델피의 아폴론 신탁에 따라 스파르타를 군사적 지향을 가진 사회로 개혁한 인물이다. 『여덟째 편지』(354b)에도 그에 대한 언급이 나오며, 『법률』은 서두에서부터 그를, 미노스와 함께 입법가를 대표할 만한 인물로 주목하고 있다. 1권, 3권에 주로 언급이 나오는데, 630d, 696a 등에서는 '신적인' 인물로 묘사되어 있다. 그리고 메디아를 멸망시킨 후 페르시아 제국을 세운 퀴로스 2세(흔히 퀴로스 대왕이라 불린다)는 『법률』(3권 693d 이하)에도 언급된다. 두 사람은 각각 크세노폰의 두 작품 『스파르타의 정치 체제』와 『퀴로스의 교육』이 다루는 영웅이기도 하다. 베리는 본받을 만한 옛 인물로 이 둘을 든 것이 플라톤답지 못하다고 평가한 바 있다. 그러나 방금 언급한 『여덟째 편지』와 『법률』의 구절은 두 사람에 대해 상당히 긍정적인 평가를 담고 있다. 특히 『법

률』의 아테네인은 마치 『퀴로스의 교육』에서의 크세노폰의 묘사를 연상시킬 만큼 다소 과장스럽게 뤼쿠르고스를 찬양하고 있다.

120 정치 : 'politeia'는 보통 '정치체제'나 '국가' 등으로 옮기는 말이다.

121 평판을 듣던 사람의 모습 : 원문에는 '모습'에 해당하는 말이 없고 그냥 '평판을 듣던 사람을'로 되어 있다.

122 헤라클레이데스와 테오도테스 : 헤라클레이데스는 디오뉘시오스 2세 치하 시칠리아에서 활동했던 민주파 지도자로 잘 알려진 인물이다. 원래는 디오뉘시오스 군대의 장군이었는데, 디오뉘시오스에 의해 추방된 후 비슷한 처지인 디온과 정치적 제휴를 맺고 반 디오뉘시오스 운동을 함께 펼쳤다. 하지만 두 사람은 정치적 입장의 차이로 긴장이 공존하는 협력 관계를 유지하다가 결별하게 되는데, 그 와중에 디온의 부하가 헤라클레이데스를 살해하는 바람에 민심이 흉흉해지고 이는 결국 디온의 죽음으로까지 이어진다. 디온은 디오뉘시오스로 대변되는 참주정에 못지않게 헤라클레이데스로 대변되는 과격한 민주정에도 반대하는 입장을 가지고 있던 것으로 보인다. 그리고 헤라클레이데스의 아저씨 테오도테스는 궁정에서 영향력을 가진 인물로서 조카에게 도움을 주었다. 헤라클레이데스에 관한 언급으로는 『셋째 편지』(318c), 『일곱째 편지』(348b 이하) 등을 참고할 것. 특히 후자는 헤라클레이데스의 추방 내지 망명과 관련된 일화를 상세히 소개하고 있다.

123 야망 : 'philotimia'를 320a4에서는 '열망'으로 옮겼다. 관련 주석 참조.

124 나는 극장에서도 경연자들이, 친구들에게서는 물론 말할 것도 없거니와, 아이들에게서 갈채를 받아 분발하게 되는 걸 봅니다. 그들이 진심으로 호의를 갖고 성원하고 있다는 생각을 경연자가 할 때 그렇게 되지요 : 자신의 발언을, 디온이 놓치고 있는 것들을 일깨워주는 훈계나 충고로 받아들이기보다 진심에서 우러난 성원으로 받아들일 것을 극장의 사례에 빗대어 당부하는 말이다. 달리 풀면 이렇게 될 것이다. "극장에서 배우는 갈채를 통해 (그 갈채가 진심에서 우러나온 것이라면) 긍정적인 자극을 받는다. 같은 지적 수준에 있는 사람들이 갈채를 보낼 경우는 말할

것도 없거니와, 심지어 작품이나 연기에 대한 전문적 식견이 없는 아이들이 갈채를 보낼 때조차도 그렇다. 이런 갈채와 성원을 내 편지에서 읽어 주시라."

125 당신들이 무슨 일을 행했는지 혹은 행하고 있는지도 : '당신들이 무슨 일을(/성과를) 이루어 냈는지 혹은 이루어 내고 있는지도'로 옮길 수도 있다.

126 라케다이몬 : 펠로폰네소스 반도 남쪽 라코니아 지방의 수도 스파르타를 가리킨다. 당시에는 흔히 라케다이몬이 라코니아를 가리키기도 했다.

127 여기 사람들에게서 : 'peri'로 읽은 원래 사본을 따라 옮기면 '여기 사람들에 관해'가 될 것이다. 빌라모비츠(U. von Wilamowitz-Moellendorff)는 'para'로 고쳐 읽자고 제안했고, 파블루(J. Pavlu 1932)는 'per'로 읽자고 제안했다(54쪽 주2). 두 제안이 거의 같은 의미를 제공하므로 문헌학적인 부담이 적은 후자가 더 선호할 만하다. 모로우(1962)도 후자를 택하고 있다(208쪽 주 5).

128 돌봄을 베풀 줄 아는 정신 : 대개 '친절함'이나 '싹싹함' 등으로 옮기는 기존 서양 번역들은 아래에 나오는 '완고함/무뚝뚝함'(authadeia)과의 대조에만 지나치게 주목하고 있다. 하지만 저자가 강조하고 있는 '돌봄을 베풀 줄 아는 정신'(therapeutikos)은 앞에서 말한 '의사 노릇을 한다'(iatreuein: 320e5)와 긴밀히 연결되는 것일 가능성이 높다. 이 단어가 '-ikos'(…할 줄 아는/…할 수 있는) 어미를 가진 단어라는 점에도 유의할 필요가 있다. 그렇다고 한다면, 저자가 제자인 디온에게 주문하고 있는 것은 서양 번역자들이 시사하는 유의 포괄적인 '품성'에 속하는 것이라기보다 오히려 좀 더 구체적인 '식견'과 '능력'이 아닐까? 용기, 힘, 야망 같은 외면적이고 개인주의적인 가치에 지나치게 매몰됨으로써 초래될 수 있는 갈등 상황 혹은 부도덕한 상황을 잘 '치유'하여 조화와 정의, 그리고 진실이 힘을 가진 공동체를 구현해 내는 그런 식견과 능력 말이다.

129 완고하면 고립되기 딱 알맞다 : 원문대로 직역하면 "완고함/무뚝뚝함 (authadeia)은 고립(erēmia)과 서로 이웃하여 산다(synoikos)"가 될 것이다.

130 위작 판정을 내린 베리(1929)에 따르면, 이 편지는 우선 아첨과 비난을 섞어 놓은 글투가 디온과의 우호적 관계에 잘 어울리지 않는다. 그리고 본받을 만한 인물의 사례로 퀴로스와 뤼쿠르고스를 언급한 것이나 자신을 배우에게 갈채를 보내는 아이로 비유한 것, 디온에게 민중을 즐겁게 하는 기술을 계발하라고 권유한 것 등이 플라톤답지 않다. 게다가 디온의 군사 행동을 공개적으로 지지하는 태도는 디온과 디오뉘시오스 2세 사이에서 일정한 균형을 유지하려는 『일곱째 편지』 (350c)의 태도와 상충한다. 베리(1929), 440~441쪽. 하지만 베리가 제시하는 이 근거들이 과연 위작 판정에 결정적인 힘을 보태는 데 충분한 것인지는 의심스럽다. 근거로 제시된 사례들 각각이 얼마든지 다른 방식으로 설명될 수 있으며, 대개는 플라톤 독자가 가질 수 있는 취향과 선호의 문제에 속하는 것으로 보인다. 퀴로스와 뤼쿠르고스에 관해서는 앞에서 살펴본 바 있으며, 예컨대 칭찬과 비난의 결합은, 관점을 바꾸어 생각하면, 사제간의 우호적 관계에 잘 어울릴 뿐만 아니라 심지어 필수적이라 할 수도 있지 않을까? 또한 디온과 디오뉘시오스 사이에서의 정치적 입장 표명은 편지를 쓰는 시점이나 목적에 따라 얼마든지 달라질 수 있다. 그리고 수신인이 비록 디온 개인으로 되어 있지만 디온 주변 사람들을 격려할 의도로 쓴 공개 편지일 수 있으며, 이 점은 위작론자인 베리 자신도 인정하고 있다.

131 플라톤이 페르디카스에게 : 페르디카스는 기원전 365년부터 359년까지 마케도니아를 다스리던 젊은 왕 페르디카스 3세를 가리킨다. 필리포스 2세(일명 필립, 알렉산더 대왕의 아버지)의 형이다. 그의 아버지 아뮌타스 3세가 죽은 후 형인 알렉산드로스 2세가 어린 나이에 왕이 되지만(370년), 그의 어머니 에우뤼디케와 내연의 관계를 맺은 알로로스의 프톨레마이오스에게 살해된다(368년). 죽은 형의 뒤를 이어 그가 왕이

되지만, 나이가 어려 한동안 프톨레마이오스의 섭정을 받다가, 결국 프톨레마이오스를 죽이고 권좌를 되찾는다(365년). 그가 전사한 후 어린 아들 아뮌타스 4세가 왕위를 잇지만, 얼마 안 가서 그의 동생인 필리포스 2세가 왕위를 찬탈하게 된다(359년). 그러니까 불과 10년 사이에 그의 주변에서 단종 폐위와 비슷한 사건이 두 번씩이나 일어난 셈이다. 아무튼 고전 시대 마케도니아 왕가는, 왕년의 '저주받은 왕가'로 악명이 높아 비극의 단골손님이 된 미케네 왕 아가멤논 가문을 떠올리게 할 만큼 곡절이 많다. 이제까지 언급된 아뮌타스 3세 이후 알렉산더 대왕까지 마케도니아 왕조의 변화를 정리하면 다음과 같다. 아뮌타스 3세(393~370년)─알렉산드로스 2세(맏아들: 370~368년)─프톨레마이오스 1세(368~365년)─페르디카스 3세(둘째 아들: 365~359년)─아뮌타스 4세(페르디카스 3세의 아들: 359년)─필리포스 2세(셋째 아들: 359~336년)─알렉산드로스 3세 (일명 알렉산더 대왕, 필리포스 2세의 아들: 336~323년).

132 에우프라이오스 : 에우보이아 북부 오레우스 출신의 철학자이며 플라톤의 제자. 사변적인 탐구 못지않게 현실 정치에도 활발하게 참여했던 것으로 보인다. 처음에는 (여기서도 잠깐 언급되는 것처럼) 페르디카스 3세의 조언자로, 나중에는 필리포스 2세의 반대자로 활동했다. 342/1년경에 사망.

133 '성스러운 조언' : 친구에게 조언하는 것이 '성스러운'(hiera) 의무임을 강조하는 격언에 대한 언급으로 보인다.

134 부족한 것을 채워 주는 일 : 원문에는 '부족한 것'이라고만 되어 있다.

135 그것 : 즉 당신에게 지금 부족한 것.

136 그것들 특유의 : 원문에 없지만 이해를 돕기 위해 보충하였다.

137 정치체제들 각각에는 … 어떤 목소리가 있습니다 : '정치체제'는 'politeia'를 옮긴 말이다. 'phōnē'를 '목소리'로 옮겼지만, '말'이나 '언어' 쯤을 가리키는 것으로 이해할 수 있겠다. 아래 322a에서는 '주장'(logos)이라는 용어로 대체된다.

138 **유능한** : 'andreios'는 보통 '남자다운'이나 '용기 있는'으로 옮기는 말이다.

139 **주장들** : 'logoi'를 이렇게 옮겼다. '주장' 대신 '이론'이나 '담론' 등으로 새길 수도 있겠다.

140 **그가 하게 될** : 원문에는 '저 사람의'(ekeinou)로 되어 있다.

141 문체 자체는 플라톤의 것이 잘 드러나 있지만 아테네에서 정치 활동을 삼가던 플라톤의 방침에 대한 옹호는 실제 플라톤의 편지라면 아주 이상하지 않을까 하는 것이 위작론을 주장하는 포스트(1925)의 근거 가운데 하나이다. 일인정을 선호한다는, 특히 필리포스가 마케도니아에서 집권하는 것을 도왔다는 혐의를 플라톤에게 씌우려는 의도에서 조작된 편지라는 것이다. 훗날 아테나이오스(XI, 506e)가 보고해 주는 내용에 따르면 왕국을 나누어 한 부분을 필리포스에게 주어 통치시키라고 페르디카스에게 조언한 것이 바로 플라톤의 제자 에우프라이오스였고 필리포스는 바로 그 통치를 통해 힘을 얻게 되어 결국 형 페르디카스가 죽은 후에 권좌를 이어받게 된 것이다. 포스트(1925), 133쪽. 비슷한 맥락에서 베리(1929)나 모로우(1962)는 이 편지에서 문제 되는 것은 플라톤의 능력이 아니라 에우프라이오스의 능력인데, 플라톤의 정치 불참에 대한 옹호를 펼치는 것은 이 편지의 주된 주제나 목적에 맞지 않는다고 주장한다. 베리(1929), 449쪽과 모로우(1962), 209쪽 주1. 그러나 피추천자의 능력과 추천자의 능력이 얼마든지 함께 논의될 수도 있으므로 본 주제나 목적에 완전히 어긋난다고까지 하긴 어려울 것 같다. 오히려 플라톤이 자신과 아카데미가 행하는 일에 대한 매우 수세적인 방식의 옹호를 아무리 신흥 강국의 왕이라 해도 아주 젊은 왕에게 해야 할 절박한 이유가 무엇일까, 그래도 명색이 추천사인데 왜 굳이 이런 자리에서 긴 자기변명을 덧붙여야 했을까 하는 의문이 생긴다. 그가 이런 식의 저자세를 보이며 지나친 자기변명을 펼친다는 것 자체가 일단 이상한 일이지만, 사람의 일이란 알 수 없으므로 평소의 모습과 얼마든지 달라질 만한 필요나 연유

가 있을 수 있다. 하지만 플라톤이 국제 정치에서 이런 식으로까지 심혈을 기울여야 할 정도로 관심을 가진 곳이 있었다면 그건 시라쿠사였을 것이다. 마케도니아보다 한 세대 정도 먼저 지중해의 강국으로 부상한 시라쿠사에 대한 플라톤의 관심이 대단했다는 것은 그가 세 차례 행한 국외 여행의 행선지가 모두 시라쿠사였다는 것과 그의 이름으로 전해지는 편지 열세 개 가운데 대부분이 시라쿠사 쪽으로 가는 것이었다(여덟 개가 시라쿠사로, 그리고 두 개가 시라쿠사와 연관이 있는 타렌툼으로 보내진 것으로 되어 있으니 이탈리아 방면으로 가는 편지가 열 개인 반면에, 에게 해 방면으로 가는 것은 소아시아로 가는 『여섯째 편지』와 마케도니아 방면으로 가는 이 편지와 『열한째 편지』, 이렇게 셋뿐이다)는 데서도 잘 드러난다. 그토록 공을 들였던 시라쿠사의 통치자에게도 보이지 않던 저자세를, 플라톤이 이제 새롭게 국제 무대에 등장하기 시작한 신예에게 보여 줄 이유가 무엇이었을까? 본인이 쓰지 않았다는 가정을 받아들이면 이런 의문은 쉽게 해소되지만, 그 경우는 조작의 동기를 설명하는 부담이 남는다. 아무튼 이 편지에서 그 내용이나 문체로 보아 딱히 플라톤의 것이 아니라고 할 만한 결정적인 사항은 없어 보이지만, 『열셋째 편지』같이 지극히 일상적이고 사소해 보이는 이야기를 개진하는 곳에도 알게 모르게 깊이 배어 있는 당당함이나 자신감이 이 편지에서는 읽히지 않는 것 또한 사실이다. 요컨대 위작의 심증이 꽤 있으나 결정적으로 입증이 되지는 않은 편지라 할 수 있다. 대다수 학자들은 이 편지가 플라톤의 작품이 아니라는 데 동의하고 있다.

142 **플라톤이 헤르메이아스, 에라스토스, 코리스코스에게** : 이 편지가 진짜라면, 이 편지를 받게 될 기원전 350년경(아래 322d의 노인을 자처하는 저자의 언급을 참고할 것)에 헤르메이아스(일명 헤르미아스)는 아타르네우스(소아시아의 아이올리스 지방에 있는, 레스보스 섬 맞은편에 위치한 고대 도시)의 참주였다. 그는 일찍이 아타르네우스의 지배자 에우불로스의 노예였다가 결국 자유인이 되고 아타르네우스의 지배권까지 물려받

게 된 인물이다. 그가 참주가 된 후 앗소스 같은 소아시아의 이웃 도시들에까지 통치권이 확대되었다. 그는 또한 아리스토텔레스의 장인(丈人)으로도 잘 알려져 있다. 젊은 시절에 플라톤의 아카데미에서 수학하면서 아리스토텔레스를 처음 만났다. 347년 플라톤이 죽은 후 크세노크라테스와 아리스토텔레스는 헤르메이아스 치하의 앗소스로 여행을 하게 되는데, 아리스토텔레스는 거기서 그의 첫 철학 학교를 세웠고, 헤르메이아스의 딸(혹은 질녀) 퓌티아스와 결혼하게 된다. 헤르메이아스가 죽은 후 아리스토텔레스는 델피에 동상을 헌정하고 그의 덕을 기리는 찬가를 지었다고 한다. 에라스토스와 코리스코스 형제는 플라톤의 제자이자 아리스토텔레스의 친구이기도 하다. 그들이 살던 스켑시스는 소아시아의 아타르네우스 근처에 있다. 코리스코스의 아들 넬레우스는 아리스토텔레스의 서가를 물려받은 사람으로 언급되기도 한다.

143 서로 소용이 되는 : '서로를 필요로 하는'으로 옮길 수도 있다.

144 '비록 늙은이긴 하지만' : 죽음을 목전에 둔 노인이라면 차안에 대한 부정적인 생각보다는 피안에 대한 긍정적인 생각을 펼치는 게 더 적당하지 않겠는가 하는 발상이 배경에 깔려 있는 것으로 보인다. 아무튼 이 편지가 진짜라면, 이때 플라톤은 70대 후반이었을 것이다. 포스트(1930)의 흥미로운 제안에 따르면, 플라톤은 여기서 소포클레스 『튀에스테스』의 한 구절을 그대로 인용하고 있다. "비록 늙은이긴 하지만(kaiper gerōn ōn). 그러나 지성(nous)도, 해야 할 일들을 숙고하는 것도 노령과 같이 가기를 좋아한다."(단편 239, Nauck) 앞부분만 인용하고 뒷부분은 독자가 채워 넣으며 읽어주길 바랐다는 것이다.

145 이런 것들 : 즉 사악하고 불의한 자들로부터 자신을 지키는 지혜와 모종의 방어 능력.

146 이건 아직 함께 지내보지 못한 채로 내리는 판단이지만요 : 앞의 주석에서 언급했듯이 헤르메이아스가 젊은 시절 아카데미에서 수학했다(스트라본의 보고)는 점을 고려하면, "아직 함께 지내보지 못했다"(mēpō

syngegonoti)는 언급이 문제가 된다. 그래서 위작론자들이 제시하는 주요 근거 가운데 하나가 되었다. 예컨대 베리(1929), 454쪽. 그러나 이 언명을 문자 그대로 받아들이지 않고 그 의미를 좁혀 이해하는 해석의 가능성이 얼마든지 열려 있는 것으로 보인다. 헤르메이아스가 지금 언급되고 있는 종류의 능력(dynamis), 즉 악으로부터 자기 내지는 자기 사람들을 방어하는 능력을 타고났는지 여부는 아마도 '참다운 지혜'(alēthinē sophia)에 주로 관심이 집중되어 있던 아카데미 유학 시절에는 테스트되기 어려웠을 것이다. 그런가 하면 이후 아카데미를 떠나 있을 때는 그런 현실적 방어 능력이 테스트될 만한 상황이겠지만, 플라톤이 곁에서 지켜볼 수 있는 계제는 아니었을 것이다. 그러니까 플라톤으로서는 아직 함께 지내면서 그런 '세속적 지혜'(anthrōpinē sophia)를 테스트해 보지는 못했다고 말할 만한 상황이 되는 것이다.

147 내 친구들 : 직역하면 '내 사람들'이다.

148 전갈들 : 'logoi'를 의역하였다. 문맥에 맞게 '조언'이나 '메시지' 등으로 옮길 수도 있겠다.

149 정의와 존경심을 바탕으로 삼아 : 모로우(1962)는 '정의'(dikē)를 '당신들의 정의감'으로 옮기고, '존경심'(aidōs)을 '우리(즉 조언자들)에 대한 존경심'으로 해석한다(213쪽). 이것이 이 문맥을 자연스럽게 풀어주는 한 방식일 수는 있겠다. 그러나 정의를 굳이 정의에 대한 일정한 태도로만 보는 것은 아래에 나오는 '정의로운'(dikaion: 323d1)이라는 말과 잘 어울리는 것 같지 않다. 그리고 '존경심'의 경우도 세 사람 상호간의 존경심이나 그들 각자의 자존감을 배제하는 것으로 좁혀 읽을 필요는 없을 것 같다.

150 당신들을 : 원문에 없지만 이해를 돕기 위해 보충하였다.

151 우애 : 바로 앞에서 '우정'으로 옮긴 'philia'와 달리 'philotēs'라는 말이 사용되었다.

152 그런 우애와 친교를 유지하는 데 있어 지혜롭고자 애쓴다 : '유지'에 해당하는 말은 원문에 없다. 직역하면 '그런 우애와 친교에 있어서 지혜를

추구한다(philosophein)' 정도가 될 것이다.

153 협약으로 내지는 권위를 가진 법으로 삼아야 합니다. (그게 바로 정의로운 일이지요.) : 이 구절의 원문은 다음과 같다. "chrēsthai synthēkēi kai nomōi kyriōi, ho esti dikaion." 이 원문은 여기서 제시한 번역과 다른 방식으로 이해할 수 있는 여지가 많다. 예컨대 '권위를 가진'(kyriōi)이 '법'(nomōi)만이 아니라 '협약'(synthēkēi)에도 부가되는 것으로 보는 것이 불가능하지 않다. 그리고 '정의로운'(dikaion)이라는 말을 아예 앞에 나오는 법(혹은 법과 협약)에 대한 서술어로 이해할 수도 있다. 여기서는 '정의로운 일'이 앞 문장 전체의 내용, 즉 법이나 협약을 통해 서로를 결속시키고 규제하는 일을 가리키는 것으로 이해하였다.

154 흥겨움 : 거의 항상 '진지함'(spoudē)과 짝이 되어 나오는 'paidia'(놀이, 유희, 장난스러움, 재미, 즐거움 등)를 이렇게 옮겼다.

155 앞에서도 언급한 바 있듯이 이 편지에서 플라톤이 헤르메이아스를 '만난 적이 없다'고 읽을 가능성이 있는 구절(323a)은 스트라본의 보고와 충돌한다. 또 베리(1929)에 의하면 이 편지는 여러 면에서 『둘째 편지』와 유사하다. (이론적) 지혜와 (현실적) 능력을 결합하는 일이 유익하다는 주장(『여섯째 편지』 322d 이하, 『둘째 편지』 310e), 분란이 있을 경우 자신에게 의뢰하라는 권고(『여섯째 편지』 323b, 『둘째 편지』 310d), 편지를 자주 반복해서 읽으라는 권유(『여섯째 편지』 323c, 『둘째 편지』 314c), 신적 원리들에 대한 불분명한 언급 등이 그렇다. 이런 점들을 들어 그는 이 편지가 『둘째 편지』와 같은 저자가 쓴 위작이라고 결론 내린다. 베리(1929), 454~455쪽. 그러나 우선 323a 구절은, 앞의 주석에서 이미 다루었듯이, 얼마든지 위작설과 다른 방향으로 이해할 수 있다. 그리고 베리가 제시한 근거들은 이 편지가 『둘째 편지』와 유사하다는 점을 드러내는 데는 상당히 성공하고 있지만, 유사성이 곧바로 동일 저자라는 결론을 정당화할 수 있을지는 의심스럽다. 오히려 한쪽이 (즉 위작의 저자가) 다른 쪽을 (즉 진작의 저자를) 모방했을 가능성이 더 높지 않을까 싶다. 동일 저자가 플라톤의 작품으로 인정받

기를 기대하면서 비슷한 내용을 서로 다른 편지에 넣는다는 건 너무도 쉽게 위작 시비에 휘말릴 일을 자초하는 일일 테니까 말이다. 그런 기대 없이 그냥 습작을 해 본 것이었다고 해도 같은 사람이 짧은 습작 둘을 쓰면서 비슷한 내용을 그저 한두 번 정도가 아니라 네 번 이상 반복해서 이용해야 할 대단한 이유가 무엇이었을까 하는 의문이 남는다.

156 디온의 친척들 : 부록 디오뉘시오스 가계도 참고.

157 플라톤이 시라쿠사를 처음 방문한 기원전 388/387년경 디온의 나이는 20세가량이었다. 그러므로 이 편지가 기원전 353년에 써졌고 히파리노스가 지금 당시 디온의 나이라고 한다면 히파리노스가 태어난 해는 대략 373년경일 것이다. 이로 미루어 여기서 거론된 히파리노스는 참주 디오뉘시오스 1세와 디온의 여동생 아리스토마케 사이에서 태어난, 디온의 조카이자 디오뉘시오스 2세의 이복동생인 히파리노스 2세(기원전 375경~350년)로 보이나, 디온의 맏아들(히파리노스 3세)이라는 견해도 있다. 이와 관련한 논란은 하워드(1932) 195~196쪽, 주 350 참고.

158 앞에서 디온의 생각이 어떤 식으로 생겨났는지를 이야기하겠다고 해 놓고 엉뚱하게 자기 생각이 형성된 배경을 이야기하고 있다. 이렇게 화제가 옆길로 가는 경우는 플라톤 노년의 저작에서 발견되는 하나의 특징이다. 이런 비슷한 경우가 333d에서도 반복되고 있고, 『법률』 2권에서 3권에로의 연결 부분에서도 나타나고 있다.

159 기원전 404~403년 크리티아스 등이 주도하여 30인 정권을 성립시킨 혁명.

160 그중 … 시내에서 … 각기 시장 (市場) 및 도시에서 관할해야 할 일들 : 혁명 과정에서 예상되는 민심의 동요를 막고 시장을 안정시키는 일, 그리고 저항하는 자들의 체포 및 구금, 처형 등에 관한 일들이 중심이었을 것이다. 이때 상황에 대한 기술은 아리스토텔레스(『아테네 정치체제』 35)에서도 나타난다.

161 친척 : 어머니 페릭티오네의 동생인 카르미데스와 어머니의 사촌오빠인 크리티아스를 말할 것이다. 카르미데스는 앞에서 말한 페이라이에우스를 관할하는 10명의 책임자들 중 한 사람이었고 당시 나이가 36세 정도였다. 크리티아스는 잘 알려져 있다시피 혁명 후 전권을 부여받은 30인 중 한 사람으로 혁명 후 반란자 처형에 앞장섰던 강경파 인물로 당시 나이 56세가량이었다. 이 두 사람은 모두 다음해인 기원전 403년 민주파의 반격을 받아 전사하였다.

162 그들을 지켜보는 동안 : horōn dēpou. 베리는 heōrōn dē pou. 이 경우를 택해 이 부분을 번역하면 "실로 얼마 되지도 않아 저는 목도하였습니다. 이들이, 사람들로 하여금 이전의 정치체제가 얼마나 황금[기](chryson)였는가를 일깨우고 있는지를"이 된다.

163 당시 30인 정권은 소크라테스로 하여금 다른 네 사람의 시민들과 함께 살라미스로 가서 그 섬에 숨어 있던 민주파 레온을 붙잡아 오라고 명령하였다. 그러나 소크라테스는 아예 집을 떠나 이 명령을 의도적으로 거부했고 다른 사람들은 명령을 따랐다.(『변명』 32c 참고)

164 당시 망명했다가 돌아온 사람들 : 이들은 기원전 403년 30인 공포정치가 전복된 후 정권에 복귀한 민주파 트라쉬불로스 등을 가리킬 것이다. 이들은 같은 해 '지난 일은 문제 삼지 않는다'는 특사령을 내려 반대파에 대해 온건한 태도를 보였다.

165 몇 사람의 권력자들이 : 멜레토스와 아뉘토스 일파를 가리킨다. 아뉘토스는 30인 정권이 몰락한 후 정치적으로 가장 영향력 있는 사람들 중의 한 사람이자 소크라테스를 고소한 세 사람 중의 한 사람이다.

166 친구 : hetairos. 일곱째 편지 서두에서는 '동료'로 옮겼다.

167 기원전 399년. 당시 소크라테스의 나이 70세. 『변명』 17d 참고.

168 그러므로 올바르고 진실되게 … 인류에게 재앙이 그치지 않을 것이라고 : 이 부분은 『국가』 473 c~d, 499 b~c에 나타난 철인왕정에 대한 언급과 내용적으로 일치한다. 이 부분이 다름 아닌 젊은 시절 플라톤 자신의 생각이 어떻게 형성되었는가를 기술하고 있는 문맥이라고 볼 때

플라톤은 첫 번째 시칠리아 여행 이전에 즉 그의 나이 38~9세경에 이미 소위 철인왕정치의 사상을 명확히 품고 있었던 것으로 보인다.

169 플라톤은 기원전 387년경 철인왕 정체의 구현을 꿈꾸고 남이탈리아의 정치가, 정치가, 수학자 아르퀴타스, 시칠리아의 참주 디오뉘시오스 1세를 방문하기 위한 여행을 떠난다.

170 그런데 내가 가서 보니까 … 결코 있을 수 없는 일이기 때문입니다 : 키케로(『투스쿨룸 담론(*Tusculanae Disputationes*)』 v. 35)는 물론 알렉산드리아의 클레멘스(『교사(*Paedagogus*)』 150)를 비롯한 많은 도덕론자들이 이 부분을 자신의 책에서 그대로 인용하고 있는데 아마도 당시 발췌문집에 이 부분이 실려 있었던 듯싶다. 검박한 본토 아테네인들이 보기에 시칠리아 사람들의 사치스런 삶은 자못 충격적이었을 것이다. 아테나이오스(『식탁의 현인들(*Deipnosophistai*)』 IV. 166e)는 테오폼포스의 글을 인용하면서 타렌툼 사람들의 방탕한 삶을 묘사하고 있는데 그에 의하면 그곳에서는 한 달에 한 번 나라가 주최하는 잔치가 열리고 시민들 개개인 역시 하루도 빠짐없이 유흥에 빠져 있었다고 한다.

171 340d, 344a, 『셋째 편지』 351c 참고.

172 『국가』에서 플라톤은 정체체제를 5가지로 구분하고 그것에 상응하는 개인들의 본성을 관련시켜가며 그 정치체제 및 개인들이 어떻게 타락해 가는지를 그리고 있는데, 그 순서를 보면 이상적인 우수자 정체(aristokratia)로부터 시작하여 명예정(timokratia), 과두정(oligarchia), 민주정(dēmokratia)으로 이어지다가 마지막 최악의 타락단계로 참주정이 거론된다. 그러므로 이곳에서 기술된 순서는 타락의 순서까지 나타내는 것은 아니다. 『국가』 544c, 『정치가』 291d ff. 참고.

173 서두에서의 생각 : 326a에서 "정치체제 전반에 관한 것들이 어떻게 하면 개선될 수 있을까"라는 생각.

174 초인간적인 무엇인가가 : 이런 식의 용례는 『소피스트』 216b, 『티마이오스』 77c, 『법률』 718a, 『에피노미스』 991d 참고.

175 이번이 두 번째 조언 : 첫 번째는 기원전 360년 올림피아에서 행해진

것. 350b 이하, 『넷째 편지』 320b 이하 참고.

176 디오뉘시오스 1세를 가리킨다. 그는 기원전 367년 3월경 사망했다. 바로 뒤 327c, d에 나오는 디오뉘시오스는 그에 이어 즉위한 디오뉘시오스 2세.

177 플라톤과 디온은 근 20년간 서로 편지 등을 통해 긴밀하게 교제를 하였으나, 두 사람이 직접 만난 것은 기원전 388년에서 387년 사이 시칠리아에서 함께 보낸 시간 정도 외에는 없다.(『열셋째 편지』 361e 참고.) 여기서 '교유'로 번역한 synousia가 원래 '뛰어난 사람들과 함께 생활하면서 철학을 배우는 것' 일종의 철학적 공동생활을 의미한다면 여기서 말하는 교유는 직접적으로는 시칠리아에서의 만남을 가리키는 것이리라. 330b, 332d를 보면 같은 말 synousia가 또 나오는데 그곳을 보면 철학적 공동생활로서의 교유의 의미가 더 잘 함축되어 있다.

178 어떤 다른 사람 : 필리스토스를 가리킬 것이다. 『셋째 편지』 315e 참고. 이 밖에 디오뉘시오스 2세와 가깝게 지냈던 철학자와 소피스트로 아리스티포스, 아이스키네스, 폴뤽세노스 등이 있었는데 이들도 여기에 포함될 수 있을 것이다. 『둘째 편지』 310c 참고.

179 자신의 권세 : 디온은 나이로도 중년이고(328b) 왕가를 위협할 정도의 재력을 가진데다가(346c 347b), 디오뉘시오스의 처숙부이었다.

180 조카들 : 아마도 디온의 누나 아리스토마케의 두 아들일 것이다. 히파리노스가 여기에 포함되기에는 나이가 너무 어리다.

181 연령 면에서도 이미 중년에 이른 사람 : 기원전 367년 당시 디온의 나이 43세. 『셋째 편지』 316c 참고.

182 기원전 367년 봄.

183 우애와 동지애 : philia kai hetaireia. 앞 232d 우정과 동지애는 xenios kai hetaireia.

184 메가라 사람으로 살고 있었다고 한다면 : 이 말은 메가라가 아테네와 거리상 아주 가깝다는 뜻도 있겠으나 소크라테스가 죽은 후 소크라테스

와 가깝게 지냈던 사람들이 메가라에 가서 살았다는 점도 고려되었을 것이다. 『크리톤』 53b, 『파이돈』 99a, 『테아이테토스』 142c 참고.

185 외국인 친구를 돌보는 제우스의 책망으로부터 : Dios xeniou. 제우스는 외국인 친구를 돌보는 신이기도 하다.

186 여기서 플라톤이 간략히 말하고 있는 내용은 플루타르코스 『영웅전』 「디온」 14에 자세히 기술되어 있다.

187 기원전 367년 9월 무렵. 기원전 367년 3월 디오뉘시오스 1세가 사망하자 추방되었던 필리스토스가 돌아와 디온의 최대 정적이 되어 디온과 플라톤에 대한 중상모략을 일삼았다.

188 대략 4개월쯤 지나서 : 플라톤이 시라쿠사에 온 게 기원전 367년 9월경이므로 4개월이 지난 시기는 기원전 366년 1월 정도가 될 것이다. 통상 겨울 지중해는 비가 많고 풍랑이 거세기 때문에 선박이 결항하기 일쑤임에도 디온은 위험스럽게 그지없게도 작은 배에 태워져 추방되고야 만다. 그는 힘겹게 이탈리아로 건너갔다가 그리스 본토로 망명하였다.

189 아크로폴리스 : 디오뉘시오스가 거처하는 성.

190 디온이 추방된 이후 몇 개월이 지난 때쯤인 아마 기원전 366년 4~5월경일 것이다.

191 처음 방문하여 : 기원전 367년 가을 9월 하순 무렵부터 366년 초가을까지의 방문. 그러나 기원전 387년에도 시칠리아를 방문했으므로 엄밀하게 말하면 두 번째 방문이다.

192 5년 후인 기원전 361~360년.

193 나중 337e에 가서 이야기 된다.

194 이 부분은 부분적으로 『국가』 425e~426d를 토대로 써진 것으로 여겨진다. 이러한 반복 기술은 플라톤의 말기 작품에서 종종 나타난다.

195 말을 듣지 않는데도 참고 자리를 지키고 있는 자 : 자연학자에 대해 정치적인 충고를 하는 경우와 비교. 『국가』 425e 이하, 『법률』 720a 이하 참고.

196 욕 안 먹을 정도로 적당히 : aphosiōsamenos. 뭔가를 그저 의례상 건성으로 하는 것을 말한다. 『법률』 752d 참고.

197 플라톤에게는 아들이 없으므로 이것은 순전히 가정해서 하는 말이다.

198 이곳에서의 노예에 대한 태도는 『법률』 777b~778a에서 그대로 나타난다. 그러나 『법률』에서는 조언이 아니라 명령이라는 점에서 보다 완고하다. 두 문맥 모두 불복종에 대해 강제가 적용되는 경우를 보여 주고 있는데 그 적용에 있어 자유인과 노예의 차이가 분명하게 드러나 있다.

199 부모에 대한 자식의 태도와 관련해서는 『크리톤』 51c, 『법률』 717b ff. 참고.

200 『다섯째 편지』 322b 참고.

201 폭력 : bia. 'bia'는 '외적으로 강제 또는 강압하는 힘'을 말한다. 337c에서는 같은 어휘를 '강제'라고 옮겼다. 플라톤은 정상적인 통치행위로서 일정한 bia 즉 강제는 필요한 것이지만 급격한 변혁을 유발하는 힘으로서 bia 즉 폭력은 비난한다.

202 이민족에 의해 : 이민족은 카르타고 사람들. 디오뉘시오스 1세는 기원전 405년 장군으로서 시칠리아섬 동부를 카르타고의 침략으로부터 막아내고 이후 드디어 참주가 된다. 그러나 그는 해마다 공납을 거두는 것을 조건으로 카르타고 세력과의 균등을 꾀하고 카르타고군을 전면적으로 쫓아내지는 않았다. 『여덟째 편지』 353a 참고.

203 디오뉘시오스 1세 자신의 형제들 렙티네스와 테아리다스를 가리킨다.

204 다레이오스 : 페르시아 제국 세 번째 왕(재위기간: 기원전 522년부터 486년까지).

205 메디아인 환관 : 페르시아 제국 두 번째 왕 캄뷔세스(기원전 529~522년 재위) 시절 메디아 출신 마고스 승려 가우마타. 그는 퀴로스의 아들 바르디야를 자처하고 캄뷔세스 왕에게 반감을 갖고 있었다. 캄뷔세스는 이집트로 떠나기 전 그를 죽이고 그 사실을 비밀에 부치는데 이것이 가우마타파가 반란을 일으키는 빌미가 되었다. 캄뷔세스는 반란을

토벌하는 과정에서 화살에 맞아 뜻하지 않게 죽음을 당하고 이후 다 레이오스가 그를 이어 반란을 토벌한 후 왕이 되었다. 이로 미루어 플라톤은 이와 관련한 잘못된 정보를 갖고 있었던 것으로 보인다. 플라톤은 이 이야기를 『법률』695b에서도 언급하고 있고 그곳에서도 그를 환관(eunouchos)으로 부르고 있다. 이와 관련한 이야기는 헤로도토스 『역사』 제3권. 70ff 참고.

206 페르시아 제국은 기원전 331년까지 존속한다.

207 아테네는 살라미스 해전(기원전 480년) 이후 약 70년을 해상제국으로서의 지위를 유지하였다.

208 카르타고군의 공격으로 겔라와 카마리나 두 도시 사람들이 시라쿠사로 피난해 오자, 디오뉘시오스 1세는 시라쿠사 구시가의 서쪽 에피포라이를 성벽으로 둘러싸서 신시가지로 확장 조성한 후, 레온티노이, 낙소스, 카타나 등의 이웃 도시의 시민들을 시라쿠사로 집결시켜, 카르타고군에 대한 방어를 강화했다. 그리하여 시라쿠사는 당시 그리스인 도시의 표준 규모를 훨씬 넘는 거대도시가 되었다. 여기에 말하는 '시칠리아 사람들 모두'는 물론 그리스계 주민만을 가리킨다.

209 교유 : synousia. 327d 주석 참고.

210 그것을 향해 : epi tauta. 이 부분은 판본 차이가 있다. prōton ⋯ epeita tautēi(Burnet). epi tauta(Loeb, Egermann). 전자는 "우선 ⋯ 그런 연후 이렇게" 정도로 번역될 수 있는데, 파손된 부분이 있어 그 내용을 짐작하기가 쉽지 않다. 후자는 후대 학자들이 문맥에 맞게 교정한 것이다. 이곳에서는 후자를 택해 번역하였다.

211 동년배들 : 디온의 남동생 메가크레스, 디오뉘시오스 2세의 남동생 헤르모크리토스 등을 꼽을 수 있을 것이다.

212 수수께끼식으로 : ainittomenoi. 『둘째 편지』312d 참고.

213 분별과 절제 : emphrona te kai sōphrona. 332c~333a 문맥에서 핵심이 되는 개념.

214 겔론 시대 : 겔론은 336a에 언급된 히에론의 형제. 기원전 491년경 히

포크라테스의 뒤를 이어 시칠리아섬 겔라의 참주가 되었다가, 기원전 485년 이후에는 시라쿠사를 접수 시라쿠사를 전성기로 이끈 참주. 그는 기원전 480년 히메라에서 카르타고의 침략을 막아내고 카르타고에게 2000탈란톤에 이르는 공물을 바치게 했다. 시인 시모니데스는 이 히메라 전투를 찬양하는 시를 짓기도 했다. 여기에 말하는 카르타고의 예속 상태는 기원전 480년의 일이다. 헤로도토스 『역사』 제7권 (158)을 참고.

215 공물 : 디오뉘시오스 1세는 기원전 379년 크로니온에서 페르시아에게 패한 후 서부 할뤼코스 복구비조로 1000탈란트를 지불하였다.

216 짧은 시간 내에 : en oligōi chronōi. 버넷 교정본에는 en 앞에 ta가 있는데 여기선 Hermann의 교정에 따라 ta를 빼고 번역하였다. ta를 집어넣으면 "짧은 시간 내에 일어난 적지 않은 사건"으로 번역되는데 디온이 추방된 후 돌아오기까지 기간이 10년이라는 긴 기간임을 고려하면 내용상 그 교정은 어색하다.

217 말이 아닌 행동으로 … 훈계하였습니다 : ergōi … enouthetēsen. 동사 noutheteō는 '타이르다', '주의를 주다', '본때를 보여 주다'의 의미. 기원전 357년의 일.

218 두 번 : 디온이 펠로폰네소스에서 군사를 규합하여 시라쿠사로 다시 돌아와 참주 2세를 물리쳤을 때, 두 번째는 레온티니로 쫓겨났다가 다시 시라쿠사를 평정했을 때. 『여덟째 편지』 356a, 이 책 127쪽 참고.

219 당시 : 기원전 367년 가을.

220 두 사람 : 나중 디온을 살해한 칼리포스와 그의 동생 필로스트라토스. 네포스 『명장전』 「디온」 8~9. 54ff. 참고.

221 같은 종교에 입문하였거나 특별한 비밀의식에 참여하거나 : myein kai epopteuein. myein과 epopteuein은 엘레우시스 종교 의식상의 단계이다. 처음 입문단계의 비밀의식을 거치면 mystēs가 되고 그 이후 특별한 비밀의식을 거치면 epoptēs가 된다. 칼리포스가 디온을 엘레우시스 비밀의식에 데리고 갔음을 의미한다.

222 디온이 살해된 것은 기원전 353년 4월 무렵으로 보인다.

223 그 사람 : 배반하지 않은 사람이란 플라톤 자신을 가리킨다.

224 336d, 『법률』 961a ff. 참고.

225 그것 : 전제적인 인간들에 의해 종속되는 것.

226 처음에 : 기원전 388~387년경.

227 두 번째로 : 기원전 367~360년.

228 세 번째로 : 이 편지의 집필 시기는 기원전 353년 무렵이라고 추정된다.

229 세 번째 구원자 제우스 : Dios tritou sōtēros. 제우스신에게 술잔을 바치는 의식에서 세 번째 잔은 마지막 잔이라는 데서 나온 말. 『국가』 583a, 『카르미데스』 167b 참고.

230 옛날부터 전해오는 신성한 말 : 오르페우스의 가르침을 말한다. J. Burnet, Phaedo(1922) intro. p. xviii 참고. 그러나 플라톤의 영혼의 불사는 철학적 생활을 통해서, 오르페우스는 종교적 의식을 통해서 이루어진다는 점에서 서로 차이가 있다.

231 큰 잘못과 부정의는 자기가 그것을 저지르는 것보다 그것에 당하는 것이 오히려 덜 나쁜 것이라고 생각해야 합니다 : 이 견해는 소크라테스와 플라톤의 기본 신조 가운데 하나이다. 『크리톤』 49b 이하, 『고르기아스』 469b~c, 『뤼시스』 217b 참고.

232 아프로디테 : 그리스의 사랑, 미, 풍요의 여신, 라틴명으로는 비너스. 『고르기아스』 493e, 『파이드로스』 81b, 『필레보스』 12b 참고.

233 참다운 생각 : doxan … tēn alēthē. 논리정연하게 근거가 뒷받침된 지식(epistēmē)이라기보다는 지혜로운 자들이 내린 결론만을 순수하게 믿는다는 그런 종류의 생각. 『메논』 98a, 『국가』 429c~d 참고.

234 사려분별과 더불어 정의로써 삶을 영위하지 않는다면 : 『국가』 590d 참고.

235 그 자 : 디오뉘시오스를 가리킨다.

236 왜냐하면 : '왜 내가 이런 말을 하느냐 하면'의 의미.

237 히에론 : 시라쿠사 전성기 참주인 겔론의 형제로 그를 이어 참주가 된

다. 재위 기간은 기원전 478~466년. 333a, 『둘째 편지』 311a 참고.

238 정의롭고 용감하며 절제 있고 지혜를 사랑하는 사람에 의해 : 철인왕의 조건일 것이다.

239 우리를 습격해 왔습니다 : 공허한 지식이나 사상이 세상을 덮치고 있는 상황을 말한다. 351d~e, 『변명』 29b 참고.

240 무지 : 무지가 가져다주는 재앙은 『법률』 688c 이하, 863c 이하 참고.

241 도리아풍의 삶 : 도리아풍이란 기원전 12세기 말 그리스의 땅에 침입해 온 도리아 사람들의 생활양식에서 유래하는 것으로, 실질강건을 기조로 한 기풍을 말한다. 시칠리아풍에 대해서는 326b 참고.

242 손님을 살해한 자 : xenophonos. 또는 '외국인을 살해한 자'. 디온을 살해한 칼리포스에게 디온은 외국인 손님이다.

243 디온 사후 칼리포스가 실각하기 이전까지 즉 기원전 353년 후반의 시칠리아 정세를 언급한 것일 것이다. 당시 주요 파벌로는 히파리노스 2세와 제휴한 디온파, 남쪽 이탈리아에 물러나 있다가 디온 사후에 복귀한 디오뉘시오스 2세파, 일찍이 헤라클레이데스를 지지했던 과격 민주파와 칼리포스 일파 등이 있었다.

244 올바른 생각 : doxēs orthēs. 335d의 '참다운 생각'(doxan tēn alēthē)과 같은 의미.

245 외경과 공포라는 두 가지 강제로써 : 『법률』 646e 이하, 671d 참고.

246 『법률』 715a 참고.

247 우선 나이가 많아야 하고 : 입법과 정치를 나이가 많은 사람에게 맡긴다고 하는 생각은 『국가』 I 412c, 540a 이하, 『법률』 765d에도 나타나 있다. 『둘째 편지』 314b 참고.

248 디오뉘시오스 : 디오뉘시오스 2세를 가리킨다. 330c에도 나오듯이 플라톤은 디오뉘시오스 2세를 방문한 것을 따로 순서를 매겨서 실제로는 두 번째 시칠리아 방문을 첫 번째 방문이라고 말한다. 자신의 시칠리아 방문을 디오뉘시오스 1세가 재위하던 시절의 첫 방문과 별도로 순서를 매기기 때문이다.

249 그다음 번 뱃길 여행 : 플라톤의 두 번째 시칠리아 방문을 말한다.

250 디온의 친척들과 주변 동료들에게 충고하기 전에 : 330c~333a에서 플라톤은 디온의 친척들과 주변 동료들에게 정치적인 충고를 했고, 바로 그 직전까지 시칠리아 체류 기간 중 처음 시기에 대한 이야기를 했다.

251 그 이후 : 이 부분은 다소 느슨하게 처리되어 혼란을 줄 수 있다. '그 이후'라는 말은 바로 앞 문장의 '시칠리아 체류 중 처음 시기'와 연결되어 '그 처음 시기 이후'로 이해될 수 있다. 그런데 '처음 시기'는 '첫 방문'인지 아니면 '첫 방문 중 전반기'를 가리키는 말인지 애매하다. 330c의 내용만 보면 이것은 '첫 방문'으로 이해될 수 있지만, 이 문장의 '그 이후'의 나중 부분을 보면 '그 시기'는 '첫 방문의 전반부'로 이해하는 것이 합당하다. 따라서 '그 이후에'에서 서술하고 있는 내용은 플라톤이 시칠리아로 디오뉘시오스 1세를 처음 방문해서 330c에서 디온의 추종자들에게 조언하는 말을 꺼내기 전까지 편지에서 서술한 부분 이후의 내용이라고 보는 것이 합리적이다. 물론 첫 시칠리아 체류의 후반부에 대한 서술은 338a~b 사이에서 잠깐 이루어지는 것이라 크게 보면 플라톤이 338e 이후의 부분에서 자신의 두 번째 시칠리아 방문에 대해서 이야기하는 것이 맞긴 하다.

252 전쟁 중에 : 이 전쟁이 누구와 벌이는 전쟁인지는 알 수 없다.

253 추방이 아니라 이주 : 내용상 자발적으로 옮겨 사는 것으로 이해할 수도 있겠지만, 강제성이 있는 이주로도 이해할 수 있을 듯하다. 주석 356 참고.

254 아르퀴테스 : '아르퀴타스'의 아티카식 이름. 아르퀴타스(428~347년)는 마그나 그라이키아(지금의 이탈리아)에 있는 타렌툼 출신의 철학자, 수학자, 천문학자, 정치가이다. 피타고라스학파의 거두 필롤라오스의 제자이고 에우독소스의 수학 선생이었다. 피타고라스학파의 일원으로서 플라톤과 교유를 나눈 것으로 유명하다. 디오뉘시오스 2세와의 알력으로 어려움을 겪고 있던 플라톤을 구해 주려 애쓰던 모습이 『일곱째 편지』에 잘 묘사되어 있다.

255 **이야기에서** : 330a~b.

256 **세 번째 초청 때에는** : 디온이 시라쿠사에 가 달라고 한 부탁까지 합쳐서 앞선 두 번의 초청을 플라톤은 거절했다.

257 **어떤 상태에 있으며** : 디오뉘시오스에게 가 달라는 청을 거절해서 디온이 화가 나 있는 상태를 가리키는 것으로 보인다.

258 **이유는 같은 것으로** : 앞에서 디오뉘시오스와 디온 및 타렌툼 사람들이 했던 것과 같은 이유를 아테네 쪽 사람들이 들었다는 뜻인 듯하다.

259 **구원자를 위한 세 번째** : 이와 비슷한 언급이 334c에도 나온다. 그리스 사람들이 연회에서 술을 마시기 전에 신에게 바치는 신주를 따르는 습관에 기인한 말이다. 그들은 신주의 세 번째 잔을 '구원자 제우스'에게 바쳤는데, 이것에서 유래하여 이 말은 '행운의 세 번째'나 '결정적 차례인 세 번째'를 뜻하게 되었다고 한다.

260 **그들이 어떤 … 자신들을 모릅니다** : 이 구절은 생략된 형태라서 이 구절의 의미에 대해서는 논란이 많았다. 현재로는 본문의 번역과 같은 형태가 일반적이지만 번역의 가능성은 열려 있다. 예컨대 슐라이어마허(1981)는 '하지만 그들은 자신들을 저자라고 칭하지는 않았다'라고 번역해서 앞에서 말한 디오뉘시오스 2세의 행동과 구별하는 내용으로 이해한 해석을 하기도 했다. 이 문장을 해석 가능성을 고려해서 좀 더 자연스럽게 풀어보면 1) 그들은 자신들이 누구인지 스스로도 모르고 있는 사람들이다, 2) 나도 그들이 누군지 모르고, 그들 자신도 모른다, 로 해 볼 수 있다.

261 **교유** : 310d의 주석을 참고할 것.

262 **갑자기** : 플라톤이 말하는 학문에 대한 앎이 '갑자기(exaiphnēs)' 생긴다는 말은 『향연』 210e에도 나온다. 거기서는 "사랑의 대상이 되는 것들에 인도되어, 차례차례 올바르게 아름다운 것들을 보다가 사랑의 대상이 되는 것들의 끝에 이르렀을 때, 갑자기 그 본성이 놀랍고 아름다운 어떤 것을 본다"고 플라톤은 말한다. 또한 『국가』 540a에서는 변증술 훈련과 실무교육을 받고 50세에 이르러서 비로소 최종 목표로

인도되어 "혼의 눈으로 하여금 모든 것에 빛을 제공하는 바로 그것을" 바라보게끔 만들어야 한다는 말이 나온다. 여기서 '그것'은 '좋음 자체'이다. '갑자기' 바로 앞에 나왔던 '숱한 교유와 공동생활'을 연상시키는 표현이다.

263 **하지만 대중을 상대로 해서 … 할 수 있었을까요** : 원문이 반사실적 가정문이라서 원문을 풀어쓰지 않고서는 우리말을 자연스럽게 옮기기 어려워 일단 직역을 했다. 이 문장의 뜻은 '대중을 상대로 최고의 학문에 대한 앎을 글로 쓰는 일이 가능했더라면, 나는 세상에서 가장 아름다운 그 일을 했을 것이다.'라고 보면 되겠다.

264 **있는 것들 각각에는** : 여기서부터 344d까지는 흔히 『일곱째 편지』에서 여담(digression)이라 불리는 부분이다. 이 편지가 진서라고 인정하는 사람들 중에서도 이 부분에 대해서만큼은 그 진위를 의심하고 나중에 삽입된 것이라는 의견을 내놓는 사람들이 있기 때문이다. 리터, 리처드를 위시로 한 사람들은 이 부분이 앞뒤 맥락에 맞지 않거나 형상을 가리키는 전문 용어인 'idea'나 'eidos'가 나오지 않거나, 다른 대화편들에서는 선명하게 구별하곤 하는 지성(nous), 앎(epistēmē), 참된 의견(doxa)을 같은 등급에서 묶는다거나(342c) 하는 점을 들어 이 부분이 후대에 삽입되었다고 주장해 왔다. 반면에 로스는 이 부분이 다른 어느 대화편보다도 형상 이론의 탐구에 따른 어려움을 선명하게 드러내 주고 있다고 보고 이 부분도 플라톤이 쓴 것이라고 본다(이와 관련된 자세한 내용은 테일러(1912)나 해밀턴(1973) 136~137쪽 참고).

265 **있는 것** : 그리스어에서 'einai'는 영어의 'to be'와 마찬가지로 '있다'와 '~이다' 두 가지 뜻으로 쓰인다. 따라서 'einai'의 동명사 형태로서 파르메니데스 이래 그리스 철학에서 참된 앎의 대상이 되고 현상 배후의 원인이 되는 것인 'to on'도 이 두 가지 뜻을 다 가질 수 있다. 여기에는 또 이 말의 해석에 대한 오랜 논쟁도 있다. 우리말로는 두 가지 해석을 번역에 다 반영하기 어려워 '있다'는 존재적 해석을 앞에 내세웠으나 '~인 것'이란 해석도 가능하다는 것을 알아 둘 필요가 있다.

'to on'은 뒤에서 문맥에 따라 '실재'라고도 옮겼다.

266 하나는 이름 … 네 번째는 앎입니다: 『법률』895d에서는 어떤 것에 대해 알기 위해서는 세 가지, 즉 대상 자체, 대상의 정의, 그리고 그것의 이름이 필요하다고 했다. '모상' 대신에 대상 자체가 들어 있기는 하지만 그곳의 맥락과 이곳의 맥락이 다른 점을 감안하면 거의 같은 말이라고 볼 수 있다.

267 그러니 … 파악하고, … 사고하세요: 이 대목에서 갑자기 명령조가 되는 것에 주목한 학자들은 여기서부터 (끝나는 지점은 정확히 지적할 수 없지만) 플라톤이 이미 가지고 있던 자료를 인용하고 있다는 추측을 한다. 다시 말해 다른 학문에 대한 소양을 갖춘 철학 입문자를 위한 입문용 자료가 있었고, 이를 지금 플라톤이 현재 맥락에 맞게 수정해서 사용하고 있다는 것이다.

268 거기: 정의의 실제 대상.

269 돌림판에서 돌려 만들어지거나: 도공이 돌림판(녹로)에서 원형의 도기를 만드는 것을 염두에 둔 표현이다.

270 이런 일들을: '그려지거나 지워지고, 만들어지거나 부서지는' 일을 말한다.

271 세 가지: 이름으로서 원, 정의로서 원, 모상으로서 원.

272 능동적인 것과 수동적인 것: '능동적인 것(poiēma)'은 인간이 행한 행동의 결과물을 비롯하여 작용하는 모든 것과 그 운동에 적용되는 말이고, '수동적인 것(pathēma)'은 사람의 불행, 감정, 느낌 등을 비롯하여 능동적인 것의 작용을 겪는 것이나 그 결과물을 가리킨다. 그리스 사람들은 사람의 감정도 외부의 작용을 겪는 데서 생긴다고 보았다.

273 이것들: 둥근 형태, 곧은 형태, 색깔 등등.

274 실재: 342c의 주석에서도 밝혔듯이 'einai(to be)'는 '있다'와 '~이다' 두 가지 뜻을 갖기 때문에 그것의 동명사형인 'to on(the being)'은 '있는 것'과 '~인 것' 두 가지로 해석할 수 있다. 여기서는 뒤에 나오는 '어떠어떠함(to poion ti)'에 대비시키기 위해서 '실재'라고 번역했으나

본래 의미에 충실한 번역은 '있는 것'이거나 '~임'임은 알아 둘 필요가
있다.

275 **각각의 것의 어떠어떠함** : 312e5의 주석에도 밝혔듯이 플라톤은 대상
의 '무엇'과 '어떠어떠함'을 구별한다. 이 구절에서는 이 '무엇'은 대상
의 실재(to on)라는 용어로 등장하는데, 이는 바로 앞의 주석에서 밝
혔듯이 그리스어 'einai(to be)'의 뜻이 '있다'는 것 외에도 '~이다'란 뜻
이 있어서 그것의 동명사 형태(being)인 'to on'은 '~임'이란 뜻도 갖
고, 이것은 '대상이 무엇인지'에 대한 대답(무엇임)이 되는 것이다. 반
면에 대상의 우연적 속성을 묻는 질문은 '대상의 어떠어떠함'을 묻는
것이 된다. 예컨대 원의 정의를 묻는 질문(그 답은 원은 한 점에서 동일
한 거리를 갖는 점들의 집합)과 그 원이 갖는 여러 속성(정리)에 대한 질
문(그 대답은 '원의 중심에서 현에 내린 수선은 그 현을 이등분한다' 등의 여
러 원의 정리가 된다)이 구별되는 것과 같다. 따라서 '어떠어떠함'이라
고 번역한 'to poion ti'는 그 뜻을 살려 '우연적 속성' 또는 '성질'이라
고 할 수도 있겠으나 질문의 성격을 보여 주기 위해 '어떠어떠함'이라
고 옮겼다.

276 **방금 이야기된** : 넓게는 342a부터 바로 앞까지고, 좁게는 342c에서 든
원의 예를 말한다.

277 **왜냐하면 그것은 모든 방향에서 직선과 접하기 때문입니다** : 이에 대한 학
자들의 해석을 주도하는 것은 테일러(1912)의 주석이다. 테일러는 '모
든 방향에서 직선과 접한다'는 말의 뜻을 '지각 가능한 길이로 원과 접
한다'[테일러(1912) 361쪽]는 뜻으로 새긴다. 즉 만들어진 원은 원으로
보여도 사실은 완전한 원이 아니라서 직선과 만날 때 한 점에서만 만
나는 것이 아니라 일정한 길이를 접하게 된다는 것이다. 테일러 외에
도 모로우(1929), 하워드(1932), 아펠트(O. Apelt, 1922), 해밀턴(1973),
브리송(2004) 등은 모두 이 해석을 따른다. 브리송은 아리스토텔레스
의 『형이상학』 997b32에 나오는 프로타고라스의 예를 들어 '원은 자와
한 점에서 접하지 않는다'는 주장을 이 구절에 대한 해석의 역사적 근

거로 대기도 한다. 그러나 이 해석은 '모든 방향에서(pantē)'를 설명하지 못한다. 만들어진 원이 비록 점이 아니라 선으로 직선과 접하더라도 원 전부의 방향에서 접하겠지만, 그렇다고 '모든 방향에서'라는 말에서 '점이 아닌 선으로'라는 해석을 끌어낼 수는 없기 때문이다. 테일러의 해석 노선과 다른 길을 가는 경우로 베리(1929)가 있다. 그는 이 구절을 '원에 접하는 접선을 무수하게 그릴 수 있다'라는 뜻이거나 '원도 선과 같은 점으로 구성되어 있다'라는 뜻으로 해석한다. 앞의 해석은 원과 선이 서로 다르지 않은 근거로 해석되기 곤란하고, 뒤의 것은 점이라는 공통 요소가 있다는 것만으로 원과 선을 동일시하는 것은 지나친 논리적 비약으로 보인다. 그런데 포스트(1925)는 원에 무수한 접선을 그을 수 있다는 사실을 원 안에 무수한 직선이 포함되어 있다는 뜻으로 새긴다[포스트(1925) 153쪽 주석 46 참고]. 포스트의 지적은 테일러의 해석과 같은 결론에 이르기는 하지만, '모든 방향에서'를 적절히 해석하여 논리적으로 원의 어떠어떠함(poion ti)이 선의 어떠어떠함과 연관된다는 점을 잘 드러내고 있다.

278 그것들 : 앞에서 말한 그려지거나 돌림판에서 돌려서 만들어진 원과 같이 감각적으로 보이는 사물들.

279 그것들의 이름이 … 덜 확고한 상태가 되지는 않을 것이라고 : 해석을 열어 놓기 위해서 직역을 택했다. 이 구절은 1) 이름이 바뀌어 불린다고 해도 이름 자체가 갖는 불안정성이 없어지지는 않는다는 말의 역설적 표현, 2) 이름을 바꿔 부르는 데 익숙한 사람들에게는 이름은 이름일 뿐(이름은 약속에 불과하다고 믿기에), 대상 자체의 고정성은 변하지 않는다고 해석될 수 있다. 2)의 해석을 살려 번역하면 '…에게는 어떤 것도 〈이름보다〉 불안정한 것은 없을 것이다'라고 번역할 수 있다. 문맥에 비추어서는 1)의 해석이 자연스럽고 다수지만 2)의 해석도 가능하고 하워드가 그렇게 번역한다.

280 있는 것들 : 여기서 '있는 것들'은 그리스어로는 뒤에 나오는 '실재'와 같은 to on이지만, 이 '있는 것들'은 감각의 대상이 되는 것과 지성

(nous)의 대상이 되는 것, 두 가지를 가리킨다.

281 무엇임 : 312e의 주석 참고.

282 감각에 의해 : 플라톤은 『국가』 523a~525a에서 감각들 중에는 지성에 의한 이해를 불러일으키지 않는 것과 불러일으키는 것이 있는데, 그 중 지성에 의한 이해를 불러일으키는 감각은 동일한 것에 대해 모순된 지각을 하게끔 하는 것이고, 그 예가 동일한 것이 동시에 하나이면서 수에 있어서 무한함을 보는 경우라고 하였다. 이 구절은 아마 『국가』의 이 내용과 연결해서 이해하는 것이 좋겠다[브리송(2004) 해당 부분 주석 참고].

283 영역 : 342a~b에서 말한 다섯 가지 중에서 '앎의 대상이 되고 참으로 있는 것인 것 자체'를 뺀 나머지인 이름, 정의, 모상, 앎과 관련된 대상 영역을 말한다.

284 말이나 글 또는 대답의 방식으로 : 앞의 말과 글은 대화 상황이 아닌 일방적인 설명을 말하고, 뒤의 대답은 질문에 대한 대답으로 대화 상황에서 하는 것으로 보인다.

285 섭렵 : '섭렵'으로 번역한 'diagōgē'의 본래 의미는 '두루 끌고 다님'이다. 의미에서 알 수 있듯이 끌고 다니는 쪽과 끌려 다니는 쪽을 전제한 표현이다. 344b6의 '물음과 대답'에 비추어보면 이것은 스승이 제자를 네 가지 것(이름, 정의, 모상, 앎)에 대한 훈련을 시킨다는 뜻으로 읽힌다[하워드(1932) 해당 부분 주석 참고].

286 그가 나중에 망가졌다면 : 이 부분은 문장의 뜻이 명료하지 않다. 원문에는 '다른 것들은(ta de)'이란 구절이 있는데, 그리스어에서는 이에 상응해서 먼저 나왔어야 할 '이것들은(ta men)'이 없기 때문이다. Post(1912)는 이 점을 살려서 '다른 것들'을 '보는 사람에 대립되는 대상' 즉 '보이는 것'으로 보고 '보이는 것들이 망가졌다면'이라는 요지의 번역을 했다. 재치 있는 번역이기는 하지만 이 대목의 맥락에서 '보이는 것들'은 개별적인 사물이 아니라 사물의 본질이라서 그것이 망가질 수 없다는 점을 감안하면 무리한 해석으로 보인다. 물론 이 대목의

맥락에서 보이는 것이 꼭 '대상의 본질'이 아니라 '본다'는 사실에 대한 일반적인 비유로 본다면 안 될 것도 없긴 하다. 그러나 여기서는 문법적으로 선명하지는 않아도 일반적으로는 쉽게 수긍할 수 있는 대부분의 해석자들의 번역과 맞추었다.

287 **륑케우스** : 눈이 밝기로 유명한 고대의 영웅.

288 **가장 아름다운 장소에** : 머리, 즉 혼 또는 정신(nous)에.

289 **"그렇다면 정말이지", … "자신이 그의 분별을 망쳤던 것입니다"** : 이 구절은 호메로스의 『일리아스』 7권 360, 12권 234의 구절을 변형한 것이다. 본래는 "그렇다면 정말이지, 신들께서 직접 그의 분별을 망친 것입니다"란 문장이다.

290 **아주 짧은 형태로** : 이 구절에 대한 해석은 두 가지로 갈리는데, '혼안에 가두기 때문에 가장 작은 공간에 담긴다'고 보는 의견과 '자연(physis)과 관련하여 최상이자 일차적인 것들에 관한 학설'이 아주 짧은 문장과 형태라는 의견으로 나뉜다. 전자는 베리와 해밀턴, 후자는 테일러(1912) 이하 하워드, 모로우 등등이 피력하는 견해다. 이와 관련하여 플라톤의 '문자화 되지 않은 학설(agrapha dogamta)'을 주장하며 플라톤의 『파이드로스』와 『일곱째 편지』 해석을 중시하는 튀빙겐 학파의 일원인 가이저(Gaiser, 1980)는 테일러 계열의 해석을 지지하면서도 그것이 짧은 이유가 '하나와 규정되지 않은 둘(One and Indefiniet Duality)'이 핵심 원리이기 때문이라고 밝힌다. 이 번역은 다수의 의견을 따랐으나 344c7에 있는 "가장 아름다운 장소"를 생각하면 '담기는 곳이 혼'이라고 보는 베리의 해석도 일리가 있긴 하다.

291 **제우스신께서나 아실 일입니다** : 이 말은 플라톤의 『파이돈』 62a8에도 테베 사람인 케베스에게 소크라테스가 그 고장의 말로 인용하는 것으로 나온다. 직역하면 '제우스신께서 그 일의 증인이 되게 하라'라는 이 말은 테베 지역의 방언을 사용한 표현으로, 믿기지 않는 일을 당했을 때 쓰는 일종의 감탄문이며, 우리말로는 '아무도 모른다'고 풀어 쓰면 뜻이 통할 말이다.

292 말한 방식은 340b 이하에 나오고, 한 번만 했다는 말은 341b~c에 있다.

293 권위자인 : 플라톤이 스스로에게 쓰기에는 좀 강한 표현이기는 하다. 그러나 그렇다고 이 권위자를 디온이라고 보는 것은 적절하지 못하다. 하워드는 이 '그것들의 권위자'란 말은 디오뉘시오스가 자신의 책에서 플라톤을 그렇게 지칭한 것을 플라톤이 인용한 말이라는 안드레아이(Andreae)의 해석을 인용한다[하워드(1932) 219쪽 주석 120 참고].

294 그 일이 : 플라톤이 디오뉘소도로스를 시험한 일.

295 그 편지 : 339b에서 말한 편지.

296 펠로폰네소스 : 디온은 시라쿠사에서 추방되어 펠로폰네소스 반도에서 머물고 있었다. 『일곱째 편지』 333b, 350b 참고.

297 『오뒤세이아』 12권 428행.

298 놀래켜 날아오르게 할지를 : 플라톤이 자신이 생각하는 자신의 입장과 디오뉘시오스가 생각하는 플라톤의 입장을 둘 다 새로 비유하고 있다. 하나는 갇힌 곳에서 벗어나고 싶은 새에, 다른 하나는 곡식을 쪼아 먹는 새를 놀래켜 곡식(디온의 재산 문제)에서 물러나 날아오르게 할 새로.

299 『셋째 편지』 318c와 관련 주석 참고. 맥락을 미루어 당시 호위대의 책임을 맡고 있었던 것으로 보인다.

300 『셋째 편지』 318c와 관련 주석 참고.

301 헤라클레이데스의 형제일 것으로 추정. 플루타르코스 『영웅전』 「디온」 45장 3절 참고.

302 경방패병들은 평화 시에 경찰 업무를 맡기도 했다.

303 달리 알려진 바가 없는 인물이다.

304 하루의 작은 부분에 해당하는 시간 차이로 : 우리 식으로 하면 '간발의 차이로'가 되겠으나 그리스식의 표현을 살렸다.

305 이 일이 있고 나서 … 판단했고 : 이 내용이 명확하지는 않으나, 자신에 대한 플라톤의 태도를 탐탁하지 못하게 생각했던 디오뉘시오스가 디

온의 재산에 대한 플라톤의 열성을 보고 그것을 자신에 대한 소홀함의 증거로 생각해 플라톤을 미워할 수 있는 근거로 삼게 되었다는 하워드의 해석이 설득력 있어 보인다[하워드(1932) 220쪽 주석 134 참고].

306 디오뉘시오스의 해군에 용병으로 와 있던 아테네 시민들.

307 당시 시라쿠사의 경방패병들은 용병이었던 것으로 보인다.

308 338c의 주석 참고.

309 자신들 중 한 사람인 : 타렌툼에 있던 플라톤의 친구들이란 바로 피타고라스학파 사람들이고 라미스코스는 바로 이 피타고라스학파의 일원이라서 이런 말을 하는 것이다.

310 여러분이 정말로 잘 지내게 되려면 특히 어떤 생각들을 가져야 할지 여러분에게 힘닿는 대로 설명해 보겠습니다 : "잘 지내시길"(eu prattein)이라는 첫머리 인사말을 쓴 후에 그것을 의식하면서 이야기를 풀어가고 있다. 'eu prattein'은 '잘 행하시길'로 옮길 수도 있는 애매한 말이다. 플라톤이 흔히 통용되던 'chairein'('안녕하시길' 혹은 원뜻을 살려 옮기면 '즐거움을 누리시길') 대신 굳이 이 말을 첫머리 인사말로 사용하고 있는 이유도 거기에 있을 것이다. 아무튼 이 인사말의 구사가 의도적이라는 건 지금 이 구절 외에『셋째 편지』서두에도 잘 표현되어 있고,『열셋째 편지』에도 이 인사말에 대한 의식적인 언급이 들어 있다. '특히 어떤 생각들을 가져야 할지'라고 옮긴 부분은 동사 'dianoeisthai'를 좀 더 풀어 '특히 어떤 방침들을 취해야 할지'로 옮길 수도 있다.

311 다만 불경스런 일을 행한 자는 빼고서 말입니다 : 여기 '불경스런 일을 행한 자'(anosiourgos)는 디온의 살해자인 칼리포스를 가리키는 것으로 보인다.『일곱째 편지』334a를 보면, 디온의 살해가 '불경스런 일'(anosion)이라는 언급이 나온다. 하워드(1932, 193쪽과 주)와 블럭(1947)이 지적한 것처럼, 여기 칼리포스 언급은 그가 아직 시라쿠사에서 축출되지 않았다는 것을 시사하는 것일 수 있다. 이 편지가 플라톤의 것이라면(아마 그럴 것이다),『일곱째 편지』(353년)보다는 몇 달 후, 그리고 디온을 살해한 칼리포스가 디오뉘시오스 1세의 아들이자 디온

의 조카인 히파리노스 2세(아래 356a의 '디오뉘시오스의 아들'에 대한 주석을 참고할 것)에 의해 추방되는 시점(352년)보다는 얼마 전에 썼을 것이다. 한편 모로우(1962)는 칼리포스 축출 후에 썼을 것으로 추측한다(82쪽, 255쪽 주 10 등). 이 편지의 집필 시점에 관한 이런 논란은 아래 356a4에 언급되는 '디오뉘시오스의 아들'(히파리노스 2세)이 디온파에게 '지금 베풀고 있는[혹은 최근에 베푼] 도움'(nyn boētheia)이 무엇을 가리키는가의 문제와 긴밀히 연관되어 있다. 그리고 355e5에서 언급되는 '내[=디온의] 아들'이 누구인가의 문제와도 깊은 상관이 있다. 상호 관련되어 있는 이 문제들이 이 편지의 위작 시비의 주요 대상이었다. 해당 구절들의 주석을 참고할 것.

312 참주정이 몰락한 상태에서 시칠리아 전역에 걸쳐 여러분이 당면한 온갖 투쟁은 : '시칠리아 전역에 걸쳐 참주정이 몰락한 상태에서 여러분이 당면한 온갖 투쟁은'으로 읽을 수도 있다.

313 한쪽은 악을 행하려 하고, 다른 쪽은 악을 행하는 자들을 막으려 하고 있는 : 두 번 나온 목적어 '악을'은 원문에 없는 말을 보충한 것이다.

314 이런 이야기들을 다른 사람들에게도 들려준다면 : '이야기를 들려준다'는 말의 원어는 '신화를 이야기해 준다'는 뜻을 가진 'mythologein'이다.

315 이런 것들 : 타인에게 악을 행하면서 스스로도 악을 겪을 수밖에 없음을 보여 주는 사례 내지 그런 사례를 통한 교훈을 가리키는 것으로 보인다.

316 이것들은 알아내기도 쉽지 않을뿐더러 알아낸다 한들 실행에 옮기기도 쉽지 않습니다. 이런 유의 조언을 하고 그걸 말로 풀어내려고 시도하는 건 기도(祈禱)하는 일과 흡사합니다. 그러니 이건 그야말로 일종의 기도일 뿐이라 칩시다 : '이런 유의 symboulē와 그 logos의 시도'라는 말을 풀어 '이런 유의 조언을 하고 그걸 말로 풀어내려고 시도하는 것'으로 옮겼다. 앞으로 조언과 로고스가 계속 함께 나오게 되므로 눈여겨볼 필요가 있다. 여기 '로고스'(logos)는 편의상 넓은 의미로 새겼다. 아래에 다시 나올 때는 문맥에 맞게 '메시지' 등 다른 번역어를 도입할 수도 있다.

그리고 '기도'라고 표현한 것은 가능성이 희박하지만 절박하게 요구되는 것에 대한 희구, 이를테면 '지푸라기라도 잡고 싶은' 상태를 가리키는 것으로 보인다. 저자는 알아내기(horan, idein) 어렵고 실행에 옮기기(epitelein)도 어려운 일을 조언하면서 이런 상황을 기도하는 심정으로 묘사하고 있다. 논란 대상인 『열한째 편지』(359a~b)의 헤시오도스 인용도 이 구절과 유사한 상황을 묘사하고 있는 것으로 이해할 수 있겠다. 거기서 식민지 개척자들에게 저자가 주는 힘든 조언, 즉 '내가 말할 땐 별것 아닌 걸로 보일 수도 있지만 정작 이해하기엔 어려운' 조언은 국가의 정치체제가 바로 서려면 법 제정만으로는 안 되고, 노예와 자유인 모두의 일상적 삶이 절도 있고 사람답게 되도록 돌보는 주권적 행위체가 있어야 한다는 것이다. 그 조언의 끝에 그런 권위를 행사할 만한 사람이 이미 확보되지 않았다면 신에게 기도하는 일만 남아 있다고 저자는 덧붙인다. 『국가』에서는 국가와 정치체제에 관한 자신의 프로그램이 '그야말로(pantapasin) 기도일 뿐인 게 아니라 어렵기는 하지만 어떤 식으로 가능하긴 한 것들'(540d)이라고 말한 바 있다. 똑같이 어려움을 표명하지만, 그 표현의 정도에 미세한 차이가 있는 것 같다.

317 **우리에게 뭔가 다음과 같은 메시지를 드러내고자 하는 기도** : 저자는 바로 앞에서 자신의 조언이 이해와 실행이 쉽지 않은 메시지를 담고 있으니, 이렇게 조언을 주고받는 일을 차라리 기도로 간주하고 접근하자고 이야기했다. 이제 그 기도(=조언)가 '우리에게 다음과 같은 메시지(logos)를 드러내고자(sēmainein) 하는 기도'라고 말하고 있는데, 바로 앞에서 언급한 조언-로고스 쌍이 다시 등장한 셈이다. 이 편지에서 조언(여기선 기도)과 로고스가 어떤 구도 속에서 쌍으로 등장하는지가 흥미로운 관찰 대상이다. 자기 메시지를 다른 사람의 입으로 전달하는 것을 선호하는 플라톤이 여기서 기도를 의인화하여 메시지를 전달하고 있고, 나중에는 입을 바꿔 디온을 통해 전달하게 된다는 포스트의 제안도 매우 흥미롭다.

318 지금, 그리고 전쟁이 일어난 때부터 거의 내내, 한 가문이 여러분과 여러분의 적들을 다스리고 있는데, 일찍이 여러분의 조상들이 온통 난처한 지경에 **빠졌을 때 그 가문을 권좌에 앉힌 바 있습니다** : 여기 언급된 '전쟁'은 5세기 말(409년) 이래 계속된 카르타고와의 전쟁을 가리킨다[베리(1929), 574쪽 주석 2]. 그리고 '한 가문'이란, 아래에서 곧 드러나게 되겠지만, 히파리노스 가문과의 제휴를 통해 집권하게 된 디오뉘시오스 왕가를 가리킨다. 대(對)카르타고 전쟁이 시작된 이래, 칼리포스가 집권했던 짧은 기간을 빼면 '거의 내내' 이 '한 가문'이 권력을 독점하고 있었다. '권좌에'에 해당하는 말이 원문에 나와 있지는 않다. 한편, 블럭(1947)은 여기 '적들'이란 디온파의 상대편이면서 여기 함께 언급되고 있는 '전쟁'에서의 적들이어야 하므로, 여기 '전쟁'이 카르타고와의 전쟁이 아니라 디오뉘시오스와의 전쟁을 가리킨다고 주장한다.

319 그들을 이른바 '전권을 가진' 참주로 임명했지요 : 405년 봄에 '전권'(autokratōr) 참주로 임명된 두 사람은 각각 디오뉘시오스 1세와 히파리노스 1세이다. 이때 디오뉘시오스는 20대 중반이었고, 지금 이 구절에 의하면 자문 역할을 맡은 히파리노스는 그보다 연상이었다. 대(對)카르타고 전투에서 펼친 무공에 힘입어 집권한 두 사람은 이후 몇 차례 혼인 관계를 통해 긴밀한 관계를 유지하게 되고(부록의 디오뉘시오스 가계도 참조), 대카르타고 전쟁의 또 다른 동지 필리스토스가 등을 돌린 후에도 제휴는 계속된다. 결국 두 사람의 관계는 그 아들들(즉 디오뉘시오스 2세와 디온)에게로 이어진다. 히파리노스 가문의 소프로쉬네(디온의 질녀)가 디오뉘시오스 2세와 혼인함으로써 디온은 아버지와 비슷한 역할을 하는 제2인자가 된다.

320 탁월함 : 'aretē'는 흔히 '덕'(德)으로 옮기기도 한다.

321 아마도 : 'pou'는 '분명'으로 옮길 수도 있는 말이다.

322 그 정권은 이 일들의 대가를 치러야 하는데, 그중 일부는 이미 치르고 있고, 또 일부는 앞으로 치러야 하지요 : 원문을 그대로 직역하면 '그 정권은 이 일들의 대가를 일부는 치르고 있고, 또 일부는 치러야 합니다'

가 된다. 그 정권이 이미 치르고 있는 대가란 디오뉘시오스 2세의 몰락을, 특히 357년 디온파의 군사 작전으로 패퇴하여 시칠리아를 떠나게 된 일을 가리키는 것 같다.

323 **부과될 때** : 원문에 없는 말을 보충한 것이다.

324 **조언들을 할 수조차 없게 되겠지요** : 약간 의역하여 '조언들을 할 기회[혹은 필요]조차 없게 되겠지요'로 옮길 수도 있겠다.

325 **이런 악의** : 원문에 없는 말을 보충한 것이다.

326 **전(全) 시칠리아가 페니키아인들이나 오피키아인들의 패권적 지배 아래 들어가게 되어 거의 그리스말이 사라지는 상태가 될 겁니다** : 카르타고인들은 본래 페니키아에서 이주해 왔기 때문에 흔히 '페니키아인들'(Phoinikoi)이라고 불린다. 오피키아인들(Opikoi)은 중남부 이탈리아 캄파니아 지방과 라티움 지방 경계선 근처에 살던 부족이며, 이 당시 남쪽으로 세력을 확장해가고 있었다. '옵스카인들'(Opsci) 혹은 '오스카인들'(Osci)이라고도 불리는데, 그 이름은 풍요의 여신의 이름 '옵스'(Ops)에서 나온 것이다. 디오뉘시오스 군대의 용병들 가운데 이곳 출신이 많았기 때문에 플라톤은 시라쿠사 여행 중에 그들에게서 이 이탈리아 부족에 관한 정보를 들었을 것이다. 머지않아 이 두 세력은 실제로 시칠리아에 중대한 위협이 되는데, 플라톤이 나름대로 적절한 정세 판단을 했던 것 같다.

327 **여느 때처럼** : 원문에 명시적으로 표현되어 있지는 않은 부분이다.

328 **조언의 말** : 별개 항목으로 짝을 지어 나왔던 '조언'(symboulē)과 '말'(logos)이 '조언하는 말'(logos symboulos)로 뭉뚱그려 나왔다.

329 **참주라는 이 명칭만이 아니라 이 명칭이 가리키는 실제 사태도 피하고** : '참주'라는 명칭(onoma) 즉 타이틀만 버리면서 눈 가리고 아웅 할 게 아니라 그걸 뭐라 부르든 그 타이틀이 지시하는 실제 사태(ergon)를 피해야 한다는 뜻이다. '참주라는'과 '명칭이 가리키는'에 해당하는 부분은 원문에 없지만 보충하였다.

330 **왕정(王政)** : 여기 'basileia'는 왕의 권력이 법률에 의해 제한을 받는 일

종의 입헌 군주정을 가리키는 듯하다.

331 **실제 행동** : 바로 앞에서 '실제 사태'로 옮겼던 'ergon'을 이렇게 옮겼다.

332 **아르고스와 메세네에 사는 친척들** : 고대에 아르고스와 메세네, 스파르타(라케다이몬)는 일찍부터 펠로폰네소스의 세 주축 세력이었던 것 같다. 모든 일들을 뤼쿠르고스에게 속하는 것으로 돌리는 플라톤의 이야기가 다소 과장이 섞여 있긴 하지만, 아무튼 '친척'이라는 말이 가리키는 것은 스파르타처럼 그 두 국가도 왕가가 헤라클레스 자손들(Herakleidai)이라는 것이다. 『법률』 3권(682e 이하)에도 이 세 왕정 국가가 긴밀한 관계를 유지했던, 그러니까 펠로폰네소스의 '도리아 삼국 동맹'이라 부를 만한 시절의 이야기가 나온다(헤라클레스 자손 이야기는 685d에 나옴). 또 거기서도 다른 두 국가와 달리 스파르타가 '신적인 인물'(뤼쿠르고스를 가리킴)의 주도로 법률과 정치체제를 잘 유지한 것으로 그려지고 있다. 하지만 지금 이곳과 『법률』의 이야기는 이 삼국에 관한 실제 역사와 많이 달라서 상당 부분은 플라톤이 허구로 지어낸 것이라고 생각하는 이들이 많다. 아무튼 실제 역사를 보면, 아르고스와 메세네 모두 스파르타와 늘 긴장 관계를 유지하고 있었다. 특히 메세네는 비옥한 메세니아 평원 때문에 스파르타가 호시탐탐 노리던 지역이었다. 기원전 725년에 스파르타 군대가 결국 타위게토스 산(양국 사이에 놓인 길이 100km, 최고 높이 2,410m의 산)을 넘은 이래 양국 간에는 오랫동안 전쟁이 계속되었다(메세니아 전쟁). 이 와중에 스파르타의 압박을 받아온 또 다른 세력인 아르고스는 자주 메세네와 우호적인 관계를 맺었다. 메세네가 명실상부한 도시(폴리스)가 된 것은, 레욱트라 전투(371년)로 스파르타의 기세를 꺾으며 신흥 강국으로 등장한 테베(본래 테바이)가 대 스파르타 전략의 일환으로 이 도시를 건설하면서였다(369년). 레욱트라 전투의 영웅 에파미논다스가 도시 건설을 주도했는데, 이 도시를 정점으로 한 펠로폰네소스 반도 남서쪽 지역을 '메세니아'라고 부른다. '라케다이몬'(='스파르타')과 '라코니아'가 그렇듯 '메세네'와 '메세니아'도 자주 혼용된 것 같다. 아무튼 플라톤

이 실제 사실을 전달해 주는 역사가로서 이 글이나 『법률』을 쓰고 있지 않은 것만은 분명하다. 그가 역사에 관심이 있고 또 역사를 이야기하고자 했다면, 그건 사실 자체를 밝히거나 기록으로 남기려는 의도보다는 오히려 당면한 난국을 헤쳐 나갈 지혜와 교훈을 찾으려는 의도, 혹은 사태에 관련된 당사자들을 설득해낼 수 있는 논거와 사례를 얻으려는 의도에서였을 것이다.

333 **감독관들의 권위를** : 사본에는 'ton tōn ephorōn'(감독관들의 속박을)으로 되어 있지만, 'tēn tōn ephorōn'(감독관들의 권위를)으로 고쳐 읽은 빌라모비츠의 추정을 받아들였다. '안정적 유지'(sōterion)와 연결되어 있는 'desmos'가 '구속', '속박'보다는 '결속', '묶어 주는 끈'으로 이해되는 것이 더 자연스러우리라고 판단했기 때문이다. 사본을 그대로 유지하는 OCT대로라면, "그 치유책으로서 원로들의 권위, 그리고 왕권에 대한 감독관들의 (왕권 안정 목적의) 속박을 도입했습니다" 혹은 "그 치유책으로서 원로들의 권위와 감독관들의 속박을, 왕권의 안정을 위한 수단으로 도입했습니다"가 될 것이다. 고대 스파르타의 감독관(ephoros)은 시민들의 대행자로서 아주 폭넓은 행정권과 사법권을 가지고 있고 왕의 통치 행위에 대한 감독권도 행사하던 관리를 가리킨다. 수는 다섯 명인데, 매년 시민들 가운데서 자체적으로 선출되었다. 여기 '권위'는 'archē'를 옮긴 말이다.

334 **왕의 모습으로 탈바꿈하여** : '왕의 모습(basileōs eidos)으로 탈바꿈(metaballein)하라'는 말은 위 354a~b에서 말한 '왕정(basileia)으로 탈바꿈(metabalein)하라'는 권유를 가리키는 것으로 보인다.

335 **시칠리아 사람들** : 이 'Sikeliōtai'는 엄밀하게 말하면 당시 시칠리아에 살던 그리스 사람들을 가리킨다.

336 **심지어 디오뉘시오스 이전의 열 명 장군들을 아무런 법적 절차에 따른 심리도 없이 돌로 쳐 죽였지요** : 디오도로스의 이야기(13권, 92)에 따르면 406년 아크라가스(라틴명 아그리겐툼)의 함락 후에 시라쿠사인들이 다프나이오스와 그 동료들의 직위를 박탈하고 열 명의 새 장군을 임명

했는데, 그 가운데는 민회에서 선동을 주도하던 디오뉘시오스가 포함되어 있었다고 한다. 한편 아크라가스의 포위 공격 당시 아크라가스 백성들이 실제로 장군 네 명을 돌로 쳐 죽인 일이 있었다. 플라톤이 이 두 사건을 혼동하고 있다는 그로트(G. Grote) 등의 견해가 설득력 있다. 아무튼 앞에서도 말했듯이, 플라톤에게는 정확한 실제 사실보다 이 비슷한 사례가 주는 교훈이 더 중요했던 것만큼은 틀림없다.

337 그가 정당한 주인이든 아니면 심지어 법이든 간에 : '아무리 그가 정당하고 적법한 주인이라 해도'로 옮길 수도 있다.

338 내가 조언하는 것들을, 디온과 내가 함께 하는 조언으로서 : '내가 조언하는 것들이 디온과 내가 함께 하는 조언임을'로 옮길 수도 있다. 모로우가 비슷한 지적을 한 바 있듯이, 디온과의 '공동 조언'(koinē symboulē)이 단지 가상적인 것에 불과한 게 아니라 실제로 디온 생전에 두 사람이 함께 논의를 통해 도달한 결론이었을 수 있다.

339 그가 : 직역하면 '저 사람이'.

340 여러분의 욕망과 더불어 여러분의 마음을 : 'gnōmai'를 '마음'으로 옮겼다. '욕망과 더불어'(met' epithymas)는 '더불어'(meta)를 어떻게 새기냐에 따라 해석의 여지가 많으므로 직역을 그대로 두었다. 번역 가능성만 해도 '욕망만이 아니라', '욕망의 도움을 받아', '욕망을 가지고', '탐욕스럽게' 등 다양한데, 해석의 문제로 넘어가면 더 다양한 그림들이 그려질 수 있다. 내용이 플라톤의 영혼론(psychology)과 긴밀히 연결되어 있기 때문이다. 어떤 해석을 취하느냐에 따라, 'gnōmai'를 '판단(력)'이나 '지성', '생각', '의견' 등으로 좁혀 이해하는 것도 불가능하지는 않다. 어떤 방향으로 이해하든, 그것의 어원상 기본 의미는 '앎/이해/지각(gnōnai)의 수단/도구'이며 지금 문맥에서는 복수로 사용되고 있다는 점이 고려되어야 한다.

341 영혼과 육체, 그리고 돈, 이렇게 셋이 있는데, 그 가운데 영혼의 탁월함을 가장 존귀한 것으로 여기고, 육체의 탁월함을 영혼의 탁월함 밑에 놓인 둘째 것으로, 그리고 돈의 가치를 육체와 영혼에 종노릇하는 셋째이자 마지막

것으로 삼는 게 분명한 법들을 말입니다 : 비슷한 논의가 플라톤의 다른 저작에 자주 등장한다. 『법률』 3권 697b, 5권 726a~729a가 특히 유사하며, 『고르기아스』 477c도 상당히 유사하다. 『법률』의 구절들에 따르면, 입법가가 해야 할 중요한 일 가운데 하나가 명예/영예(timē)를 잘 배분하는 일인데, 무엇보다도 명예를 부여해야 하는 대상은 물론 신이지만, 인간이 소유한 것들 가운데서는 영혼, 육체, 재산과 돈의 순서로 소중히 여기는 게 올바른 명예 배분이다. 『고르기아스』 구절에 따르면 좋은 상태와 나쁜 상태를 이야기할 대상으로 돈과 육체와 영혼, 이렇게 셋이 있는데, 그것들 각각의 악이 가난과 질병과 불의이며, 그 가운데 영혼의 악이 최대의 악이다. 아무튼 여기서 우리가 놓치지 말아야 할 것은 플라톤이 영혼이 좋은 상태를 가장 소중히 여기지만, 그렇다고 해서 육체나 돈을 무조건 천시하거나 죄악시하지 않는다는 점이다.

342 여러분에게 : '여러분의'나 '여러분을 위해'로 새길 수 있는 말이다.

343 이런 결과를 산출하는 규정이 있다면, 그것이 여러분에게 법으로 제정되는 게 올바른 일일 겁니다. 그것을 채택하는 사람들을 진정으로 행복하게 만들어 주기 때문이지요 : '규정'은 'thesmos'를, '법'은 'nomos'를 옮긴 말이다. '여러분에게'로 옮긴 'hymin'은 '여러분을 위해', '여러분에 의해', '여러분의' 등으로 새길 수 있는 말이다. 거의 같은 표현이 들어 있는 구절이 『법률』 1권에 있다. "그 법들[즉 크레타의 법들]은 올바릅니다. 그것을 채택하는 사람들을 행복하게 만들어 주기 때문이지요. 온갖 좋은 것들을 마련해 주거든요."(631b)

344 비참하게 : 원문에는 그냥 '그렇게'(toioutous)로 되어 있다.

345 실제 경험 : 바로 앞에서 '실제 사태', '실제 행동'으로 옮겼던 'ergon'을 이렇게 옮겼다.

346 왕의 권력과 함께 성립하는 : 'meta basilikēs archēs'를 옮긴 것인데, '왕권의 통제를 받는'이라는 의미로 이해할 수 있겠다.

347 법의 지배를 받는 : 'hypeuthynos'를 직역하면 '책임을 지는'이 된다.

348 이런 것들 전부를 조건으로 삼아, 성실하고 건전한 의도를 가지고 : '이런
　　모든 조건들에 대해 성실하고 건전한 의도를 가지고'로 옮길 수도
　　있다.

349 내 아들 : 여기 언급된 디온의 아들에 관해서는 논란이 분분하며, 별
　　도의 역사적 전승들과 조화되기 어렵다는 점이 위작론의 근거로 사용
　　되기도 했다. 전승된 자료들에 따르면 디온의 아들은 둘뿐이다. 맏아
　　들 히파리노스(=히파리노스 3세)는 아버지가 살해되기 얼마 전 자살했
　　다(플루타르코스 『영웅전』 「디온」 55와 코르넬리우스 네포스 『디온』 4와 6).
　　둘째 아들은 디온이 죽은 직후에 칼리포스의 감옥에 갇혀 있던 어머
　　니에게서 태어났다(플루타르코스 『영웅전』 「디온」 57). 따라서 이 편지가
　　집필된 당시에 히파리노스 3세는 이미 죽었고 이름이 알려지지 않은
　　유복자는 두 살이 채 안 된 어린아이였을 것이다. 어느 쪽도 여기 지
　　도자로 언급되기에 부적당하다고 보이는 게 문제이다. 이 문제를 해
　　결하는 방안으로 제시되어 온 견해들을 정리해 보면 다음과 같다. 우
　　선, 히파리노스 3세의 죽음에 관한 전승을 중시하면서 여기 언급된
　　디온의 아들이 나머지 두 사람(즉 디오뉘시오스 2세와 히파리노스 2세)
　　과 달리 이름과 특징에 대한 언급이 없다는 점에 주목하여 유복자를
　　가리킨다고 보는 포스트(1925)의 견해가 있다(156~157쪽). 둘째, 역
　　시 이 전승을 존중하면서 또 다른 아들이 있었을 것으로 짐작하는 그
　　로트와 빌라모비츠의 견해가 있다. 셋째, 이런 견해들이 갖는 난점
　　때문에 아예 이 전승을 거부하면서 히파리노스 3세가 거론되고 있다
　　고 생각하는 모로우(1962)의 견해가 있다(83~88쪽). 끝으로, 이 전승
　　을 받아들이면서도 디온보다 먼저 죽은 그 히파리노스 3세가 언급되
　　고 있다고 보고, 플라톤이 상당 기간 동안 그의 죽음에 대해 알지 못
　　했다고 추정하는 리터(C. Ritter 1910), 베리(1929), 하워드(1932), 블럭
　　(1947) 등의 견해가 있다. 각 견해의 상세한 내용과 평가에 관해서는
　　베리(1929), 569~571쪽, 하워드(1932), 192~196쪽과 모로우(1962),
　　83~88쪽 등을 참고할 것. 간단히 평가하자면, 우선 첫째 견해는 어린

유복자가 히파리노스 2세와 더불어 정치적 방안을 합의할 영혼의 소유자(357a~c)라는 언급에 어울리기 어렵고(포스트가 언급하는, 교육과 유전적 자질에 대한 플라톤의 신뢰만으로는 너무 근거가 약하다) 정황상 아직 칼리포스가 시라쿠사 정국을 장악하고 있다고 볼 때 투옥 상태에서 유복자를 출산했다는 소식이 플라톤에게까지 전달되기가 쉽지 않았을 것이라는 점 때문에 받아들이기 어렵다. 제3의 아들을 상정하는 둘째 견해도, 비슷한 시기에 쓴 『일곱째 편지』의 '디온의 아들'(345c, 347d 등) 언급으로 보아 당시 디온의 아들은 하나밖에 없는 것으로 상정되어 있다는 것이 거의 분명해 보이기 때문에 받아들이기 어렵다. 그렇다면 결국 히파리노스 3세로 보는 수밖에 없을 텐데, 우선 모로우의 견해를 취하면 전승을 거부할 불가피한 이유를 제시해야 하는 부담이 있다. 그 두 전승과 아일리아누스의 전승은 각각이 서로 다른 출처에서 나온 것으로 보이기에 더더욱 그렇다[하워드(1932), 194쪽]. 이런 부담 때문에 모로우는 편지와 역사적 전승의 불일치가 전자의 위작성보다 후자의 부정확성을 보여 주는 증거일 수 있다는 점을 강조하면서 후자의 신빙성 문제를 독립적으로 다루는 데만 거의 30쪽에 가까운 긴 분량(17~44쪽)을 할애하고 있다. 마지막 견해 역시 부담이 없지 않다. 지금 피력하는 계획을 플라톤과 디온이 공유하고 있다는 적극적인 진술 등으로 볼 때 사태의 진행에 관해 플라톤이 꽤 정확한 정보를 갖고 있었다고 보아야 하지 않느냐는 것이 이 견해에 대한 모로우의 비판이다. 그러나 모로우의 추측과 달리 플라톤이 이 편지를 쓸 당시 시라쿠사가 아직 칼리포스 지배 아래 있었다고 생각하면, 아테네와 시라쿠사 사이의 소식 전달 자체가 그리 원활하지 못했을 것이다[베리(1929), 569~570쪽]. 이런 반론이 모로우의 비판을 성공적으로 피해가는 데 얼마나 결정적일지 모르지만, 현 단계에서 새로운 설명을 찾거나 위작론을 받아들이지 않는 한 이 견해가 가장 부담이 적은 선택지인 것 같다. 게다가 베리(1929)가 주장하는 것처럼 『일곱째 편지』 324a의 히파리노스도 여기 언급되는 디온의 아들 히파리노스 3세로 보는 견해를 택하게 되면 그곳 문맥에 가장 잘 어울릴 뿐만 아니라, 역으로 플라톤이 그의 죽음을 한동안 모르고 있었다는 견해를 지지해 주는 또 다른 근거가 될 수 있을 것이다(570쪽). 『일곱째 편지』 324a 문제에 관해 베리와 같은 입장인 하워드(196쪽)와 모로우(86쪽)가 내세운 근거 가운데 히파리노스 2세의 나이에 관한 것이 비교적 강력하다. 324a의 히파리노스는 편지가 쓰일 당시 20세가량이므로 373년경에 태어났다고 해야 한다. 그런데 디오도로스(XIV.44.8)에 따르면 디오뉘시오스 1세와 아리스토마케가 결혼한 것은 398년의 일이다. 그러니까 거기 히파리노스를 히파리노스 2세로 보면, 그의 부모가 결혼한 지 25년 후에 아들을 얻었다는 이야기가 되는데, 물리적으로 불가능하지는 않겠지만 개연성이 아주 적다. 물론 아리스토마케가 디오뉘시오스 1세의 바람에도 불구하고 다른 아내 도리스와 달리 오랫동안 아이를 가지지 못했다는 기록이 플루타르코스에 나오며(『영웅전』「디온」 3.6), 이는 히파리노스 2세의 나이 문제에 대한 간접적인 해결 방식을 제공할 수는 있을 것이다. 그러나 이 구절을 인용한 브리송(1987, 212쪽)도 비슷한 지적을 하고 있는 것처럼, 같은 플루타르코스의 전승에 따라 디온보다 먼저 죽은 아들 히파리노스 3세의 나이를 추측하면 바로 『일곱째 편지』 324a와 맞아떨어진다. 같은 플루타르코스 중에서 어느 쪽 전승의 가치와 효력을 존중할 것인가를 따지자면, 아무래도 후자가 더 직접적이고 분명한 증거 역할을 할 것 같다.

350 디오뉘시오스의 아들 : 디오뉘시오스 1세가 아리스토마케(히파리노스 1세의 딸이며 디온의 누이)와 결혼하여 얻은 아들 히파리노스 2세를 가리킨다. 그는 그러니까 디온에게는 조카가 되고, 디오뉘시오스 2세에게는 이복 형제이면서 (누이 소프로쉬네가 디오뉘시오스 2세의 아내가 되었으므로) 처남도 된다. 부록의 디오뉘시오스 가계도를 참고할 것. 아래 357c 에서는 이름도 함께 언급된다.

351 그가 지금 베풀고 있는 도움 : 원문의 'nyn' 자체가 애매하여 '그가 지금 베풀고 있는 도움' 대신 '그가 최근에 베푼 도움'으로 옮길 수도 있다.

이 도움이 집권 칼리포스에 대항하는 디온파와 히파리노스의 제휴를 가리킨다는 데 대해서는 학자들 사이에 큰 이견이 없지만, 'nyn'이 가리키는 시점이 제휴 목적이 달성되기 전인지, 아니면 제휴 목적이 달성되어 13개월 집권한 칼리포스의 축출이 성사된 이후인지 입장이 대립되어 있다. 베리(1929, 566쪽, 584쪽 주 3, 585쪽 등), 하워드(1932, 192~195쪽) 등은 전자 입장이고, 모로우(1962, 82쪽과 255쪽 주10)는 후자 입장이다. 바로 아래 디오뉘시오스 2세에 대해 사용된 '지금'(nyn: 356a8)처럼 진행되고 있는 사실에 대한 언급으로 보는 것이 아무래도 더 자연스러워 보인다. 베리(570쪽)와 하워드(193쪽)가 적절하게 지적한 직후 문장의 시제, 즉 'eleutheroi'(자유롭게 만들고 있다)에 들어 있는 현재 시제도 이런 독해를 자연스럽게 만든다. 또 베리가 지적하듯이 저자가 3인왕 체제를 제안하고 있는 것도 히파리노스 2세가 칼리포스를 축출하고 시라쿠사 정권을 장악한 시점이라면 자연스럽지 않다(570쪽).

352 신전들과 무덤들 : 우리 식으로 바꾸어 생각하면 '종묘사직'쯤이 되겠다.

353 왕의 형태로 탈바꿈하려 : '왕의 형태(basileōs schēma)로 탈바꿈(apallattesthai)한다'는 말은 354c의 '왕의 모습(basileōs eidos)으로 탈바꿈(metaballein)한다'는 말을 단어만 바꿔 반복한 것이다. 따라서 거기서처럼 여기서도 354a~b에서 말한 '왕정(basileia)으로 탈바꿈(metabalein)한다'는 의미일 것이다.

354 라코니아 왕의 권력 : 'Lakōnikē dynamis'는 스파르타 왕에게 부여된 권력을 가리킨다. 플라톤이 스파르타 정치체제에서 많은 통찰을 얻었음을 짐작케 하는 대목이다. 플라톤 자신이 『법률』 3권(691d~e)에서 언급한 바에 따르면, 스파르타의 두 왕 체제는 전횡을 막기 위해 왕권에 제한을 가하는 장치였다. '라코니아'는 본래 펠로폰네소스 반도 남쪽에 위치한 라케다이몬(=스파르타)과 그 주변 지역을 가리키는 이름이지만, 라케다이몬 즉 스파르타와 자주 동일시되었다.

355 전쟁과 평화 문제를 관장할 사람으로서, 민회, 평의회와 더불어 일할 법 수호자들을 임명해야 하는데, 수는 서른다섯이 되어야 합니다 : 『법률』 6권 (754e)에는 새로 건설될 크놋소스 식민지의 법 수호자(nomophylax)로 서른일곱을 뽑자는 아이디어가 나온다. 이주자 그룹에서 열아홉 명을, (대화 당사자인 클레이니아스를 포함하여) 크놋소스 자체 그룹에서 열여덟 명을 선출해야 한다고 제안되며, 이 법 수호자들의 수와 권한, 역할, 그리고 직전 관리들의 재등용 등이 이 편지에서 논의되는 것들과 아주 유사하다.

356 죽음이나 추방이 형으로 부과되는 사안의 경우 : 원문에는 '죽음이나 추방의 경우'라고만 나와 있다.

357 이주 : '이주'(metastasis)는 내용상 강제 이주 즉 추방(phygē)을 가리킨다.

358 친구의 모습을 한 복수의 여신들 : 'xenikai erinyes'를 옮긴 것인데, 디온의 살해자들 즉 칼리포스와 필로스트라토스를 가리키는 것으로 보인다.

359 그때 친구의 모습을 한 복수의 여신들이 막지 않았다면, 나는 여러분의 도움을 받아 적들을 무찌르고 계획하던 대로 이것들을 이루어 냈을 겁니다 : 전후 관계를 바꾸어 "내가 여러분의 도움을 받아 적들을 무찔렀던 그때, 친구의 모습을 한 복수의 여신들이 막지 않았다면, 계획하던 대로 이것들을 이루어 냈을 겁니다"로 옮길 수도 있다.

360 실행 : 앞에서 '실제 사태', '실제 행동', '실제 경험' 등으로 옮겼던 'ergon'을 이렇게 옮겼다.

361 다시 : 원문에 명시되어 있지 않은 것을 보충하였다.

362 여러분 모두에게 : '디온파만이 아니라 여타 정파를 포함한 모두에게'를 뜻한다.

363 디오뉘시오스의 아들 히파리노스 : 디오뉘시오스 1세의 아들, 즉 디오뉘시오스 2세의 이복 형제이면서 디온의 조카이기도 한 히파리노스 2세이다. 상세한 내용은 356a의 '디오뉘시오스의 아들'에 대한 주석을 참고할 것.

364 이 편지는 『일곱째 편지』와 마찬가지로 공개 편지이며, 이 두 편지는 플라톤의 편지들 가운데 위작이라는 혐의를 가장 적게 받는 작품이다. 아주 깐깐한 기준을 가진 베리(1929)도 이 두 편지만은 진작이라고 인정한 바 있다(566~571쪽). 앞에서도 말한 대로, 353년 디온이 암살된 후에 쓴 것으로 보이는 『일곱째 편지』보다는 몇 달 후에, 그러나 아직 디온의 암살자 칼리포스가 히파리노스 2세에 의해 추방되지는 않은 시점(352년 초)에 쓴 것으로 보인다.

365 플라톤이 타렌툼의 아르퀴타스에게 : 아르퀴타스(428~347년)는 마그나 그라이키아(지금의 이탈리아)에 있는 타렌툼의 철학자, 수학자, 천문학자, 정치가이다. 피타고라스학파의 거두 필롤라오스의 제자이고 에우독소스의 수학 선생이다. 피타고라스학파의 일원으로서 플라톤과 교유를 나눈 것으로 유명하다. 디오뉘시오스 2세와의 알력으로 어려움을 겪고 있던 플라톤을 구해 주려 애쓰던 모습이 『일곱째 편지』에 잘 묘사되어 있다. 그는 이 편지와 『열두째 편지』의 수신인으로 되어 있으며, 두 편지에서 모두 이름이 도리아 방언 형태인 '아르퀴타스'(Archytas)로 표기되어 있다. 반면에 『열셋째 편지』에는 이름이 아티카 방언 형태인 '아르퀴테스'(Archytēs)로 되어 있다(360c). 이것만 보더라도, 이 두 편지의 저자는 『열셋째 편지』의 저자와 동일 인물이 아닐 가능성이 높다. 그런데 진작으로 짐작되는 『일곱째 편지』에 일관되게 '아르퀴테스'가 나오므로(338c, 339b, 350a 등), 이 점에 관한 한 『열셋째 편지』쪽이 진작일 가능성이 높다.

366 아르키포스와 필로니데스, 그리고 그 주변 사람들 : 문자 그대로 옮기면 '아르키포스와 필로니데스 주변 사람들'인데, 의미를 고려하여 이렇게 옮겼다. 두 사람 모두 아래 358b에 언급된 에케크라테스가 그렇듯 피타고라스학파의 일원이었다.

367 선택한 : 원문에 생략되어 있는 말을 '선택한'으로 보는 대신 '행하고 있는'으로 볼 수도 있다.

368 자신만을 위해 : 혹은 '자신만의 힘으로'.

369 존재 : 'genesis'는 보통은 '생성', '태어남' 등으로 옮기는 말이다. 게다가 바로 앞에 나온 '태어났다'는 말을 가리키기도 하므로 그냥 '태어남'이나 '생성'으로 옮길 수도 있을 것이다. 그러나 '태어났다'로 옮긴 앞의 말 'gegonen'은 완료 시제로 되어 있으며, 따라서 과거 시점의 사건 자체가 아니라 그 사건이 현재에 미친 효과에 주목하는 표현이다. 번역 본문에서 살리지는 못했지만 굳이 문자 그대로 옮긴다면 '태어나 있다'쯤이 되겠다. 그러니까 중점은 (과거의) 태어남에 있는 것이 아니라 태어남의 결과로서 (지금) 존재함에 주어져 있는 것이다.

370 나머지 친구들 : 우리 용어법과는 잘 맞지 않지만, 고대 그리스에서는 부모도 '친구'(philos)의 집합에 속한다.

371 시대 : 'kairoi'는 '시대의 요청'이나 '시대 상황' 등으로 의역할 수도 있겠다.

372 이 편지가 플라톤 자신의 것이라면, 그가 아르퀴타스를 처음 만난 387년 이후에 썼을 것이다. 그렇다면, 아마도 여기 에케크라테스가 『파이돈』에 나오는 에케크라테스일 경우 '젊은이'라고 지칭되기 어려울 것이다. 또 앞서 언급했듯이 아르퀴타스의 이름 표기에 관한 의심도 이유가 있으므로 『열셋째 편지』가 진작이라면 이 편지는 위작일 가능성이 높다. 아무튼 플라톤이 쓴 편지라는 키케로의 증언(『궁극적인 선과 악에 관하여』 II.45과 『의무에 관하여』 I.22)이 있음에도 불구하고, 이 편지가 플라톤의 작품이 아니라는 데 대부분 학자들이 동의하고 있다.

373 플라톤이 아리스토도로스에게 : 아리스토도로스에 관해서는 달리 알려진 게 없다.

374 철학(지혜 사랑)의 성격을 규정하면서 지적인 성질들을 도외시한 채 순전히 도덕적인 성질들만을 언급하는 것은 플라톤다운 방식이 아니라는 게 이 편지를 위작으로 규정하는 베리(1929)의 주된 근거이다 (597쪽). 하지만 여기 언급된 철학의 특성들이 과연 지적 측면을 배제하고 있는 것인지가 우선 의심스럽다. 예컨대 흔들리지 않음(bebaion)

은 지적 일관성 내지 안정성으로 읽을 수도 있을 것 같고, 신뢰할 만함(piston)과 건전함(hygies)도 얼마든지 지적인 특성이 될 수 있을 듯하다. 그리고 설사 그것들이 지적 측면을 포함하기 어려운 순전히 도덕적인 성질들임을 인정해 준다 쳐도, 그런 도덕적 성질들을 특히 강조할 만한 맥락이 주어져 있다면 플라톤 자신이 얼마든지 그런 방식의 강조를 할 수 있지 않을까? 플라톤의 "지혜 사랑이란 머리로만 하는 것이 아니라 가슴으로도 하는 것"이라는 포스트(1925)의 이해가 훨씬 더 그럴듯하게 다가온다(40쪽). 디온의 인기와 위세가 상당히 쇠락한 시점에 작성된 것으로 보이는 이 편지는 플라톤의 편지로 전해지는 것들 가운데 가장 짧은 분량으로 되어 있다.

375 플라톤이 라오다마스에게 : 수신인으로 되어 있는 라오다마스가 누구인지, 배경이 되는 상황이 무엇인지 분명치 않다. 포스트(1925, 37쪽)와 베리(1929, 601쪽)는 기하학에서 분석적 방법을 발견한 것으로 알려진 타소스(에게해 북부, 물리적으로는 트라키아 연안과 네스토스강 평원에 인접해 있으나 지리적·정치적으로는 트라키아보다는 마케도니아에 속한 것으로 간주되는 섬) 출신의 수학자일 가능성을 제안하고 있다. 이 편지에서는 정치가로만 나올 뿐이어서 단정하긴 어렵지만 불가능하지 않다. 이 경우 모로우(1962)의 제안대로, 디오게네스 라에르티오스(III. 24)에 타소스 출신의 플라톤 제자로 언급된 레오다마스가 동일 인물일 가능성이 높다(260쪽 주1). 이름 첫 음절 표기의 차이는 이오니아 방언과 아티카 방언의 차이 때문일 것이다. 이 편지에서 언급되고 있는 식민지는 360년경 트라키아 연안에 타소스인들이 개척한 다토스(Datos) 혹은 크레니다이(Krēnidai)가 아닐까 하는 추측이 제시되어 있다[포스트(1925) 37쪽, 베리(1929) 601쪽, 하워드(1932) 228쪽]. 크레니다이는 356년 알렉산더 대왕의 아버지 필리포스 2세가 근방에 도시를 세워 '필리포이'(Philippoi: 일명 빌립보)로 부른 이래 오히려 그 이름으로 잘 알려지게 되는 곳이며 바울의 편지로 유명한 곳이기도 하다. 가능성이 없지는 않지만 적극적인 증거가 없기에 추측 이상은 아니다. 아무튼 359a

이하에 언급된 식민지 개척자들에게 주는 조언은 마지막 대화편인 『법률』에 개진된 생각만이 아니라 그 대화편의 배경과도 아주 유사하다(아래 해당 부분 주석들을 참고할 것). 그런데 그 유사성을 이유로 위작론을 개진하는 사람들이 있지만, 유사성이 왜 반드시 위작론의 증거로만 사용되어야 하는지 의문이다.

376 소크라테스 : 바로 아래(358e)에 나오는 언급으로 보아 플라톤은 이미 지긋한 나이이므로, 이 소크라테스가 적어도 그의 스승 소크라테스일 수는 없다. 『정치가』에 등장하는 젊은 소크라테스를 가리킨다고 보는 게 통설이다[베리(1929), 601쪽, 모로우(1962) 260쪽 주석 2]. 그 추정이 맞다면 '젊은' 소크라테스는 나이가 들어서까지도 아카데미에 남아 일정한 역할을 수행했던 것으로 볼 수 있다.

377 당신에게 : 원문에 없지만 이해를 돕기 위해 보충하였다.

378 요즘 여행이 또 온통 위험투성이지요 : 에게 해에 해적이 창궐하던 시절의 이야기일 가능성에 주목하면, 페라이의 알렉산드로스가 해적 활동을 벌이면서 트라키아로 가는 육로를 봉쇄한 시기(361년에서 359년 사이)의 이야기로 볼 수 있다. 플라톤이 노인인 것으로 보아도 (만일 진작이라면) 360년 전후에 집필된 편지라고 추정할 수 있다.

379 당신과 식민지 개척자들에게, 헤시오도스의 말마따나 '내가 말할 땐 별것 아닌 걸로 보일 수도 있지만 정작 이해하기엔 어려운' 조언을 해 줄 수는 있습니다. 노예든 자유인이든 막론하고 그들의 매일매일의 삶이 절도 있고 남자답게 되도록 돌봐 주는 어떤 권위가 국가에 있지 않은데도, 어떤 종류의 것이 되었든 법들을 제정하기만 하면 그것으로써 정치체제가 잘 확립될 것이라고 이들이 생각한다면, 올바르게 사고하고 있는 게 아니니까요 : 1. 여기 언급된 '당신(= 라오다마스)과 식민지 개척자들'은 『법률』 3권 끝(702b)에 크레타의 새 식민지 건설 예정자로 언급되는 '나 자신(= 클레이니아스)과 아홉 동료'와 상당히 닮아 있다. 2. 헤시오도스 인용의 범위에 관해서는 학자들의 생각이 조금씩 다르다. 범위가 넓은 순서로 배열하면 다음과 같다. ① "헤시오도스의 말마따나 '내가 말할 땐 별것 아

닌(phaulon) 걸로 보일 수도 있지만 정작 이해하기엔(noēsai) 어려운 (chalepon)' 조언"[하워드(1932), 156쪽], ② "헤시오도스의 말마따나 '내가 말할 땐 별것 아니지만 정작 이해하기엔 어려운' 것으로 보일 수 있는 조언"[빌라모비츠(1920) II. 407쪽, 베리(1929), 603쪽], ③ "내가 말할 땐 헤시오도스의 말마따나 '별것 아닌 걸로 보일 수도 있지만 정작 이해하기엔 어려운' 조언"[포스트(1925), 38쪽], ④ "내가 말할 땐 헤시오도스의 말마따나 '별것 아닌 걸로 보일 수도 있'지만 정작 이해하기엔 어려운 조언"[모로우(1962), 261쪽]. 여기서는 하워드를 따라 옮겼다. 출처와 의미에 관해서는 불확실하다(포스트, 모로우)는 쪽과 『일과 날』 483~484와 연관된 것으로 보는 쪽(베리, 하워드)이 갈린다. 『일과 날』 해당 구절은 이렇게 되어 있다. "아이기스를 가진 제우스의 뜻(noos)은 그때그때마다 달라지며(alloios), / 죽을 수밖에 없는 인간들로서는 이해하기(noēsai) 힘들다(argaleōs)." 3. 오히려 『여덟째 편지』에 있는 유사 구절(352e)이 더 참고할 만하다. 거기서 저자가 언급한 '알아내기(horan, idein)도 실행에 옮기기(epitelein)도 쉽지 않은(ou radion) 조언'의 내용은 적과 친구 모두에게 최대선인 혹은 그들 모두에게 최소악인 일의 파악과 실행이다. 여기서도 어려움의 토로 끝에 마지막에 기도(euchē)가 언급되고 있듯이(359b) 거기서도 기도하는 심정에 대한 묘사가 덧붙어 있다. 4. 여기서 저자가 제시하는 '어려운 조언'의 내용은 국가의 정치체제가 바로 서기 위해서는 단순한 법 제정에 그칠 것이 아니라, 구성원 각자의 일상적 삶을 도덕적으로 지도하면서 법의 정신을 현실에 구현할 '권위'(kyrion) 즉 주권적 행위체가 있어야 한다는 것이다. 이 조언은 플라톤이 『국가』 7권 끝(540d)에서 '그야말로 기도(euchai)일 뿐인 게 아니라 어렵기는(chalepa) 하나 어떤 식으로 가능하긴 한(dynata pēi)' 목표를 언급하면서 그걸 가능하게 하는 방식으로 제시한 '철인 통치'나, 『법률』 12권에서 진정한 법치를 구현하기 위해 차선책의 일환으로 제시한 '야간 위원회'(nykterinos syllogos)를 떠올리게 한다.

380 권위 : 직전 문장의 '권위'는 'kyrion'을 옮긴 것인 데 비해, 여기 '권위'
　　는 'archē'를 옮긴 것이다. 긴밀한 연결을 위해 이렇게 옮겼는데, '권
　　위' 대신 '권력', '통치력', '지도력' 정도로 옮겨도 무방하다.

381 신들에게 기도하는 일만 남아 있을 따름입니다 : 가망 없는 상황에서 마
　　지막 수단으로 의지할 것이 신들에게 드리는 기도(euchesthai, euchē)
　　라는 아이디어는 『여덟째 편지』 352e에도 표명되어 있으며, 『일곱째
　　편지』 331d에도 비슷한 아이디어가 등장한다.

382 베리(1929)는 아주 비플라톤적인 '소크라테스의 병' 언급만 없어도 이
　　편지를 진작으로 받아들일 수 있겠다고 말한다(601쪽). 소크라테스는
　　배뇨 곤란 중세를 앓고 있어서 수신인에게 갈 상황이 못 된다는 메시
　　지가 어떻게 플라톤과 안 어울린다는 것인지 자세한 설명이 없어 이
　　해하기 어렵다. 비슷한 결론을 가진 모로우(1962)는 오히려 소크라테
　　스의 병명까지 굳이 밝힌 것이야말로 진작처럼 보이려는 시도라고 추
　　측한다(260쪽 주1). 어느 쪽이든 이 편지를 위작으로 볼 결정적인 근거
　　가 되기에 미흡하다. 앞에서 이미 검토한 대로, 이 편지가 드러내는
　　내용도 정황도 플라톤 자신의 것으로 받아들이기에 충분한 것으로 보
　　인다.

383 플라톤이 타렌툼의 아르퀴타스에게 : 앞에서도 언급했듯이, 『아홉째 편
　　지』와 더불어 이 편지도 수신인 이름이 '아르퀴타스'로 표기되어 있어
　　서, '아르퀴테스'라는 이름이 등장하는 『열셋째 편지』와 저자가 다를
　　가능성이 높다.

384 당신에게서 온 원고들을 놀라울 정도로 흡족해하면서 받았고, 그걸 쓴 사람
　　에 대해 무한한 경탄을 금치 못했습니다 : 원문을 그대로 옮기자면 맨 앞
　　에 '우리는'을 덧붙여야 한다. 그런데 그때의 '우리'는 '나'로 바꿔 이해
　　할 수도 있다. 이런 점을 고려하여 주어를 자연스럽게 생략했다.

385 그 사람은 저 옛 조상들에 값할 만한 사람이라는 생각이 들더군요 : 직전
　　문장에서와 같은 이유로 여기서도 '생각이 들더군요' 앞에 붙어 있는
　　('내게'라는 의미로 읽을 수도 있는) '우리에게'를 생략했다.

386 라오메돈 : 트로이아(일명 트로이) 왕 프리아모스의 아버지.

387 훌륭한 : 'agathos'는 '용감한'으로 옮길 수도 있다.

388 따로 : 원문에 명시되어 있지는 않은 부분이다.

389 계통이 서로 다른 좋은 사본들(A, Z, O)에 이 언급이 추가되어 있다. 그런가 하면 디오게네스 라에르티오스(3세기 전반) VIII. 79~81에는 아르퀴타스가 플라톤에게 보내는 편지와 그 답신으로 이 편지 전체가 몇몇 어구만 바뀐 채 함께 인용되어 있는데, 그는 이 편지를 진작으로 다루고 있다. 그러므로 위작이라는 반론이 있다는 이 언급은 늦어도 3세기와 9세기 사이 어느 시점에 추가되었을 가능성이 높다. 물론 텍스트 편집자인 트라쉴로스(기원후 36년경 사망) 자신이 쓴 것일 가능성도 배제할 수 없는데, 그 경우는 트라쉴로스 당시에도 이미 이 편지에 대해 위작 논란이 있었던 셈이다. 『아홉째 편지』의 주석에서 이미 살펴보았듯이, 아르퀴타스의 이름 표기에 관해 의심할 만한 이유가 있으므로, 『열셋째 편지』가 진작이라면 이 편지는 위작일 가능성이 높다. 베리에 따르면, 아르퀴타스에게서 받은 원고들이 피타고라스주의자인 루카니아의 오켈로스의 것이라는 보고가 있는데(디오게네스 라에르티오스 VIII. 80), 그 원고들 자체가 (아마도 기원전 1세기에 만들어진) 위작이므로, 이 편지 또한 그 원고들을 위조한 사람이 지어냈을 것이다. 위작 원고의 옹호를 위해 이 편지를 썼고, 같은 저자가 다시 이 편지에 무게를 더하기 위해 『아홉째 편지』까지 썼을 가능성이 높다. 아무튼 이 편지가 플라톤의 작품이 아니라는 데 오늘날 대부분 학자들이 동의하고 있다.

390 이것이 당신에게 보내는 편지의 시작이면서 동시에 내게서 온 것이라는 징표가 되게 합시다 : '잘 지내시길'(eu prattein)이라는 저자 자신의 인사말에 대한 의식적인 언급이다. 『셋째 편지』와 『여덟째 편지』의 서두에도 인사말에 대한 언급이 있다. "편지의 이런 시작이 당신에게는 내게서 온 것이라는 징표가 되도록 합시다"로 옮길 수도 있다. 플라톤이 편지를 쓰면서 자신에게서 온 것이라는 '징표'(symbolon)를 남기고

자 했으면, 그 징표를 그냥 사용(use)하면 그만이지 왜 그걸 다시 언급(mention)하느냐는 의문이 제기될 법도 하며, 그런 의문을 위작론과 연결시킬 여지도 없지 않다. 그러나 이 징표가 이 편지만이 아니라 앞으로 보내게 될 수도 있는 편지들에 대해서까지 포괄적으로 적용되리라는 것을 의도하고 있는 것이라면, 이런 언급은 자연스런 것일 수 있다. 게다가 이 편지는 여기 편지들 가운데 가장 이른 시기(366년경)의 것으로 추정되므로 앞으로의 편지들을 염두에 둔 것이라는 추측과 잘 어울린다.

391 앉아 있다 : 'katakeisthai'는 식사를 위해 비스듬히 기대어 누워 있다시피 한 자세를 가리킨다. 아래에서도 계속 '앉아 있다'로 옮기겠다.

392 이런 기조를 : 원문에는 그냥 '이것을'(tout)이라고만 되어 있다.

393 덕 : 이 구절 전후에 네 번 도입한 '덕'이라는 번역어는 '득', '이득', '혜택'의 의미로 사용한다. 바로 앞에 두 번, 그리고 아래 360e에 한 번 나오는 '덕을 본다'라는 표현은 동사 'ōpheleisthai'를 옮긴 것이고, 지금 이곳의 '덕'은 명사 'ōpheleia'를 옮긴 것이다.

394 피타고라스적인 저작들과 '나눔들' : '피타고라스적인 저작들'(ta Pythagoreia)이 어떤 성격의 것인지, 또 '나눔들'(dihaireseis)이 무엇을 지칭하는지 편지 안에서 확인할 만한 단서는 없다. 아펠트 등은 플라톤의 대화편들을 가리키는 것이라고 추측한다. 전자는 『티마이오스』를, 그리고 후자는 『소피스트』와 『정치가』를 가리킨다는 것이다. 하지만 이런 추측은 모로우의 지적대로 366년 이전에 이 작품들이 저술되었다고 상정해야 하는 부담을 진다. 그런가 하면 하워드는 모종의 연습 문제들을 담고 있는 것이 아닐까 하고 추측한다. 전자는 수학과 관련된, 그리고 후자는 『소피스트』와 『정치가』에 나오는 종류의 '이분법'과 관련된 연습 문제들을 포함하고 있다고 보는 것이다.

395 아르퀴테스 : 『아홉째 편지』와 『열두째 편지』에는 '아르퀴타스'로 나오는데, 『일곱째 편지』와 지금 이곳에서는 '아르퀴테스'로 나와 있다. 흔히 이 점은 이 『열셋째 편지』가 진작이라는 가정 하에 『아홉째 편지』와

『열두째 편지』를 위작으로 보는 근거 가운데 하나로 간주되고 있다.

396 헬리콘 : 그에 관해 달리 알려진 게 거의 없다. 플루타르코스에 따르면 그는 시라쿠사에 있는 동안 일식을 예언해서 은 1달란트를 보상으로 받았다고 한다(『영웅전』「디온」19).

397 에우독소스 : 4세기의 뛰어난 수학자요 천문학자인 크니도스의 에우독소스는 367년 플라톤이 시라쿠사를 방문하기 직전 퀴지코스에서 자기 학파를 아테네로 옮겨 아카데미에 합류시켰다.

398 이소크라테스 : 수사학자 이소크라테스(436~338년)는 10대 아티카 연설가 가운데 한 사람이다. 연설문 대필가(logographos)로 시작하여 당대에 가장 영향력 있는 수사학자가 되어 가르침과 저작을 통해 수사학과 교육 부문에 크게 기여했다. 392년경에 그가 세운 수사학 학교는 나중에 플라톤이 세운 아카데미와 경쟁 관계에 놓이게 된다. 수업료가 유난히 비쌌지만 다른 어느 학교보다 많은 학생을 유치하여 상당한 부를 축적했다고 한다.

399 브뤼손 : 메가라의 에우클레이데스의 제자인 브뤼손은 유명한 소피스트이다. 아리스토텔레스에 의하면 원적(圓積) 문제(즉 주어진 원과 같은 면적의 정사각형을 만드는 문제) 해결을 시도했던 수학자이다.

400 폴뤽세노스 : 소피스트이고 '제삼인' 논변의 창안자라고 알렉산드로스의 아리스토텔레스 『형이상학』 주석에 언급되어 있다.

401 함께 지낸 적이 있습니다 : '함께 지낸 적이 있다'(syngegone)는 말은 이 문맥에서는 선생으로 모신 적이 있다는 말이다.

402 이런 경우 : 즉 이런 사람들에게 교육 받은 배경을 갖고 있는 사람의 경우. 특히 아카데미와 경쟁 관계에 있는 이소크라테스 학교 쪽 교육을 받은 적이 있다는 점을 염두에 둔 말일 것이다.

403 그 누군가에게서 : 원문에 명시되어 있지는 않지만 이해를 돕기 위해 보충하였다.

404 아폴론 상(像)은 만들게 했고 : 디오뉘시오스는 아폴론 숭배에 열심이었다고 한다. 『셋째 편지』(315b)에 아폴론에게 아첨하는 말로 인사하는

시를 썼다는 언급이 나오며, 아들의 이름을 '아폴로크라테스'라 짓기
도 했다.

405 **렙티네스** : 디오뉘시오스 가문과 관련되어 알려진 사람들 중에 렙티
네스가 둘 있는데, 하나는 디오뉘시오스 1세의 형제인 렙티네스 1세
이고, 또 하나는 그의 아들 혹은 손자인 렙티네스 2세이다. 이 편지의
전달자인 (그리고 아마도 이 편지 전에 플라톤에게 디오뉘시오스 2세의 편
지를 전달해 준 사람이기도 했을) 렙티네스는 아마도 렙티네스 2세일 가
능성이 높다. 그는 351년에 칼리포스와 연합하여 디오뉘시오스 2세의
군대를 레기움(그리스명 레기온)에서 몰아낸 인물이기도 하다. 하워드
(1932), 231쪽 참고. 당대에 렙티네스라는 이름으로 잘 알려진 또 한
사람으로는 데모스테네스가 354년에 행한 『렙티네스 반박』 연설에 나
오는 아테네 연설가 렙티네스가 있다. 그 연설가 렙티네스는 아테네
인이라면 시민이든 거류 외인이든 간에 국가 축제에 들어가는 비용을
부담하는 데서 면제되어서는 안 된다는 법을 제안했는데, 데모크리
토스의 354년 연설은 그 법에 반대하는 연설이었다. 여기 렙티네스가
그 연설가일 가능성은 없어 보인다.

406 **레오카레스** : 기원전 356년 이전 어느 시점부터 320년경까지 작품 활
동을 한 아테네의 유명한 조각가이다. 그의 작품(청동상)에 대한 로마
시대 모사품(석고상)인 벨베데레 아폴론(Apollo Belvedere, AP-26)은 남
아 있는 아폴론 재현물 가운데 가장 중요한 작품이며, 현재 바티칸 시
티의 피오-클레멘티노 박물관(Museo PiōClementino)에 소장되어 있
다. 아래 왼쪽 사진을 참고할 것(출처는 http://genedorr.com/patches/
Apollo/Ap17.html). 이 작품은 신의 현현에 대한 비범한 해석으로 찬
탄을 받고 있다. 시선과 자세가 여러 방면으로 향함으로써 주변 공간
을 압도하는 주재자의 고양된 모습을 잘 표현하고 있다. 이런 정도의
작품이라면 아폴론 숭배에 열심이었던 참주를 기쁘게 하기에 모자람
이 없었을 것이다. 나중에 미켈란젤로(16세기)가 〈최후의 심판〉의 핵
심인 예수 부분을 그릴 때 머리를 강하게 비튼 자세로 묘사한 것도 이

작품에서 착상을 얻은 것이라고 한다. 아래 오른쪽 사진을 참고할 것 (출처는 http://entertainment.howstuffworks.com/michelangelos-last-judgment1.htm). 두 작품의 도판과 해설은 F. Roncalli (1989), *Vatican City: Monumenti, Musei e Gallerie Pontificie*, Gestione Vendita, 66쪽, 88쪽, 90~91쪽 참고. 아무튼 지금 이 구절에서 '젊은 장인(匠人)'이라고 불리는 것도 그의 활동 시기와 잘 어울리며, 아폴론 상 제작 의뢰를 받았다는 언급도 유물이 지금까지 남아 있는 것을 보면 신빙성이 있다. 아울러 유능한 소장 예술가를 알아보는 플라톤의 심미안을 간접적으로 확인할 수 있는 작품이기도 하다.

407 당신 부인 : 디오뉘시오스 2세의 배다른 누이동생이면서 아내이기도 한 소프로쉬네를 가리킨다. 디온의 질녀이기도 하다.

408 나와 당신에게 걸맞게 : 즉 나와 당신의 관계에 걸맞게(axiōs).

409 무화과를 수확하여 저장하기엔 우리가 너무 늦게 도착했고 : 원문에는 'apothesis'(저장)라는 한 단어만 나오지만 내용을 분명히 하기 위해 이렇게 옮겼다.

410 내가 보기에 우리에게 가장 모양새가 좋고 진실이기도 한 말을 그에게 했거든요. 우리가 레우카디아 배에 쓴 비용이 대략 16므나인데, 우리 돈이었다고 말입니다. 그래서 이걸 내가 받았고, 받은 걸 가지고 나 자신이 사용하기도 하고 이 물건들을 구입하여 당신들에게 보내기도 했습니다 : 밑줄 친 부분들에 주목해 보면, ① '내가 보기에'(moi)—② '우리에게'(hēmin)—③ '우리가'—④ '우리 돈'(hēmeteron)—⑤ '내가/나 자신

이'—⑥ '당신들에게'(hymin)로 이어지는 대명사나 주어의 구사가 다소 부주의하게 진행되고 있는 게 아닌가 하는 느낌을 준다. 가장 분명한 ①과 ⑤의 '나'는 저자 자신이고, ⑥의 '당신들'은 문맥상 비교적 분명하게 수신인 디오뉘시오스와 그의 아내(361a에 언급됨)를 가리킨다. 나머지 셋 즉 ②, ③, ④가 문제가 되는 이유는 두 가지다. 우선 그리스어 어법만으로 보면, 이 세 '우리'를 모두 '나'로 바꿔 이해하는 방식이 가능하며, 그런 치환에 따라 얼마든지 전후 내용 이해가 달라질 수 있다. 그런데 하워드(1932)도 지적했듯이 ② '우리에게'(hēmin)가 ① '내가 보기에'(moi)를 바짝 뒤따라 나오기 때문에 방금 말한 치환이 부자연스럽다(235쪽 주12). 이 사안에 있어 주요 서양 연구자 네 사람의 번역이 완전히 제각각으로 갈려 있는 것이 흥미롭다. 하워드는 셋 모두를 '나'로 바꾸었고(158쪽), 포스트(1925)는 뒤의 둘을(20쪽), 모로우(1962)는 마지막 것만을 바꾼 반면(265쪽), 베리(1929)는 하나도 안 바꾸었다(619쪽). 여기서 일단 번역은 베리가 한 것처럼 원문대로 옮겼지만, 세 '우리'를 어떻게 이해해야 할지 설명이 필요하다. ③, ④의 '우리'는 거의 분명히 디오뉘시오스가 배제된 플라톤 편에서 말하는 '우리'이다. 즉 '나'로 바꾸어 옮겨도 크게 상관이 없을 만한 '우리'이다. ②의 '우리'는 ③, ④처럼 이해할 수도 있고(아마도 하워드의 독해), 아니면 디오뉘시오스와 플라톤 자신을 지칭하는 것으로 이해할 수도 있다(아마도 포스트의 독해). 전자를 택하면 그 말을 렙티네스에게 하는 게 플라톤 자신에게 가장 적절하다 혹은 모양새가 좋다(euschēmonestata)는 뜻이 될 것이고, 후자를 택하면 디오뉘시오스와 플라톤 모두에게 가장 적절하다 혹은 모양새가 좋다(이를테면 서로의 관계를 순조롭게 유지하기에 적당한 말이다)는 뜻이 될 것이다. 두 독해가 다 가능하지만, 굳이 선택하자면 후자가 더 낫겠다. 후자는 우선 하워드가 지적했던 부자연스런 치환의 문제에서 자유롭다. (전자를 택할 경우엔 지칭 대상의 차이가 없는데도 불구하고 왜 갑작스럽게 '나'를 '우리'로 바꾸었는지 별도의 설명이 필요하다.) 뿐만 아니라 '적절하다'(euschēmōn)

는 말은 바로 아래(361c)에서도 '정의롭다'(dikaia)는 말과 함께 나오는데, 아무래도 서로간의 관계에 주목하는 용어인 것으로 보인다. 즉 플라톤이 돈을 쓰면서 자신과 디오뉘소스 대신 재정 지원을 한 사람의 눈에 적절하고 정의로운 방식으로 사용하려 한다고 말했을 때, 적절함 내지 정의로움이란 재정 지원을 주고받는 두 당사자의 이해관계나 의도를 염두에 둔 말일 것이다. 또한 362a에서 급한 지출이 지연될 경우에 디오뉘시오스의 '체면이 손상'(aischron)될 것이라는 염려를 하는 것을 보아도, 플라톤이 지금 염두에 두고 있는 적절함 혹은 좋은 모양새(euschēmōn)라는 게 자신만이 아니라 디오뉘시오스의 체면이나 이해관계, 그리고 두 사람 상호간의 체면이나 이해관계까지 아우르는 포괄적인 것이리라는 추측이 그럴듯하다. 끝으로 레우카디아 배에 쓴 비용 16므나가 어떤 돈인지는 막연한 추측의 문제이지만, 디오뉘시오스 1세 때부터 유지된 아테네–시라쿠사 간의 우호 관계를 지속시키기 위한 모종의 축제 행사와 관련이 있으리라는 포스트의 제안(140쪽 주9)보다는 시라쿠사에서 아테네로 돌아오는 배편의 비용일 것이라는 하워드의 제안(235쪽 주12)이 더 그럴듯해 보인다. 바로 아래(361e~362e)에서 이 사안을 마무리하면서 플라톤이 덧붙이고 있는 말과 잘 어울리기 때문이다. 거기서 플라톤은 디오뉘시오스를 방문하는 일과 관련되어 자신의 능력 범위를 넘어선 추가 지출이 있다면 디오뉘시오스가 부담해 주어야 한다고 말하고 있다. '구입하여'는 원문에 명시되어 있지 않은데 임의로 보충한 말이다.

411 적어도 : 해당하는 단어가 원문에 있지는 않다.

412 스페우시포스 : 플라톤의 조카이고, 플라톤 사망 후 뒤를 이어 아카데미의 교장이 된 인물이다.

413 이 아이를 위해 돈이 필요한데, 30므나를 넘지는 않을 겁니다. 이 정도가 우리에게 적당한 지참금이거든요 : 이 구절에 관해서는 플라톤이 자신이 『법률』에서 정한 규칙들을 지키지 않는 것이 아닌가 하는 문제 제기가 있었다. 분명히 『법률』(5권 742c, 6권 774c~d 등)에서 플라톤은 가

난 때문에 혼사가 성사되지 못하는 경우를 예방하기 위해 지참금 자체를 금할 뿐만 아니라 신부의 '옷 값' 즉 혼수까지도 상한선을 정해 과소비를 엄격히 제한하고 있다. 거기서는 가장 부유한 계층의 경우도 2므나가 상한선이다. 요즘 화폐 가치로 쉽게 환산하기 어렵지만, 전쟁 포로 한 명의 몸값으로 상정되던 액수가 통상 1므나였고(아리스토텔레스 『니코마코스 윤리학』 1134b21), 소크라테스 재판에서 지인들이 벌금으로 제안한 액수도 바로 30므나였던(『소크라테스의 변명』 38b) 걸 보면, 아닌 게 아니라 플라톤이 제시하는 30므나가 상당한 액수인 것만큼은 틀림없다. 하지만 우선 하워드가 지적하는 것처럼 플라톤은 크놋소스 사람이 아니라 아테네 사람이며, 당시 아테네에서 고아가 된 여자 아이에게 친척이 지참금을 마련해 주는 건 철저하게 준수해야 할 법적 의무였다. 또한 만티네오스를 위해 쓴 뤼시아스의 연설(『연설』 16.10)에서 재산이 아주 적은 만티테오스조차도 두 누이 각각의 지참금으로 30므나를 지출했다고 말하는 걸 보면, 플라톤이 제시하는 액수가 당대 기준으로는 '적당한' 수준이었던 것 역시 분명해 보인다.

414 **외지 친구** : 편의상 '외지 친구'로 옮겼지만, 사실 'xenos'로 지칭되는 친구는 단지 외지인 혹은 외국인만을 뜻하는 것은 아니다. 서로 다른 국가 출신의 두 사람 혹은 두 가문이 각각 자기 지역에서 상대방이 외국인으로서 여행하거나 여러 가지 일들을 수행하는 것과 관련한 편의를 돌보아 주기로 약조를 맺는 일이 많았는데, 그 관계를 'xenia'라 부르고 그 관계 당사자를 서로 'xenos'라 불렀다. 요즘 식으로 말하면 외국에 여행하거나 사업을 벌이거나 할 때 현지에서 자신을 위해 각종 편의를 보아 주는 현지 대리인(agent)쯤이 되겠다.

415 **당신에게** : 원문에 명시되어 있지 않지만 이해를 돕기 위해 보충하였다.

416 **안드로메데스** : 달리 알려진 게 없는 인물이다. 디오뉘시오스 1세는 아이기나와 연줄을 갖고 있었는데, 안드로메데스가 그의 현지 대리인이

었을 수 있다.

417 에라스토스 : 『여섯째 편지』의 수신인 가운데 하나로 나오는 에라스토스와 동일 인물일 수도 있다.

418 어쨌든 : 문맥을 달리 이해하여 '그러니'로 옮길 수도 있다.

419 당신 곁에 있는 사람들 : '당신 주변의 상황'으로 옮길 수도 있다.

420 당신이 그에게 언급하지 말라고 한 일들에 관해서는 언급한 적도 대화를 나눈 적도 없지만 : 자신의 배다른 여동생이기도 한, 디온의 아내 아레테를, 자기가 총애하는 신하에게 주려고 했던 디오뉘시오스의 계획(플루타르코스 『영웅전』 「디온」 21)을 가리키는 것으로 보인다.

421 티모테오스의 형제이자 나의 동료인 크라티노스 : 플라톤의 동료 크라티노스는 달리 알려진 바 없다. 그의 형제로 언급된 티모테오스는 아테네의 유명한 장군이자 정치가이며 이소크라테스의 추종자였던 티모테오스일 가능성이 있다.

422 부드러운 : 'malakōn'으로 읽었다. 'mala kalōn'으로 읽으면 '아주 멋진'이 되겠다.

423 골라 : 원문에 명시적으로 나와 있는 부분은 아니다.

424 케베스의 딸들에게는 7완척(腕尺) 짜리 속두루마기 세 벌을, 비싼 아모르고스 것 말고 시칠리아 아마포로 된 걸로 선물합시다. 케베스라는 이름은 아마 당신도 알 겁니다. 그는 소크라테스적인 대화들에 기록되어 있는데, 심미아스와 더불어 영혼에 관한 논의에서 소크라테스와 대화를 나누는 것으로 나와 있지요 : '속두루마기'는 'chitōnia'를 우리 식으로 옮긴 것이고, '소크라테스적인 대화들'에 해당하는 원어는 'Sōkrateioi logoi'인데, '소크라테스적인 담론들'로 옮길 수도 있겠다. 여기 언급된 영혼에 관한 대화는 『파이돈』을 가리키며, 테베의 케베스와 심미아스도 바로 그 대화편에 소크라테스의 대화 상대자로 등장하는 두 사람이다. 그들은 소크라테스의 제자이며, 아마도 피타고라스학파의 핵심 인물인 필롤라오스의 제자이기도 했던 것 같은데, 그 대화편에서 소크라테스와 더불어 영혼 불멸에 관한 열정적인 대화를 나누는 것으로 그려져

있다.

425 편지를 : 원문에는 생략되어 있는 목적어를 보충하였다.

426 진지한 편지는 '신'으로 시작하고 덜 진지한 편지는 '신들'로 시작합니다 :
우리에게 알려진 플라톤의 편지들 가운데 이 방식을 채택하고 있는
것은 없다. 이 편지가 진작이고 따라서 이런 징표에 대한 언급이 사실
이라면, 아마도 이 징표는 디오뉘시오스에게 누군가를 추천하는 편지
에만 적용되었을 수 있다.

427 필라그로스 : 아리스토크리토스가 『셋째 편지』(319a)에도 언급되어 있
다는 것을 제외하면, 이제부터 새로 이름이 언급되는 사람들(필라그로
스, 필라이데스, 테릴로스, 테이손, 뮈로니데스, 이아트로클레스)에 관해서
는 별다른 정보가 없다.

428 대왕 : 페르시아의 왕을 가리킨다.

429 공놀이 친구들 : 'sysphairistes'는 직역하면 '함께 공을 갖고 노는 사람
들'이지만, 아마도 '함께 친구를 탐구하는 사람들'을 뜻하는 것으로 보
인다.

430 위작 판정을 내린 베리(1929)에 따르면 이 편지의 저자는 일상의 이해
관계에 매달리지 않는 초연한 철학자의 모습을 보여 주는 대화편들과
『일곱째 편지』의 플라톤과 날카롭게 대조된다(610~611쪽). 하지만 이
런 도식적인 속물−철학자 이분법이, 간단치 않은 상황적 변수들이 개
입될 여지가 많은 편지라는 장르의 진위 여부를 판정할 결정적 기준
이 될 수 있을지 의문스럽다. 아닌 게 아니라 이 편지엔 생소한 사람
들의 이름과 자잘한 일상사에 대한 언급이 다른 편지들에 비해 유난
히 많은 게 사실이다. 그러나 그 사실 자체가 진위 판단에 영향을 주
기는 어려우며, 이런 개인적인 편지를 다른 공개 편지들과 같은 잣대
로 재단하는 것은 무리가 있다. 중요한 건 그런 사소한 내용들 사이에
담겨 있는 혜안과 통찰일 것이다. 예컨대 포스트(1925)는 헬리콘에 대
한 추천사(360c~d)와 돈 문제에 관한 논의(362a~d) 등이 오히려 플라
톤적 특징을 드러내는 구절이라면서 이 편지를 옹호하는 근거로 사용

하고 있으며(16~18쪽), 하워드(1932) 역시 같은 견해를 표명하고 있다(230~231쪽). 아무튼 이 편지는 플라톤이 둘째 시칠리아 여행을 통해 젊은 디오뉘시오스 2세와 만나고 돌아온 지 얼마 안 되었을 때, 그러니까 아직은 서로를 탐색하며 우호적인 관계의 기조를 유지하고 있던 시절에 쓴 것으로 보인다. 포스트가 적절히 지적하고 있듯이 이 편지의 저자는 디오뉘시오스를, 자신에게 호의를 가지고 있고 배움을 통해 진척을 보일 만한 자질을 갖고 있지만 아직은 못 미덥고 세세한 데까지 조언과 가르침이 필요한 젊은이로 대하고 있다. 또한 자신이 행하는 여러 일들이 디오뉘시오스의 이해관계를 대변하는 것으로 이해하고 있다. 문화적 · 정신적 자산을 가꾸는 일이 정치적 · 경제적 자원을 확보하고 관리하는 사람들에 의해 당연히 존중되고 지원을 받아야한다는 생각이 바탕에 깔려 있다. 돈 문제, 선물 등 이 편지의 자잘하고 미세한 언급과 조언은 이런 배경 하에서 이해될 수 있다.

작품 안내

1. 플라톤 『편지들』의 의미와 가치

플라톤의 저작이라고 하면 우리는 보통 대화편을 떠올린다. 법정 연설인 『소크라테스의 변명』(이하 『변명』)에까지도 대화가 들어 있는 것을 보면 플라톤이 발표한 저작은 모두 대화로 되어 있다고 해도 과언이 아니다. 그런데 주지하다시피 플라톤이 보여주는 대화들에는 정작 플라톤이 등장하지 않는다. 『변명』에서 두 번, 『파이돈』에서 한 번, 플라톤 자신의 이름이 스치듯 거명될 뿐이다. 오히려 그 대화들에 가장 많이 등장하여 이야기를 펼치는 사람은 스승 소크라테스이다. 소크라테스가 주된 화자로 나오지 않는 것은 '후기' 작품들(『소피스트』, 『정치가』, 『티마이오스』, 『크리티아스』, 『법률』)에 한정되어 있다. 이렇게 저자가 주된 화자가 아니기 때문에 대화편을 읽는 우리는 어쩔 수 없이 화자의 말을 통해 저자가 말하려는 바가 무엇인가 하는 문제에 직면하게 된다. 그리고 상당수 작품이 소크라테스를 주된 화자로 삼고 있기 때문에 대화편의 소크라테스와 역사적 소크라테스의 관계가 중요한 문제 가운데 하나로 대두된다.

그런데 우리에게 아직 덜 알려져 있긴 하지만, 오늘날 우리에게 전해진 플라톤의 저작 모음에는 열세 개의 편지가 포함되어 있다. 대화편들과 달리 이 편지들에서는 플라톤 자신이 일인칭 화자로 직접 등장한다. 대화편들에 들어 있는 화자와의 '거리 두기'가 작동하지 않는 만큼, 진짜 플라톤의 것이라면, 역사적 플라톤의 면모가 좀 더 직접적으로 생생하게 드러날 개연성이 높다. 따라서 편지를 읽을 때는 대화편을 읽을 때보다 더 자주, 대화편의 플라톤과 역사적 플라톤의 관계 문제에 직접 대면하게 될 가능성이 많다.

온갖 종류의 의사소통이 전자화되고 표준화된 오늘날에도 때로는 빠르고 간편한 이메일보다 발신인의 체취와 마음속 미세한 흔들림이 종이와 필체에 녹아 있는 '원래의' 편지를 그리워하는 사람들이 아직도 있다. 가지런하게 활자화된 아래아 한글 파일보다 잉크 자국과 손때가 어우러지고 가끔씩 글자가 칸을 벗어나기도 하는 '원래의' 원고에 대한 기억을 소중히 여기는 사람들이 있듯이 말이다. 이런 '원래의' 매체에 대한 향수는 그 매체가 담고 있었을 표준화되지 않은 개인의 고유하고 특별한 흔적들과 좀 더 많이 만나고자 하는 바람일 것이다. 플라톤의 편지도 그런 '원래의' 편지였을 것이다. 수신인에게 도달될 때까지 뱃길이나 육로로 여러 날 누군가의 손에 들려서 이동할 수밖에 없던 그런 편지 말이다. 오늘날 우리가 대하는 플라톤의 편지는 우리의 소통 방식에 가까운 활자화된 형태로 되어 있지만, 그것이 담고 있는 내용 속에서 그의 공식 저술에서 드러나지 않는 고유한 인격과 내면의 자취들을 만나게 되지 않을까 하는 것이 그의 편지에 대한 기대 가운데 하나일 것이다.

이 열세 작품들에서 우리가 기대할 수 있는 것은 사실 인격적인 만남의 매체인 '편지'로서의 의미나 가치에 한정되어 있지 않다. 우선 이 편지들은 동시에 그의 '자서전'이기도 하다. 그의 생애에 대한 전거들은 거의 이차 자료들뿐이다. 그의 사망 직후 동시대인들이 쓴 전기들이 있었다고 하지만, 일정한 목적의식을 가지고 썼기 때문에 자료로서 가치를 인정받는 데 한계가 있는 데다가 지금은 모두 소실되어 이용할 수 없다. 남아 있는 건 그런 전기들에 대한 후대인들의 인용뿐이다. 이런 이차 자료로 중요한 것은 다음 둘이다. 기원전 1세기 에피쿠로스학파 인물인 필로데모스의 『아카데미카』는 플라톤과 구 아카데미(원어대로 읽으면 아카데메이아)에 관한 기록이고, 기원후 3세기 디오게네스 라에르티오스의 『유명한 철학자들의 생애와 사상』은 제목 그대로 인데 그중 제3권이 플라톤에게 할애되어 있다. 그러니까 바로 이 편지들(특히 『일곱째 편지』와 『여덟째 편지』)이 플라톤 생애에 관해 우리가 참조할 수 있는 유일한 일차 자료이다.

이 편지들은 또한 공식 저술 즉 대화편들에 드러난 논의들에 대한 시사점을 얻을 수 있는 일종의 '입문서' 노릇을 할 수 있다. 이미 말했듯이 화자와 일정한 거리를 취하는 대화편들에서와 달리 편지들에서는 여러 철학적·정치적 사안들에 대한 저자의 직접적인 입장 표명이 들어 있으며, 자신의 행적만이 아니라 사유의 궤적에 대한 저자 자신의 회고나 옹호가 상대적으로 분명하게 드러나 있기 때문에, 대화편을 쓰던 플라톤이 어떤 배경과 맥락들 속에 있었는지를 이해하는 데 유용한 안내 역할을 할 수 있다.

그런가 하면 이 편지들은 일차 자료가 거의 없는 당시 시칠리아 역사를 더듬어 보는 데 가장 중요한 '사료'이기도 하다. 기원전 4세기 중엽 시칠리아에서 일어난 사건들에 대한 역사적 전승은 코르넬리우스 네포스(기원전 1세기), 디오도로스(기원전 1세기), 플루타르코스(기원후 1세기) 등에 남아 있다. 이들이 의존하고 있는 일차 사료는 당대 사람들인 티마이오스, 에포로스, 테오폼포스 등의 것인데, 위에 언급한 전승에 간접적으로 인용되어 전해질 뿐 원래 사료가 남아 있지 않을 뿐만 아니라 그들 가운데 시라쿠사의 사건들에 직접 참여했거나 관찰한 사람은 아무도 없다. 그리고 편지들이 네포스, 디오도로스 등 나중 사료들보다 시기적으로 앞서 있으며, 그중 몇몇은 방금 말한 일차 사료들보다도 먼저 써진 것이다. 요컨대 이 편지들은 당시 시칠리아 역사에 대한 동시대인의 증언으로는 거의 유일한 자료라 할 수 있다.

2. 진위 문제

'플라톤의 편지들'에 대한 이제까지의 다소 감상적이고 낙관적인 접근과 평가는 '진짜 플라톤의 것이라면'이라는 조건에 상당히 의존해 있는 것으로 보인다. 아닌 게 아니라 진위 감정이라는 근대적 잣대가 적용된 이후 '플라톤의 편지들'은 플라톤 철학 논의의 튼실한 근거 자료로 인정받기 어려웠고, 아주 제한적으로만 이용되어 온 게 사실이다. '플라톤의 편지들'에 관한 논의라고 하면 대개 일단은 진위 문제를 떠올릴 정도로 이 편지들은 진위 시비의 주요 대상이 되어 왔다. 그리고 거기엔 그럴 만한 이유들이 있는 것도 사실이다. 진위 문제에 관한 논의는 결국 개별 편지들마다 독립적으로 이루어져야 할 사안이며, 이 번역에서도 진위 문제는 각 편지의 문제 구절이나 편지 끝에서 다루어진다. 여기서는 편지들 전체에 걸쳐 문제되거나 논의될 수 있는 일반적인 사항들을 간략히 언급하고자 한다.

2. 1. 진위가 문제되는 까닭

전통적으로 편지라는 장르는 대개 (그리고 아마도 '원래') 개인적이고 송수신자가 일정하게 제한되어 있는 의사소통 수단이다. 그렇기에 이런 사적 영역에 제한된 편지가 보관되고 공표되는 데는 특별한 이유가 필요하다고 보는 것이 그럴듯하다. 저자가 편지 사본을 갖고 있었던 것인지, 아니면 수신인이 보관한 것인지, 왜 그렇게 보관하고 있었는지, 몇몇 편지들이 이런 방식으로 전수되었다면 왜 전부가 그렇게 전수될 수는 없었는지 등의 질문에 자연스럽게 노출되어 있다는 것이다. 그렇기 때문에 편지들의 진위 문제를 살필 때 관건 가운데 하나가 바로 공개 편지인가 여부이다. 공개 편지라면 위 의문들에 대한 해소가 비교적 쉽게 이루어질 수 있고, 그런 만큼 비공개 편지에 비해 진작일 개연성이 높다. 물론 '공개 편지' 여부를 따질 때, 관건은 명목상 수신인이 개인이냐 집단이냐가 문제가 아니라 수신인(들)보다 광범위한 독자가 (저자에 의해서든 수신인에 의해서든) 상정되고 있었거나 상정될 수 있는 편지이냐가 문제이다.

또 다른 요인으로는 위작이 편지 형태로 플라톤 저작 모음에 끼어들 만한 고대의 문화적 상황을 들 수 있다. 우선 당시에 상당한 정도로 위작 유통 시장이 존재했다는 보고가 있다. 갈레노스에 따르면 저명인사가 서명한 편지들을 도서관들이 좋은 가격을 쳐서 사들였다고 한다. 저명인사의 저작들을 입수하려는 알렉산드리아나 페르가몬 등의 도서관이 위작 저술과 유통을 통해 돈을 벌어 보겠다는 비양심적 지식 그룹의 표적이 되었고, 플라톤의 명망과 다른 저술보다 비교적 위조가 쉬운 편지의 특성을 고려하면 플라톤의 편지를 가장한 작품들이 전수될 가능성이 꽤 있었다고 할 수 있다.

그런가 하면 그런 비양심적 상행위와 달리 당대 교육 현장에서 이루어졌던 관행도 위작 전수의 한 요인이 될 수 있다. 학교에서 수사학을 배우는 학생이 어떤 잘 알려진 인물이 쓸 만한 내용의 글을 연습 삼아 써 보는 일이 비일비재했고, 개중에는 선생들도 자신의 이야기를 어떤 위대한 인물의 이름에 실어 별 생각 없이 개진하고 공표했을 수 있다. 이런 유의 악의 없는 위작들이 일정한 시간이 흐르고 우연히 남겨져 후대인들을 오해시킬 여지가 얼마든지 있었을 것이다.

이런 일반적인 사회·문화적 상황 외에도 사람들이 '플라톤의 편지들'에 대해 의심할 수밖에 없었던 또 다른 이유는 플라톤이 쓴 편지가 있었다는 동시대 혹은 가까운 시대의 기록이나 증거가 매우 빈약하기 때문이다. 이런 편지들에 대해 언급하는 플라톤 당시(특히 아리스토텔레스)의 기록은 고사하고 사후 상당한 시간 동안의 기록조차 우리는 가지고 있지 않다. 플라톤의 편지들을 직접 언급하는 기록으로는 기원전 1세기 키케로(106~43년)가 『일곱째 편지』와 『아홉째 편지』를 언급한 것이 처음이다. 플라톤 편지들 모음이 이루어진 것으로 보고되는 시기조차도 기원전 3세기보다 더 올라가지는 않는다. 기원전 3세기 말 비잔티움(뷔잔티온) 출신의 문법학자이자 알렉산드리아 도서관 사서였던 아리스토파네스(257~180년경)가 플라톤 저작을 삼부작(trilogia)들의 묶음으로 모았는데, 그 삼부작들 가운데 하나가 『크리톤』, 『파이돈』, 『편지들』이었다는 것이 철학사가 디오게네스 라에르티오스(기원후 3세기)의 보고이다(III. 62).

이렇게 다른 증거들이 없는 상태에서 우리는 기원전 4세기(나 3세기) 그리스(희랍)에 과연 편지라는 문학적 장르가 확립되어 있었는가 하는 문제에 부딪치게 된다. 4세기 것으로서 진짜 작품을 자처하는 편지 모음으로 우리에게 남아 있는 것은 이소크라테스의 편지들과 플라톤의 편지들밖에 없다. 고대 편지 연구사의 한 획을 그은 벤틀리(R. Bentley 1699)가 여러 고대 그리스 편지들의 위작성을 증명한 이래 고대 편지들은 광범위한 의심의 대상이 되었다. 그의 연구가 이 두 편지를 직접 다룬 것은 아니지만, 팔라리스(570~554년경), 테미스토클레스(524~459년), 에우리피데스(480~406년경), 소크라테스(469~399년) 등 기원전 6세기, 5세기 사람들의 것을 빙자한 여러 편지들이 나중 시대(대개 기원후 제2 소피스트 시대)의 작품임을 드러냈기 때문에 다른 편지들에 대해서도 폭넓은 의심을 불러일으켰고, 고대 편지들이 설사 진짜라 해도 그 저자의 작품 모음 안에서 주변적인 지위를 가질 뿐이라는 일반적인 선입견을 낳았다.[1] 기원전 4세기에 편지라는 장르가 확립되어 있었는가의 문제는 아래 3절에서 다시 언급될 것이다.[2]

2. 2. 진위 논쟁

진위 문제가 본격적으로 표면화되고 널리 회자되는 것은 아무래도 문헌 비평이 활발하게 이루어진 19세기의 일이라 할 수 있지만, 그 논의의 역사는 상당히 오래전으로 거슬러 올라간다. 오늘날 우리가 플라톤의 이름으로 전해 받고 있는 열세 편지는 중세 필사본들(가장 오래된 것이 9세기 말)에 들어 있을 뿐만 아니라 그것들의 준거가 되는 기원후 1세기 초 트라쉴로스의 플라톤 저작 모음에도 지금 순서 그대로 들어 있었다는 것이 디오게네스 라에르티오스의 보고이다. 점성가로 더 잘 알려져 있고 로마 황제 티베리우스와의 친분으로 유명한 알렉산드리아의 문법학자 트라쉴로스(기원전후에 걸쳐 활동하다가 기원후 36년에 사망)는 이전의 아리스토파네스와 달리 플라톤 저작을 사부작(tetralogia)들의 묶음 아홉 개로 모으고 그 뒤에 위작들을 따로 모았다. 그

---

1 투(Y.L. Too 1995) 195~199쪽.
2 4세기의 편지 전통 그리고 나중의 위작 편지 전통, 특히 '소크라테스적 편지들'(Socratic epistles)에 관한 상세한 논의는 하워드(J. Harward 1932) 65~70쪽, 79~86쪽과 브리송(L. Brisson 1987) 12~15쪽 등을 참고할 것.

중 마지막 아홉째 사부작이 바로『미노스』,『법률』,『에피노미스』,『편지들』인데, 마지막의『편지들』에 속해 있는 것이 우리가 알고 있는 열세 편지이다. 이 편지들이 위에 언급한 아리스토파네스의 것들과 동일한지는 분명치 않지만 그럴 가능성도 배제할 수 없다.

그런데 우리가 전해 받은 중세 필사본의 열세 편지 가운데『열두째 편지』끝에는 "플라톤의 작품이 아니라는 반론이 있다"는 보고가 덧붙어 있다. 디오게네스 라에르티오스가『열두째 편지』를 인용하면서 마치 진작인 것처럼 다루고 있는 것을 감안하면, 늦어도 3세기와 9세기 사이에 그런 보고가 추가되었다고 볼 수 있다. 게다가 전승된 자료들을 옥석의 구분 없이 끼워 넣는 일이 잦은 디오게네스의 행태를 감안하면,『열두째 편지』에 대한 부정적 평가의 보고가 트라쉴로스에게까지 귀속될 가능성도 배제할 수 없다. 아무튼 지금 우리가 갖고 있는 플라톤 저작 모음의 모태가 된 텍스트의 편집자 트라쉴로스가 플라톤 작품들 맨 뒤, 위작들 앞에 편지들을 넣은 것으로 보아, 만족할 만한 수준은 아닐지 모르지만 일정한 기준에 따른 평가 작업이 수반되었을 개연성은 높아 보인다.

위에서 말했듯이 아카데미(플라톤을 따르는 학파)나 소요학파(아리스토텔레스를 따르는 학파) 사람들이 플라톤의 편지에 대해 언급하고 있지 않지만, 사후 200여 년이 지나 키케로가 편지를 언급할 즈음에는 이미 플라톤의 편지라는 것이 사람들에게 분명한 실체로 인지되어 있었음이 틀림없다. 그 200여 년 동안 (혹은 플라톤 사후 아리스토파네스까지의 100여 년 동안) '플라톤의 편지들'이 겪었을 법한 역사를 어떻게 바라보느냐에 따라 진위 문제의 향방이 갈린다. 아카데미의 문서 보관 절차와 수준이 소요학파의 그것과 얼마나 달랐을까 하는 것이다. 잘 알려져 있듯이 아리스토텔레스의 저작들은 기원전 1세기 안드로니코스의 손에 들어오게 되는 때까지 200여 년 동안 그나마 전해진 것이 용하다 싶을 정도의 한심한 전수 과정을 겪었다. 플라톤의 저작들은, 특히 공식 출판용 저작이 아닌 편지들은 (만일 있었다면) 과연 어떻게 작성되고 보관되고 전수되었을까? 이에 관해 수많은 사람들의 상상력이 동원되었지만, 결정적인 입증이나 논박이 어려운 사변의 문제라 할 수 있다.

아무튼 키케로가 그랬듯이 이후 사람들은 18세기까지 일반적으로 그 편지들 대부분이 진짜 플라톤의 것이라고 받아들였다. 위에 언급한 바 있는, 고대 그리스 위작 편지 연구의 핵심 인물인 벤틀리(1699)도 플라톤의 편지들만큼은 모두 진작으로 간주하였다. 그러던 것이 18세기 말과 19세기에 고대 문헌들에 대한 비평 작업이 광범위하게 이루어지면서 플라톤의 작품들도 비평의 칼날 아래 놓이게 되었고, 위에서 말한 약점들을 가진 편지들은 더더욱 그 칼날을 피하기 어려웠다. 문체나 용어가 플라톤적인

가, 내용이 대화편들과 일관되는가, 거기에 들어 있는 역사적 사건 언급이 다른 사료들과 잘 어울리는가 등의 기준들에 따라 심사를 받은 '플라톤의 편지들'은 거의 '가짜'로 취급되었다. 그로트 (G. Grote 1865) 등 몇몇 굵직한 학자들이 예외이긴 하지만, 마이너스(C. Meiners 1782)와 아스트(F. Ast 1816) 등을 거쳐 카르스텐 (H.T. Karsten 1864)까지 주요 학자들이 플라톤의 모든 편지들을 위작으로 간주했고, 첼러(E. Zeller) 등으로 대표되는 19세기 후반에 오면 위작설이 완전히 정설로 굳어지게 된다.

그러다가 20세기에 들어오면 그런 비평이 가진 한계나 과도함에 대한 반성이 이루어지면서 진작임을 주장하는 사람들이 생겨나게 된다. 『일곱째 편지』와 『여덟째 편지』만 진작으로 받아들인 베리(R.G. Bury 1929)가 당대에 우위를 점했던 진작 주장에 도전하면서 반대 방향의 논의를 펼치려 애쓰고 있는 것을 보면 20세기 초의 분위기를 짐작할 수 있다. 20세기 전반에는 이런 방식으로 진작 주장과 위작 주장이 기세 싸움을 벌이면서, 학계의 흐름은 거의 유행처럼 주기적으로 진작 입장과 위작 입장 사이를 왔다갔다 하게 된다. 그러다가 20세기 후반 이후는 무게 중심이 위작설로 다소 기운 듯한 형국이다. 예컨대 브리송(1987)은 『일곱째 편지』만 받아들이며, 쿠퍼(J.M. Cooper 1997)는 그 편지의 위작 가능성까지도 열어 놓고 있다. 그러나 위작 주장을 펼치는 사람들도 대개는 베리가 취했던 입장, 즉 『일곱째 편지』와 『여덟째

편지』만 받아들이는 입장을 취하는 경우가 많다.[3]

브리송은 피치노(M. Ficino 1484)부터 쿠르츠(D. Kurz 1983)까지 32명의 학자들이 각 편지의 진위를 어떻게 보고 있는지를 정리한 바 있는데, 매우 유용한 참고 자료이다.[4] 그가 정리한 학자 목록 가운데 모두 진작으로 보거나 모두 위작으로 본 7명을 제외한 25명의 입장을 토대로 학자들의 진작성 수용 정도를 순서에 따라 정리하면 다음과 같다. 시대의 차이나 개별 입장 내의 미세한 편차를 무시하고 극단적인 입장만 배제한 상태에서 목록을 만들었지만, 이제까지 진위 판정의 대체적인 추이를 드러내기에는 별 부족함이 없을 것이다. (괄호 안의 숫자는 해당 학자 25명 가운데 각 입장을 표명하는 학자의 수이다.)

1. 『일곱째 편지』: 모두 진작으로 간주 (진작 25)

2. 『여덟째 편지』: 거의 모두 진작으로 간주 (진작 24, 위작 1)

3. 『여섯째 편지』: 진작으로 보는 입장이 압도적으로 우세 (진작 17, 위작 6, 미정 2)

4. 『셋째 편지』, 『열한째 편지』: 진작으로 보는 입장이 우세 (『셋째 편지』:

---

3 여기서 일일이 다룰 수 없는, 여러 학자들의 진위 논란에 관해서는 하워드(1932) 59~78쪽, 모로우(G.R. Morrow 1962) 3~16쪽, 브리송(1987) 10~21쪽 등을 참고할 것.
4 브리송(1987) 72쪽의 도표를 참고할 것.

진작 13, 위작 9, 미정 3 /『열한째 편지』: 진작 12, 위작 8, 미정 5)

5.『넷째 편지』,『열째 편지』: 두 입장이 백중세 (『넷째 편지』: 진작 12, 위작 11, 미정 2 /『열째 편지』: 진작 11, 위작 10, 미정 4)

6.『열셋째 편지』,『둘째 편지』,『다섯째 편지』와『아홉째 편지』: 위작으로 보는 입장이 우세 (『열셋째 편지』: 진작 10, 위작 13, 미정 2 /『둘째 편지』: 진작 10, 위작 14, 미정 1 /『다섯째 편지』와『아홉째 편지』: 진작 9, 위작 13, 미정 3)

7.『열두째 편지』: 위작으로 보는 입장이 압도적으로 우세 (진작 5, 위작 19, 미정 1)

8.『첫째 편지』: 모두 위작으로 간주 (위작 25)

2. 3. 진위 문제에 대한 이 번역서의 입장

사실 플라톤의『편지들』을 다루면서 어떤 식으로든 진위 문제를 피해 가기는 어렵다. 플라톤의 것으로 받아들이느냐 여부에 따라 그 함축과 파장이 아주 달라질 수 있기 때문이다. 그러나 다른 한편으로 생각해 보건대, 진위 문제에 지나치게 매달리다가『편지들』이 담고 있는 여러 가치 있는 내용들이 제대로 음미될 기회가 줄어든다면 그것 역시 바람직한 일이 아닐 것이다. 게다가 이『편지들』의 원전 번역이 처음이고 우리 학계에서 아직 본격적으로 논의되지 못한 사정을 감안하면, 그런 이차적 논의들은 앞으로 함께 풀어 갈 과제로 남기고 당장은 편지 자체의 이해에 보다 주력하는 것이 좋다고 생각한다. 각 편지의 진위 문제에 관한 입장과 근거에 관해서는 개별 편지들의 해당 대목을 참고하기 바라며, 현 단계에서 우리가 갖고 있는 대강의 입장을 밝히면 다음과 같다.

열세 편지 모두를 진작으로 보거나 위작으로 보는 견해는 설명의 부담이 아주 크기 때문에 받아들이기 어렵다. 편지가 써졌으리라고 주장 혹은 추정되는 시기부터 아리스토파네스까지 약 150년의 시간 동안 어떤 일이 일어났는지는 그저 추측해 볼 수밖에 없는 문제이다. 위작들이 쉽게 끼어들 만큼 아카데미의 문헌 보관 상태와 이후 전수 과정이 느슨했는지 그 반대인지 분명히 알 길은 없다. 편지의 존재를 언급하는 전거가 일정 시기 동안 부재했다는 것도 아카데미와 소요학파의 저술이 그 수장들의 것 말고는 거의 전해지지 않는다는 사정과 무관하지 않을 것이다. 당시 사람들이 편지의 중요성을 의식하지 못했다면 얼마든지 있을 수 있는 일이며, 또 의식했다 하더라도 그것을 꼭 언급했어야 한다고 믿어야 할 이유도 없다.

플라톤 작품에 대한 엄정한 비평이 갖는 중요성에도 불구하고 그 폐단 또한 분명하다. 그 비평의 칼날에 희생될 뻔했던 작품들 가운데는 지금 어느 누구도 플라톤의 것임을 의심하지 않는 작품들이 수두룩하다. 예컨대 지금은 어엿한 최후 작품으로 인정되는 『법률』도 아리스토텔레스의 보고가 없었다면 한갓 위작으로 치부되어 마지막 시기 플라톤의 사유 여정을 더듬어 보는 중요 자료 역할을 제대로 해내지 못했을지도 모른다. 『법률』이 제가치를 인정받지 못했던 시절, 그것과 비슷한 문체와 내용을 담은 『일곱째 편지』가 비슷한 대우를 받았던 것은 잘 알려진 사실이다. 그 편지의 문체나 용어가 대체로 플라톤적이라는 것이 이제까지 연구들의 대체적인 귀결이다. 물론 그런 연구가 진작성의 충분한 근거가 되지는 않는다. 누군가가 플라톤 저술을 아주 완벽하게 모사할 가능성을 원리상 배제할 수 없기 때문이다. 그런가 하면 문체, 용어, 내용이 나중 시기 플라톤의 것에서 일정하게 벗어나 있다는 것이 진작성을 배제할 충분한 이유가 될 수도 없다. 가능한 한 플라톤의 표준적인 문체나 용어, 내용에 집착하는 것이 위조하는 사람의 입장이리라고 생각하면, 이런 것들에서 보이는 유연성은 오히려 플라톤 자신만의 것이라고 말할 수도 있기 때문이다.

편지들을 위작으로 여기는 사람들 가운데서도 상당수는 그것들이 플라톤과 그리 멀지 않은 시점에, 그의 사유 행적과 그리 멀지 않은 사람들의 손에 써졌다는 점을 인정하고 있다. 그러니까 설사 플라톤 자신이 직접 쓴 것이 아니라 해도 플라톤의 생각이나 행적을 대변하는 자료로서의 가치가 완전히 없어지는 것은 아니라는 말이다. 편지들이 담고 있는 시칠리아의 역사적 사건에 대한 기술이 다른 역사가들의 보고와 일치하는지를 진위 문제의 주요 근거로 삼는 일들이 있었다. 그러나 엄밀히 말하면 그 일치 여부가 진위 여부에 결정적이라 할 수 없다. 편지의 역사적 기술이 다른 역사적 전통과 일치한다는 것은 그 저자가 그 역사적 전통에 정통해 있다는 것을 보여 줄 뿐이지 저자가 플라톤임을 보여 주는 것은 아니다. 그런가 하면 모로우(1962)가 적절히 강조하고 있듯이, 편지의 역사적 기술이 역사가들의 진술과 다르다는 것이 편지가 위작임을 보여 주는 것 역시 아니다. 위에서 말했듯이 편지의 사료로서의 가치가 역사가들의 진술이 갖는 가치에 못지않다면, 양자간의 불일치는 오히려 역사가들의 진술이 부정확함을 보여 주는 증거일 수 있다.

진위 문제 논의는 시대에 따라, 보는 이의 관점에 따라 매우 큰 진폭을 갖고 변동해 왔다. 증명의 부담을 어느 쪽에 주느냐에 따라 진작 인정의 범위가 크게 달라질 수밖에 없다. 어느 쪽이든 결정적으로 상대방을 압도하기 어렵다는 점에서 다분히 일정한 결단이 작용할 수밖에 없다. 문헌 비평의 빛과 그림자에 비추어 볼 때 텍스트에 대한 충분한 조명과 이해를 거치지 않은 상태에서 섣불리 위작으로 치부하는 일은 자칫 눈앞에 훌륭한 보석감을 놓고도 충분히 걸러 내고 다듬는 노력 없이 한갓 흙덩어리로 취급하는 일과도 같다 할 것이다. 주요 편지(『여섯째 편지』, 『일곱째 편지』, 『여덟째 편지』)의 진작성을 인정한 빌라모비츠(U. von Wilamowitz-Moellendorf 1920)가 했던 인용이 자못 의미심장하다. "집 짓는 사람들이 내버린 돌이 집 모퉁이의 머릿돌이 되었다."(시편 118:22, 마가복음 12:10) 진위 시비의 주요 대상 가운데 하나가 된 『둘째 편지』의 저자가 하는 말 역시 새겨들을 만하다. "30년 동안 내내 이런 논의를 들어온 사람들이 이제 노인이 되어서 비로소, 예전에 가장 의심스럽게 생각되던 것들이 지금에 와서는 가장 믿을 만하고 가장 분명한 것으로 보인다고 말하고 있다."(314b)

물론 그로트처럼 플라톤 사후 플라톤 작품들이 의심할 여지없이 완벽하게 아카데미 도서관에 보존되어 알렉산드리아 사서들이 참조했고 나중에 트라쉴로스의 손에 들어갔다고 믿거나, 하워드(1932)처럼 플라톤 자신이 노년기에 보존을 위해 편지들을 정성껏 모았으리라고 추측하는 정도까지 지나치게 낙관적이기는 어려울 것이다. 하지만 우리는 돌을 골라내려다가 보석까지도 버리게 되는 우를 범하지 않기 위해 편의상, 아카데미의 문헌 보관 사정이 소요학파와는 그래도 좀 달랐으리라는 희망적인 가정과 아리스토파네스나 트라쉴로스 등이 행한 이후 편집 작업이 근대적 기준을 충족하지는 못할지라도 일정 정도는 비평 과정을 수반했으리라는 낙관적인 추측을 받아들이기로 한다. 그런 가정과 추측을 받아들인다는 것은 증명의 부담을 위작론자 측에 지우는 것이다. 그런 입장 하에서 각 편지들의 진위 여부를 가늠해 보면, 『첫째 편지』, 『열두째 편지』, 『아홉째 편지』는 위작인 것이 비교적 분명해 보이고, 『다섯째 편지』와 『둘째 편지』는 위작 심증을 완전히 물리치기는 어렵지만 그렇다고 해서 결정적으로 위작이라고 단정할 수 없으며, 나머지는 진작이라고 해도 크게 손색이 없어 보인다.[5]

3. 플라톤 『편지들』의 배열과 순서

트라쉴로스가 배열한 열세 편지의 순서는 일정한 질서나 원칙을 찾기 어렵다. 그런 무작위성 자체가 편지들의 진작임을 보여 준다고 생각한 이들도 있었다. 예컨대 플라톤이 직접 편지들을 모았을 가능성에 무게를 두는 하워드는 일정한 순서가 없이 배열된 것도 바로 그 때문이라고 추측한다. 현재 배열된 순서로 편지를 읽는 것이 별 의미가 없으리라 생각한다면, 적절한 기준에 의해 무리지어 읽어 보는 것도 좋을 것이다. 상정해 볼 만한 배열은 크게 두 가지이다. 우선 편지들을 수신인에 따라 묶어 살펴보는 방법이 있을 수 있다. 대체로 다음과 같이 나눌 수 있다.

---

5 진위에 관한 상세한 논의는 각 편지들의 관련 구절이나 맨 끝에 붙어 있는 주석을 참고할 것.

1) 디온이나 디온 주변 사람들

　① 디온파 전체:『일곱째 편지』와『여덟째 편지』

　② 디온:『넷째 편지』

　③ 디온의 동료(개인):『열째 편지』(아리스토도로스)

2) 디오뉘시오스 2세:『첫째 편지』,『둘째 편지』,『셋째 편지』,『열셋째 편지』

3) 다른 철학자들이나 정치가들[6]

　① 정치가와 철학자 그룹:『여섯째 편지』(아타르네우스의 참주 헤르메이아스와 제자 에라스토스-코리스코스 형제)

　② 정치가(개인):『다섯째 편지』(마케도니아의 페르디카스 3세),『열한째 편지』(타소스의 라오다마스*)

　③ 철학자(개인):『아홉째 편지』와『열두째 편지』(타렌툼의 아르퀴타스*)

6　여기 제시한 정치가와 철학자의 구분은 엄밀하지 않다. 특히 별표(*)한 두 사람 라오다마스와 아르퀴타스는 두 영역 모두에 걸쳐 있는 사람이었을 것이다. 해당 편지가 플라톤이 쓴 것이라고 가정할 경우 편지를 썼을 당시에 저자가 수신인을 어떤 자격으로 특징지었을까를 주로 염두에 두고 편의상 구분한 것이다.

위작 의심을 가장 덜 받는 세 편지, 즉 『일곱째 편지』와 『여덟째 편지』, 그리고 『여섯째 편지』가 수신인이 여럿인 세 편지 즉 1)의 ①과 3)의 ①에 해당한다는 점을 우리는 쉽게 확인할 수 있다. 공개 내지 반공개 편지가 보존되고 전수될 개연성이 높다는 점과 깊은 연관이 있다. 비슷한 시기의 이소크라테스의 편지들이 폭넓게 진작성을 인정받아 온 이유 가운데 하나도 바로 여기에 있다. 그의 아홉 개 편지 가운데 셋째, 넷째 것을 제외한 일곱 개가 공개 팸플릿에 가깝다.[7] 플라톤에서 공개 팸플릿에 가까운 것을 들자면 방금 언급한 『일곱째 편지』와 『여덟째 편지』 정도이고, 해석하기에 따라 『셋째 편지』 정도를 추가할 수 있다. 아무튼 진작성을 크게 의심받지 않는 이소크라테스의 편지들이 남아 있는데다가, 지금은 남아 있지 않지만 4세기에 몇몇 다른 진짜 편지들이 있었을 것이라고 믿을 수 있는 전거들이 디오게네스 라에르티오스, 아테나이오스, 플루타르코스 등에 있기 때문에 자신의 의견을 공개하는 수단으로서 편지가 이용되는 전통은 일정 정도 확립되어 있었다고 말할 수 있겠다. 반면에 아주 사적인 우정이 교류되는 편지인 이소크라테스의 『넷째 편지』에 가까운 것이 플라톤의 『열셋째 편지』인데, 4세기에 편지가 이런 사적인 교류의 수단으로까지 이용되는 전통이 확립되어 있었는지는 분명

7　하워드(1932) 65쪽.

히 말하기 어렵다.

수신인들을 다시 지리적으로 묶어 보면 다음과 같다.

1) 이오니아해 방면

　① 시라쿠사: 위 1)과 2)에 속하는 여덟 편지

　② 이탈리아 반도: 위 3)의 ③에 속하는 두 편지

2) 에게해 방면

　① 그리스 북부: 위 3)의 ②에 속하는 두 편지

　② 소아시아: 위 3)의 ①에 속하는 한 편지

또 다른 방법은 편지가 써졌을 법한 연대에 따라 순서대로 접근하는 것이다. 예컨대 포스트(L.A. Post 1925)는 편지의 번역을 아예 이 연대에 따라 편집하기도 했다. 그의 편집 순서를 참고삼아, 편지들이 집필되었을 것으로 상정되는 대체적인 연대의 순서대로 배열하면 다음과 같다.

『아홉째 편지』와 『열두째 편지』(387~367년?), 『열셋째 편지』(366년),
『다섯째 편지』(364년?), 『둘째 편지』(363년? 혹은 358년?), 『첫째 편지』
(360년?), 『열한째 편지』(360년), 『셋째 편지』(356년), 『넷째 편지』(356
년), 『열째 편지』(356~354년), 『일곱째 편지』(353년), 『여덟째 편지』

(352년), 『여섯째 편지』(350년)

당연한 말이지만, 여기 언급된 연대는 모두 대략 그즈음일 것이라고 추정해 본 연대일 뿐이지 엄밀하게 확정할 수 있는 것은 아니다. 포스트는 『다섯째 편지』를 위작으로 놓았지만, 여기서는 일단 진작일 가능성을 상정하고 배열하였다. 그는 『둘째 편지』를 진작으로 놓고 연대를 363년으로 추정했지만, 모로우 등은 이 연대를 받아들이기 어렵다고 주장한다. 나머지 위작임이 비교적 분명한 세 편지, 즉 『아홉째 편지』와 『열두째 편지』, 『첫째 편지』의 연대는 진작일 경우 써졌으리라고 추정되는 연대이다. 사실 편지들의 집필 시기를 비교적 분명하게 확립시키는 일은 편지의 배경과 목적을 확정하는 일이기도 하며, 위작 혐의를 벗기는 데 매우 중요한 관건이 된다.

4. 플라톤 『편지들』의 역사적 배경: 시라쿠사 역사와 플라톤의 삶

위 묶음들을 살펴보면, 거의 모든 편지가 플라톤 생애 마지막 20년에 쓴 것으로 되어 있고, 또 그 가운데 다수(여덟 개)가 시라쿠사의 디온이나 디오뉘시오스 2세 측에 보내진 것으로 되어 있다. 그 편지들의 내용 또한 저자가 시라쿠사 정치에 심정적으로 인격적으로 깊이 개입해 있음을 보여 준다. 이 시기 플라톤의 상세한 행적에 관해서는 「부록」의 '플라톤의 생애'를 참고하기 바라며, 여기서는 편지의 배경을 이루는 사항만 간단히 언급하기로 한다. 이 이야기들 자체의 근거도 『일곱째 편지』와 『여덟째 편지』 등 편지들일 수밖에 없는데, 이는 앞서도 언급했듯이 플라톤의 생애에 관해 편지들 외에 참고할 수 있는 일차 자료가 없기 때문이다.

편지들의 시공간적 배경이 되는 기원전 4세기 중엽의 그리스는 정치적, 사회적 격변의 시기였다. 5세기 초·중반의 그리스가 페르시아 전쟁의 승리를 통해 확인된 그리스인들의 자긍심과 아테네나 스파르타 등으로 대표되는 폴리스(도시국가)들의 자신감을 기반으로 한 '고전기' 그리스의 활력이 넘치는 시기였다면, 5세기 말 펠로폰네소스 전쟁을 기점으로 두 폴리스 모두 쇠락의 길을 걷고 있었으며, 신흥 강국인 테베 역시 이전의 활력을 회복시킬 만한 저력을 보여 주지는 못하고 있었다. 그 사이 변경에 위치한 시칠리아와 마케도니아가 영웅적 지도력을 바탕으로 새로운 세를 형성하면서 이제 그리스는 엷어진 폴리스 전통의 뒤를 이어 바야흐로 대제국 시대로 나아갈 조짐을 보이는 이행의 시대였다. 이런 시대 상황 속에서 플라톤은 일찍부터 시라쿠사의 동향에 상당한 관심을 가졌던 것 같다.

기원전 734년경 코린토스에서 이주해 온 그리스인들이 세운 도시국가인 시라쿠사는 시칠리아 섬 동쪽에 위치한 그리스 식민 도시 가운데 가장 중요한 도시였다. 기본적으로 스파르타 및 코린토스와 동맹 관계를, 아테네와는 대립 관계를 유지한 시라쿠사는 마그나 그라이키아(남부 이탈리아의 그리스 식민지)의 핵심 거점 역할을 하면서 섬 서쪽에 세를 확보한 카르타고(페니키아인들)와 끊임없이 세력 경쟁을 벌였다(부록의 지도를 참고할 것). 섬 안의 다른 그리스 식민 도시들처럼 오랜 민주정 경험을 갖고 있지만 사회적 위기(특히 카르타고와의 전쟁)가 닥칠 때마다 참주정이 들어서곤 했다. 카르타고와 엎치락뒤치락 세력 관계의 역전을 거듭하던 끝에 409년부터 카르타고의 대공세가 펼쳐져 그리스 식민 도시들이 잇따라 함락되면서 시라쿠사까지 풍전등화의 위기에 놓이게 된다. 이 전쟁에서 무공을 세우면서 위기에 빠진 시라쿠사를 구한 20대의 디오뉘시오스 1세가 대중의 신망을 얻어 결국 405년에 참주가 되고 연장자인 히파리노스 1세는 그를 보좌하는 중책을 맡게 된다. 이 두 사람의 가문이 『편지들』의 배경을 이루는 4세기 시라쿠사의 정국을 한동안 좌우하게 된다. 이런 상황은 『여덟째 편지』 353a~b에 기술되어 있다.

  플라톤은 387년경 이 디오뉘시오스 1세의 궁정을 방문하는데 (첫 번째 시칠리아 여행), 아마도 일정한 정치적 비전 하에 실행되었을 것이 분명한, 이 참주와의 만남은 긴장 관계만 유지하다가 별 성과 없이 끝났지만, 바로 이때 참주의 젊은 처남 디온(히파리노스 1세의 아들)을 만나 정치적 이상을 함께 나누면서 이후 깊은 교유를 지속하게 된다. 그가 시라쿠사의 정치판에 발을 담그게 된 것도 바로 이 디온과의 만남을 통해 시라쿠사가 그의 철인 통치의 이상을 실험해 볼 만한 곳일지도 모른다는 기대를 갖게 되면서였다. 이 상황에 대한 묘사는 『일곱째 편지』 325e~327b에 나와 있다.

이 여행이 플라톤에게 갖는 또 다른 의미는 이탈리아 남부 타렌툼에서 활동하던 피타고라스학파 인물이면서 정치가인 아르퀴타스를 만난 데 있다. 이 여행 후의 대화편들에 피타고라스주의적인 색채가 짙게 드리워지게 되는 것이 그와의 만남과 무관하지 않다는 것이 많은 학자들의 공통된 견해이다. 『아홉째 편지』와 『열두째 편지』가 그에게 보내진 것으로 되어 있는데, 신빙성이 낮긴 하지만 진짜 플라톤이 보낸 것이라면 이 시기 즉 387년과 367년 사이 어느 시점의 일이었을 것이다.

첫 시칠리아 여행에서 가시적인 성과를 얻지 못한 채 아테네로 돌아와 아카데미를 세우고 교육에 매진하던 플라톤이 다시 시라쿠사로 건너가게 된 것은 참주가 죽고 그 아들 디오뉘시오스 2세가 그 직을 계승한 367년의 일이다. 철학적 문제들에 관심을 보이는 젊은 참주가 즉위한 것을 시라쿠사 정치 체제를 개혁하여 철인 통치를 확립시킬 호기로 판단한 디온이 플라톤의 방문을 강력히 요청한 것이다. 이 두 번째 시칠리아 여행 역시 소득 없는 여행이었다. 기대했던 것과 달리 젊은 참주가 녹록치 않은 인물인 데다가 권력이 커져 가는 디온을 경쟁자로 경계하게 되고 참주 주변에는 파벌 싸움과 비방이 기승을 부리면서 결국 몇 달 만에 디온은 추방당하고 플라톤은 연금 생활을 하다가 가까스로 귀국하게 된다. 그런 와중에도 플라톤은 떠나기 전에 디오뉘시오스에게 타렌툼의 아르퀴타스와의 우호 관계를 주선한다. 이런 정황과 사태의 전개가 『일곱째 편지』 329b~330b, 337e~338d에 기술되어 있다. 귀국 후 얼마 안 되어 참주 2세로부터 받은 편지에 대한 답장으로 쓴 것이 『열셋째 편지』이다. 아테네의 동맹국이면서 신흥 강국으로 부상하고 있던 마케도니아의 왕에게 보낸 것으로 되어 있는 『다섯째 편지』도 진짜 작품이라면 이즈음에 써졌을 것이다. 그 시기는 마케도니아 출신인 아리스토텔레스가 플라톤 문하로 들어온 지 3년쯤 지난 시기이기도 하다. 모로우 등의 의심에도 불구하고 『둘째 편지』가 진짜 작품이라면 이즈음, 그러니까 364년의 올림피아 제전 이후 얼마 지나지 않은 때에 써졌을 수 있다.

이후 재방문을 요청하는 디오뉘시오스 2세의 초대가 있었는데 사절했다가 디온과 아르퀴타스까지 권유하는 터에 마지못해 응하게 되어 세 번째이자 마지막 시칠리아 여행을 떠나게 된다. 두 번째 여행으로부터 6년 후인 361년에 실행한 세 번째 시칠리아 여행은 앞선 두 여행과 달리 큰 기대 없이 이루어졌다. 그저 디온 추방을 철회하겠다는 디오뉘시오스 2세의 약속이 전부 이루어지지는 않더라도 디온에 대한 거친 대우가 조금이라도 완화되었으면 하는 희망, 그리고 참주 2세의 철학적 자질이 웬만하다는 아르퀴타스 등의 평가도 있으니 혹시나 하는 심정으로 참주에게 마지막 시험 기회를 주어야겠다는 기대 정도가 전부였다. 시험해 본 결과 그의 철학적 열정이나 자질은 역시 기대에 못 미쳤고 더 이상 시험해 볼 필요조차 없었다. 그 시험에 대한 회고가 『일곱째 편지』 341a~b에 들어 있는데, 그 편지에서 디오뉘시오스가 썼다고 자랑하는 책에 대한 언급은 자신의 교설을 글로 쓰는 것에 대한 부정적 평가를 거쳐, 흔히 '철학적 여담' 혹은 '인식론적 여담'이라고 불리는 논의(342a~344d)로 이어진다. 사물들의 실재가 말로 표현될 수 있는가를 묻는 이 대목이 플라톤의 편지 가운데 오늘날 가장 많은 사람들의 관심을 받는 구절들 가운데 하나이다.

아무튼 단 한 차례의 시험으로 두 사람의 대화는 결렬되고 디온에 대한 참주의 압박이 강도를 더해가자 플라톤은 귀국 의사를 밝힌다. 참주는 디온 재산의 반환을 미루면서 갖은 핑계로 체류를 강요하고, 결국 플라톤은 이전처럼 연금에 가까운 생활로 세월을 보내게 된다. 그러다가 용병대 폭동이 일어나고 그 주모자로 지목된 헤라클레이데스가 망명하게 된다. 그와 연루되었다는 혐의를 받은 플라톤이 신변의 위협을 느끼게 되어 아르퀴타스 등 타렌툼의 친구들에게 도움을 요청하며, 결국 아르퀴타스의 중재로 간신히 빠져나와 귀국길에 오른다. 돌아오는 길에 올림피아에서 디온을 만나는데, 시칠리아 소식을 전해들은 디온은 무력 보복을 결심하고 플라톤은 이견을 표명한다. 이런 상황 전개는 『일곱째 편지』 345c~350e에 잘 묘사되어 있다. 이렇게 두 번째, 세 번째 시칠리아 여행은 디온을 통해 간접적으로 자신의 정치적 비전을 실현해 보겠다는 의도로 이루어졌지만, 철저히 실패로 끝났다. 그럴 법하지는 않지만, 디오뉘시오스와의 결별을 드러내는 『첫째 편지』가 플라톤이 쓴 것이라면, 바로 이 시기에 써졌을 것이다. 노구를 이끌고 여행하기 어렵다고 말하는 『열한째 편지』도 이즈음인 360년경에 써졌을 가능성이 높다. 그리고 『둘째 편지』가 언급하는 올림피아 제전을 위에 언급한 것과 달리 360년의 것이라고 볼 경우에는 디온의 군사 행동을 통해 일체의 화해 가능성이 봉쇄된 357년 이전, 그러니까 358년 전후에 써진 것으로 볼 수도 있다.

이후 디온은 플라톤이 내심 기대하는 방식과 어긋나게 망명 인사들을 규합하여 반군을 조직하고 357년에 시라쿠사 탈환에 성공하여 디오뉘시오스의 지배를 실질적으로 마감시킨다. 참주 2세에 대한 비난과 디온에 대한 옹호를 드러내는 『셋째 편지』가 진짜라면 시라쿠사 탈환 직후에 써졌을 것이며, 디온의 군사적 성공에 대한 성원을 표명하면서도 화합과 정의를 지향하라는 조언을 주는 『넷째 편지』 역시 그와 멀지 않은 시점에 써졌을 것이다. 내전과 내부 파벌 싸움이 계속되면서 사태는 플라톤의 희망과 정반대로 진행되고 디온의 성품과 주변 여건 때문에 그에 대한 반감은 계속 높아져 간다. 이는 354년 디온 측이 민주파 지도자 헤라클레이데스를 살해하면서 극에 달하게 되고, 머지않아 칼리포스파가 모반을 일으키고 디온도 결국 353년에 살해되고 만다. 참다운 지혜 사랑의 정신을 디온의 동료에게 역설하고 있는 『열째 편지』는 디온의 인기와 위세가 상당히 쇠락한 시점, 즉 디온의 죽음 직전이나 직후에 써졌을 것이다.

디온이 죽은 후 시칠리아 전체가 일대 혼란에 빠진다. 칼리포스가 집권한 시라쿠사를 탈환하려고 이탈리아에 있던 디오뉘시오스 2세는 계속 군사 행동을 벌이며, 지도자를 잃은 디온파는 레온티니로 이동한 후 디온의 조카 히파리노스 2세와 세력을 합쳐 다른 두 세력에 대항하게 된다. 바로 이즈음에 이들 디온파가 플라톤의 협력을 요청하고 플라톤이 그것에 대한 답을 하면서 보내는 편지가 『일곱째 편지』이고 그로부터 얼마 지나지 않아 추가로 보내는 편지가 『여덟째 편지』이다. 디온파와 제휴한 히파리노스 2세는 결국 352년에 칼리포스를 13개월 만에 축출하고 시라쿠사를 장악하게 된다. 공동선을 지향하면서 여러 정파의 경쟁자들이 서로 양보하고 타협할 것을 촉구한 『여덟째 편지』의 조언을 플라톤 자신도 '기도'(祈禱)라고 표현한 바 있지만, 그런 플라톤의 예상처럼 이후 7~8년간 시라쿠사의 정국은 혼란과 무정부 상태에 빠지게 되며, 집권한 히파리노스도 350년경 암살자의 손에 살해된다. 소아시아의 참주와 두 철학자에게 상호 결속을 당부하는『여섯째 편지』는 생애 말년인 이즈음에 써졌을 것이다.

347년 플라톤의 사망 후 로크리(그리스명 로크리스)에 기반을 잡고 권토중래하던 디오뉘시오스 2세가 마침내 346년경 당시 집권자인 이복형제 뉘사이오스를 축출하면서 시라쿠사에 복귀하지만 그를 못마땅해하는 다른 도시들의 공격에 계속 시달린다. 그러다가 얼마 지나지 않은 344년에 골육상쟁의 고통에서 벗어나게 도와 달라는 요청을 받은 식민 모국 코린토스가 파견한 티몰레온에게 결국 무릎을 꿇게 된다. 이후 티몰레온은 이전에 참주 1세가 그랬듯이 카르타고와의 전쟁에서 승리함으로써 시라쿠사에 안녕을 가져다준다. 이로써 오랜 세월에 걸쳐 벌어진 시라쿠사의 내전이 막을 내리게 되고, 참주 2세도 코린토스에서 쓸쓸히 사인(私人)으로 살다가 이듬해인 343년에 생을 마치게 된다.

5. 플라톤『편지들』읽기로의 초대

위에서 살펴보았듯이 거의 모든 편지들이 두 번째 시칠리아 여행 이후에 써진 것으로 되어 있고, 특히 『일곱째 편지』와 『여덟째 편지』 등 주요 편지들은 세 번째 시칠리아 여행 이후, 즉 저자의 말년에 집중적으로 써졌다. 이 시기는 그의 이른바 '후기' 저작이 써지는 시기와 맞물려 있다. 『국가』가 두 번째 시칠리아 여행 전 플라톤의 사유를 담고 있다면, 『정치가』나 『법률』에는 시칠리아 여정을 마친 후 플라톤의 생각이 표명되어 있다. 그러니까 편지들에는 『국가』의 정치철학이 시라쿠사 현실과의 만남 이후 어떤 모습으로 발전되었는가를 보여 주는 『정치가』나 『법률』을 쓰던 당시의 저자의 고심과 노력이 생생하게 담겨 있다.

이 발전을 흔히들 최선의 이상에서 차선의 이상으로, 혹은 철인 통치의 이상에서 법치라는 현실적 목표로의 전환으로 이해하며, 그 전환을 추동했던 원인을 시라쿠사 현실에 대한 경험으로 돌리곤 한다. 그런 전환과 그런 원인 제시의 근거 자료로 동원되는 것이 바로 편지들이다. 그런 까닭에 편지들을 읽으면서 우리는 플라톤의 사유가 『국가』에서 『법률』로 가는 긴 여정을 어떻게 이끌고 갔는지에 주목하게 된다. 물론 편지들이 드러내 주는 플라톤의 현실적 경험이 그의 정치철학적 전환 내지 발전을 철학적으로 충분히 해명하는 데는 분명 한계가 있을 것이다. 대립되는 입장을 가진 이 분야의 대표적 논자라 할 수 있는 손더스(T.J. Saunders 1970)와 보보니치(C. Bobonich 2002)도 이 점에 관한 한 생각을 같이 하고 있다. 『국가』와 『법률』의 관계가 그저 시라쿠사실험이라는 변수만으로 간단히 정리될 수는 없으며, 거기엔 보다 더 치밀한 이론내적 계기와 인자들이 개재되어 있을 것이다. 그러나 그런 사유 여정이, 편지들에서 시사되고 있듯이, 실제 현실과의 상호작용을 거치며 진전되었으리라는 것 또한 의심할 여지없는 일이라 할 수 있다.

편지를 읽는 것이 대화편을 읽는 것과 유사하면서도 다른 측면이 바로 여기에 있다. 대화편에서 우리는 논의되는 주제와 논변들의 추이에 주로 주목하게 되며, 저자가 처해 있는 현실이나 저자의 실천에 주의하는 일이 비교적 적다. 등장인물들의 현실 상황이나 행위가 진행되는 논의 이해와 맞물려 있는 경우는 흔하지만 말이다. 그러니까 달리 말하면 대화편은 로고스(logos: 논의, 논변, 대화)에 주로 주목하며, 등장인물의 프락시스(praxis: 실천, 행위)가 중요한 경우는 흔하지만 저자 자신의 프락시스가 문제되는 상황은 비교적 드물다. 대화편들 사이에서도 이런 사정이 크게 변하지는 않는 것 같다. 『국가』의 정치철학이 『법률』에 와서 어떻게 달라졌는지를 이해하려 할 때 우리는 두 대화편이 보여 주는 로고스에 주목하기 마련이고 또 그것이 정당한 방식이기도 하다. 그러나 『국가』나 『법률』처럼 특히나 그 로고스가 프락시스에 깊이 연루되는 작품들의 경우 과연 로고스의 진전이나 변화가 저자 자신의 프락시스와 어떻게 영향을 주고받는지를 살펴보는 것이 로고스 이해 자체를 심도 있게 하는 데 영향을 줄 것이다. 편지들이 바로 이 대화편들의 로고스에 표면화되어 있지 않은 저자의 프락시스의 흔적들을 잘 보여 준다. 그렇기에 철학적 문제들에만 초점을 맞추어서 읽어도 별 상관없는 대화편과 달리, 편지를 읽을 때는 훨씬 더 많이, 그리고 자주, 당대의 역사적 현실에 대한 관심과 개입이 독자 편에서 이루어질 수밖에 없다. 우리가 위에서 『편지들』의 배경을 이루는 당대 시라쿠사의 역사를 살펴보는 일에 잠시 머물렀던 것도 바로 이 때문이다. 물론 독자의 관심사나 취향에 따라 로고스와 프락시스 가운데 어느 한쪽에 더 무게를 실어줄 수도 있겠지만, 그때에도 양자의 상호작용적 연관이 배경에 자리하고 있음을 의식하고 있어야 튼실한 이해나 접근에 성공할 수 있을 것이다.

사실 편지들을 대할 때마다 꼬리표처럼 따라다니는 위작 문제는 어찌 보면 독자들이 신경 쓸 필요가 별로 없는 사안이다. 우리가 위에서 위작 문제를 다룬 것은 플라톤의 편지들 논의가 그 문제를 비켜 가기 어려울 정도로 전문 학자들 사이에 대두되어 있는 문제이기 때문이지, 독자들도 이 문제에 함께 매달릴 것을 요청하기 위한 것은 아니었다. 물론 이 문제 자체가 갖는 흥미나 중요성이 있으며, 따라서 거기에 관심을 갖게 되어 더 깊이 파고들게 되는 일은 자연스럽기도 하거니와 의미 있는 일일 것이다. 그런 관심을 갖게 된 이들은 각 편지의 해당 구절들을 신중하게 살펴보면서 마치 탐정소설을 읽는 듯한 재미를 느껴 보는 것도 좋을 것이다.

그러나 위작 문제가 이 편지들을 진중하게 대하고 깊이 음미하는 데 방해가 된다고 여기는 독자들이 또한 적지 않을 것인데, 그런 이들에게는 위작 문제가 이 편지들을 음미하기 위해 반드시 이해하고 있어야 할 문제는 아니라는 점을 미리 일러두고 싶다. 많이 거론된다고 해서 꼭 모두가 관심을 가져야 하는 것은 아니다. 엄밀히 말해 위작 문제는 전문 학자들에게 맡겨도 좋을 사안이다. 2천여 년 동안 플라톤의 저작 모음에 포함되어 진짜 작품으로 간주된 역사를 가진 문헌들이고, 백번 양보하여 모두 가짜라 해도, 플라톤과 아주 가까운 시점에, 아주 가까운 인물들에 의해 써진 것들이어서 플라톤의 로고스와 프락시스의 면모를 이해하는 데 크게 손색이 없는 자료들이다. 한마디로 말해 플라톤의 손에서 나온 것이 아니라 해도 읽을 가치가 현저하게 줄어들지는 않는다는 말이다.

비근한 예를 들자면, 그리스어 성서('신약 성경')에 일찌감치부터 바울의 편지로 포함되어 있던 『디모데전서』(티모테오스에게 쓴 첫째 편지)는 근대적 비평을 거친 후 바울이 쓰지 않았다는 설이 성서학계에 유력하게 대두되어 있다. 그 근대적 비평의 포문을 연 사람이 바로 플라톤 작품의 비평에도 중요한 영향을 미친 독일의 신학자이자 철학자인 슐라이어마허(F.D.E. Schleiermacher)였다. 물론 그 경우도 증명의 부담은 위작론자에게 일단 있을 것인데, 아마도 플라톤의 편지들과 달리『디모데전서』는 바울이 쓰지 않았다는 증거들이 비교적 분명하고 결정적인 것으로 보인다. 그러나 사실 그 편지의 독자가 위작 문제에 크게 신경 쓸 이유는 별로 없다. 그 편지가 실제로 바울의 손에서 나온 것이 아니라는 점이 다른 바울의 편지들의 가치나 의미를 손상시키는 것이 아닐 것임은 물론이요, 그 편지나 다른 비−바울적인 편지들이 갖는 성서로서의 가치나 의미를 대단히 훼손하는 것도 아닐 것이다. 중요한 문제는 그 편지가 바울이 평소 말하려는 바, 바울이 힘주어 가리키려고 하는 그것을 함께 잘 가리키고 있는가이다. 그 편지가 그 가리킴에 성공하고 있다면, 가리켜지는 그것이 중요한 성서 독자들에게 위작 문제는 전문 학자들의 몫으로 넘겨도 좋을 문제가 된다.

하물며 '플라톤의 편지들'에서는 '바울의 편지들'에서처럼 분명해 보이는 위작의 증거들이 비교적 적고 대개는 주관적인 취향이나 기대에 의존하거나 그저 심증 수준에 머무는 경우가 허다하다. 결국 플라톤이 가리키려는 그것을 얼마나 잘 가리키고 있느냐가 문제일 뿐 그게 누구의 손가락이냐 하는 것은 어찌 보면 부차적인 사안일 수 있다. 물론 '바울의 편지들' 열세 개 가운데 들어 있는『디모데전서』나 다른 몇몇 편지들이 그런 것처럼 '플라톤의 편지들' 열세 개 가운데도 플라톤이 쓰지 않았다는 것이 분명해 보이는 편지들이 들어 있다. 그러나 그런 비−플라톤적인 편지들은 우리가 보기에 수가 그리 많지 않을 뿐만 아니라(세 개에서 다섯 개 사이), 플라톤적인 면모를 일정 정도 이상 드러내고 있기 때문에 플라톤 작품 모음 안에 포함되어 전해졌을 것이다. 플라톤적 전통 안에서 논의되고 적어도 '진짜 플라톤적인 것'과 비교될 만한 가치 정도는 충분히 있는 것들이라 할 것이다. 그리고 위작 시비의 대상이 된 대다수 편지들은 오히려 '진짜 플라톤적인 것'과 다르다고 판정할 결정적인 이유가 부족한 것들이다. 너무도 '플라톤적'으로 잘 지어져 있어서 다른 '플라톤의' 작품들과 결정적으로 구별되지 않는 작품이 있다고 한다면, 그것만으로도 우리가 그 '플라톤적' 작품을 플라톤의 이름 아래 두고 읽을 만한 의미와 가치는 충분하다 할 것이다. 그 '플라톤적' 작품이 정말로 '플라톤의' 작품인지는 특별한 감별의 눈과 관심을 가진 또 다른 사람들에게 맡기고 우리는 그저 '플라톤적'인 논의의 잔치에 흠뻑 취해 볼 일이다.

참고문헌

Ast, F. 1816, *Platon's Leben und Schriften*.

Bentley, Richard 1699, *Dissertations upon the Epistles of Phalaris*.

Bluck, R. S. 1947, *Plato's Seventh & Eighth Letters Edited with Introduction and Notes*, Cambridge.

Bobonich, C. 2002, *Plato's Utopia Recast: His Later Ethics and Politics*, Oxford.

Brisson, L. 1987, *Platon Lettres*, GF Flammarion.

Bury, R. G. 1929, *Epistles*, in *Plato: Critias, Cleitophon, Menexenus, and Epistles*, Loeb Classical Library. Harvard, 1999.

Cooper, J. M. 1997 (ed.), *Plato: Complete Works*, Hackett.

Ficino, M. 1484, *Plato, Opera*, Venetus.

Grote, G. 1865, *Plato and the Other Companions of Sokrates*.

Harward, J. 1932, *The Platonic Epistles*, Cambridge.

Karsten, H. T. 1864, *Commetatio Critica*.

Kurz, D. 1983, *Platon, Werke in Acht Baenden*, Darmstadt.

Meiners, C. 1783, *Commentationes*.

Morrow, G. R. 1962, *Plato's Epistles*, rev. ed., Bobbs–Merrill.

Post, L. A. 1925, *Thirteen Epistles of Plato*, Oxford.

Saunders, T. J. 1970, *Plato, The Laws: Translated with an Introduction*, Penguin Books.

Too, Y. L. 1995, *The Rhetoric of Identity in Isocrates: Text, Power, Pedagogy*, Cambridge.

Wilamowitz–Moellendorff, U. von 1920, *Platon*, Vols. I & II.

부록

『일곱째 편지』에 관하여

1. 『일곱째 편지』개요

① 아테네의 정치적 격변과 플라톤의 젊은 시절(323d~326b)

플라톤이 시라쿠사에 있는 디온의 추종자들에게 건네는 정치적 조언의 핵심은 '최선의 법에 따라 살아가는 자유인(324b)'이다. 이 조언을 꺼내면서 플라톤은 디온이 젊은 시절에 자신을 만난 이래로 이 이상을 포기하지 않고 품어 왔다고 말한다. 또한 그렇기 때문에 현재 디온의 추종자들과 제휴한 히파리노스 2세 역시 비록 젊은 나이지만 이와 같은 이상을 품지 못할 이유가 없다고 말한다. 이와 관련하여 플라톤 자신이 어떻게 해서 그와 같은 생각에 도달했는지를 설명하고자 플라톤은 자신이 왜 젊은 시절에 정치에 대한 꿈을 접고 철학이 인류를 구원하는 유일한 길이라 생각하게 되었는지를, 자신의 젊은 시절 아테네의 정치적 변화에 대한 설명을 곁들여 상세히 개진하고 있다. 젊은 시절 정치적 야심을 품었던 플라톤은 30인 과두정체와 그 뒤를 이어 회복된 민주정 모두가 폭력과 부정의로 넘쳐나는 것을 목격하면서 철학이 부재한 법률로는 정의로운 사회를 실현할 수 없다는 것을 절감하게 되었다는 것이다.

② 플라톤과 디온의 만남. 그리고 디오뉘시오스와의 첫 만남
   (326b~330b)

플라톤의 나이 28세에 민주정 아래서 맞은 스승 소크라테스의 죽음 이후 플라톤은 그리스를 비롯한 지중해 전역을 돌아다니며 지적 교류를 나누던 중 40세경에 시칠리아의 시라쿠사를 처음으로 방문한 것으로 전해진다. 『일곱째 편지』에 따르면 플라톤이 목격한 이탈리아와 시칠리아의 삶도 올바른 철학을 교육받을 만한 것이 못되었고 식욕과 성욕에 지배당하는 삶이었다. 그러나 시라쿠사의 참주인 디오뉘시오스 1세의 처남이자 사위가 되는 디온만은 이런 삶을 혐오하고 플라톤이 '사람들에게 최선의 것(327a)'으로 생각하는 것에 동조하고 그러한 삶을 살려고 노력하였다. 이들의 만남은 디오뉘시오스 1세의 죽음 이후 자신의 조카인 디오뉘시오스 2세를 플라톤이 꿈꾸던 '철학자 왕'으로 만들고자 하는 바람으로 이어진다. 디오뉘시오스 2세가 즉위하자 디온

은 플라톤과 나눈 '교유가 얼마나 용이하게 자신을 가장 아름답고 훌륭한 삶에 대한 욕구에 빠져들게 하였는지를 떠올렸던 것(327d)'이다. 또 '그가 그와 같은 사람이 되면 그 자신의 삶은 물론 그 밖의 시라쿠사 사람들의 삶도 헤아릴 수 없을 정도로 축복받는 삶이 될 것이라고 생각(327c)'해서 디온은 플라톤을 시라쿠사로 초청하였다.

플라톤은 디오뉘시오스 2세와 같은 젊은 나이에는 '욕구란 금방 변하기도 하고 종종 자신들과 반대쪽으로 가는 경우가 허다(328b)'하다는 사실을 알면서도 '법률과 정치체제에 대해 생각했던 것을 언젠가 실현하려고 한다면 지금 그래야 한다는 쪽으로 생각이 기울지 않을 수 없어서(328c)', 또한 '자신이 보기에 언젠가 내가 순전히 그저 말만 하고 결코 자발적으로 하는 행동은 하나도 없는 사람으로 스스로에게 비쳐지진 않을까 부끄러웠(328c)'으며 정치적 위험에 처할지도 모를 디온에 대한 우정과 동지애를 배신하지 않기 위해 시라쿠사에 가서 디오뉘시오스 2세를 처음 만난다. 그러나 일은 플라톤과 디온의 생각대로 되지 않아 디온은 얼마 후 모함을 받아 추방당하고 플라톤은 플라톤대로 디온에 대한 플라톤의 애정을 시샘하고 플라톤의 친구라는 명성을 탐할 뿐 철학에 대해서는 소극적인 디오뉘시오스 2세에게 억류되다시피 지내다, 상황이 좋아지는 대로 다시 오겠다는 약속을 하고서야 겨우 아테네로 돌아갈 수 있었다.

③ 디온의 추종자들에게 건네는 조언(330c∼337e)

지금껏 해 왔던 자신의 삶과 시라쿠사 방문에 관한 이야기를 일단 접고 이 편지의 본래 목적이었던 조언으로 돌아가면서 플라톤은 자신이 한 이야기에서 조언 자체의 지침과 내용을 끌어낸다. 그것은 다른 사람에게 조언을 할 때, 그가 삶의 방식을 바꿀 의향이 있을 때에만 조언을 하는 것이 의미 있다는 것이다. 거꾸로 자신의 잘못된 욕망을 바꾸지 않으면서 그 욕망에 부응해서 조언해 줄 것을 요구하는 자에게는 조언을 해 주어서는 안 된다고 플라톤은 말한다.

플라톤은 구체적인 조언 내용으로 들어가 이것이 디온과 디오뉘시오스에게도 했던 것과 같은 것이라 밝히며, '최대한 어떻게든 스스로가 자신의 주인이 될 수 있도록, 그리하여 믿을 만한 친구와 동지들을 얻을 수 있도록 일상의 삶을 살(331e)' 것을 조언한다. 특히 믿을 만한 친구와 동지가 없으면 시칠리아 전체를 그리시인의 도시로 통합하더라도 각각의 도시들의 연합을 지속해 나갈 수가 없다는 것이 플라톤이 디오뉘시오스에게 했던 조언의 구체적인 이유였다. 그러나 이러한 친구와 동지는 일상적인 활동이나 세속적인 목적을 위한 활동을 같이 해서 얻어지는 것이 아니라 철학을 같이 함으로써 얻어질 수 있다는 것이 플라톤의 주장이다. 이에 대한 좋은 사례가 바로 디온의 예이다. 디온이 시라쿠사로 돌아와 디오뉘시오스를 축출할 때 그가 아테네에서 데려온 친구들은 바로 이런 일반적인 의미의 동지애로 결탁된 친구들로, 그들은 상황이 자신들에게 불리하다는 판단이 서자 바로 디온을 암살하기까지 했던 것이다.

삶의 태도에 대한 조언에 이어 플라톤은 디온에게도 했다는 정치적 조언을 그의 추종자들에게 다시 한다. 그것은 시칠리아에 전제정이 아니라 법에 의해 지배받는 입헌국가를 세우라는 것이다. 왜냐하면 법이 아닌 사람에 종속되는 국가의 시민들은 자유인의 삶을 살 수 없고, 따라서 아름답고 행복한 삶을 살 수 없기 때문이라는 것이다. 디온이 살아 있었다면 실현했었을 이러한 나라를 위해서 디온의 추종자들은 그리스 전역에서 지역을 가리지 않고 잘못된 삶에 물들지 않고 뛰어난 덕을 가진 사람들을 영입하여 승자와 패자 모두에게 공평한 법을 제정하고 이를 외경과 공포에 의해 모두 준수하게 해야 한다고 플라톤은 조언한다. 이렇게 해야만 안전과 행복에 찬 삶과 모든 재앙으로부터의 탈출이 가능하리라는 것이 플라톤의 이야기다.

④ 플라톤의 세 번째 시칠리아 방문의 이유(337e~340a)

디오뉘시오스 2세에 대한 첫 번째 방문이자 시칠리아의 두 번째 방문을 마치고 돌아온 플라톤에게 다시 디오뉘시오스에게서 전갈이 온다. 디오뉘시오스 2세의 입장에서는 지난 번 방문에서 귀환할 때 플라톤이 다시 돌아오겠다는 조건을 내걸었기 때문에 그 약속을 지키라는 것이다. 또한 추방당한 디온 역시 다시 디오뉘시오스 2세에게 기회를 줄 것을 부탁한다. 뿐만 아니라 타렌툼 (그리스명 타라스)에 있던 플라톤의 친구들 역시 디오뉘시오스 2세가 놀랄 만치 철학에 전념하고 있으며 플라톤을 통해서 그와 타렌툼이 맺은 우호 관계를 훼손하지 않기 위해서라도 플라톤이 다시 시라쿠사를 방문해야 한다고 종용한다. 플라톤은 디오뉘시오스 2세가 보이는 철학에 대한 열정이 순수한 것일지 의심스럽고 재방문의 조건으로 디오뉘시오스 2세가 약속한 것들이 지켜지지 않은 점을 들어 일단 거부하지만, 여러 사정과 더불어 혹시나 디오뉘시오스 2세가 최선의 삶에 대한 사랑에 빠졌을지도 모를 귀중한 가능성을 확인하지 않고 넘겨버리지 않아야 한다는 자기 설득을 통해 세 번째 시라쿠사 방문을 결심한다.

⑤ 디오뉘시오스 2세에 대한 시험(340a~342a)

플라톤은 시라쿠사에 도착하여 디오뉘시오스 2세를 만나 그가 철학에 많은 진전을 보였다는 이야기가 사실인지를 검토한다. 검토의 방법은 철학을 연마한다는 것이 얼마나 힘든 수행이며, 그 수행을 위해 매일매일의 삶을 맑은 정신을 유지할 수 있는 형태로 유지해야 한다고 이야기해 주는 것이다. 이런 이야기를 들으면 사치스러운 삶을 버리지 못하고 진정으로 지혜를 사랑할 자질이 없는 사람은 스스로 알아서 포기하게 된다는 것이다.

그러나 디오뉘시오스 2세는 이런 이야기를 충분히 듣지도 않은 상태에서 자신이 이미 중요한 것들을 다 알고 있다고 자부했으며, 이를 통해 플라톤은 그가 철학에 대한 사랑이 아니라 헛된 의견에 가득 차 있음을 알게 된다. 아울러 그가 나중에 책을 썼다는 말을 전하면서 플라톤은 진정한 철학은 말이나 글로 옮겨질 수 없는 것임을 밝힌다. 자신의 철학이 담고 있는 주제는 '주제 자체와 관련하여 이루어진 오랜 교유와 공동생활로부터, 예컨대 튀는 불꽃에서 댕겨진 불빛처럼 갑자기 혼 안에 생겨나서 비로소 자기 자신을 스스로 길러 내기 때문(341c~d)'이라는 것이다.

⑥ 철학과 진술 가능성(342a~344d)

디오뉘시오스 2세가 플라톤 철학의 진수에 대하여 책을 썼다는 세간의 이야기를 부정하다가 플라톤은 이에 대한 더욱 엄밀한 논증을 펼친다. 흔히 '철학적 여담(philosophical digression)'이라 불리는 이 부분에 담긴 논증의 목적은 근본적으로 철학의 진정한 대상에 대한 앎은 말이나 글로 옮겨지지 않는다는 것을 증명하는 것이다. 그리고 이 증명을 위해 철학의 대상에 대한 분석이 등장한다. 플라톤은 철학의 탐구 대상인 '있는 것들'에는 이름, 정의, 모상, 앎, 있는 것 자체가 있다고 한다. 이 중 말이나 글로 옮길 수 있는 것들은 이름, 정의, 모상의 영역이다. 이 영역의 것들은 문장의 주어가 되는 이름과 그것에 술어를 붙여 대상을 규정하는 정의, 그리고 개별적인 대상들이다. 따라서 이것들은 말로 옮겨질 수 있는 것들이지만, 정작 철학적 앎의 대상이 되는 대상 자체(원 자체, 아름다운 것 자체 등)는 이것들과 전혀 다른 것이어서 감각에 의해 논박되는 것이 아니다. 대상 자체는 모순과 대립의 성격을 전혀 갖지 않기 때문이다. 말은 대상 자체만을 포착하기에는 허약해서 대상 자체뿐만 아니라 개별적 대상의 '어떠어떠함', 즉 우연적인 특성까지 포착하기 때문에 그 안에 담기는 내용이 순수하지 못하고, 말이 갖는 또 다른 특성인 고정성은 이 불순한 내용을 그대로 고착시키고 만다.

하지만 말로 할 수 있는 것들을 배제함으로써 있는 것 자체에 대한 앎이 생기는 것은 아니다. 플라톤은 '이름들과 정의들, 시각들과 감각들이 서로와 관련해서 각각이 연마되고 호의를 품은 검토 과정에서 검토가 되고 질투심 없는 물음과 대답을 이용할 때, 인간의 능력의 최대치에 이르러, 가까스로 분별력과 지성이 각각과 관련해서 빛을 발한다(344b~c)'고 말한다. 이것은 결국 341c~d에서 스승과 제자 간의 오랜 교유와 공동생활에 의해 진리가 전달된다고 말한 것과 같은 말이 된다. 그리고 이러한 앎은 철학의 탐구 대상과 친족 간이 되는 혼을 타고난 자가 뛰어난 이해력과 기억력까지 갖추어야 가능하다고 한다. 이상의 논변을 기초로 해서 진지한 사람이라면 진지한 대상을 글로 쓰는 일은 정상적인 상태에서는 불가능하다는 결론을 끌어낸다. 이것이 바로 이 논의의 첫머리에서 '글로 옮기기를 감행하는 자들에 대항하는 참된 논변(342a)'의 결론이다.

⑦ 결별 (344d~350b)

앞의 논의를 토대로 플라톤은 철학의 궁극적인 앎이 말로 전달되는 것이 아니기 때문에 디오뉘시오스 2세가 썼다고 하는 플라톤 철학의 진수에 대한 책은 전혀 플라톤과 상관없는 책이라고 밝힌다. 다만 그것은 플라톤 철학을 아는 체하는 데서 얻을 수 있다고 기대하는 명예와 명성에 대한 욕심일 뿐이라는 것이다. 또한 디오뉘시오스 2세가 그 책에 담긴 내용을 스스로 알아낸 것일 수 있다는 가능성과 관련해서도 정말 그렇다면 그 내용의 인도자요 권위자인 자신을 무시할 수 없었을 텐데 그가 어떻게 자신을 무시했는지를 뒤이어 밝히면서 그 가능성을 플라톤은 일축한다.

왜냐하면 플라톤이 도착하여 디오뉘시오스 2세를 테스트해본 이후로 디오뉘시오스 2세는 이전의 약속과는 달리 추방된 디온과 그의 재산에 대하여 플라톤이 원하는 방향으로 이행해 주지 않고 디온의 재산을 압류할 궁리만 했기 때문이다. 디온과 디오뉘시오스 2세 사이에서 자칫 오해가 생길 상황을 우려하여 떠나지 못하고 남아 있던 플라톤은 어떤 사건을 통해서 디오뉘시오스와 결정적으로 멀어지게 되고 이후 시라쿠사의 용병 사이에

퍼진 플라톤에 대한 잘못된 오해까지 겹쳐 살해의 위협을 받게
되자, 급기야 타렌툼에 있던 친구들의 도움을 받아 시라쿠사를
빠져 나오게 된다.

⑧ 디온의 죽음과 디온의 의도 (350b~352a)

디오뉘시오스 2세와 결별하고 그리스 본토로 돌아온 플라톤은
시라쿠사에서 있었던 일을 디온에게 설명해 주었고, 디온은 복
수를 선언하여 마침내 시라쿠사에는 내전이 벌어지고 그 와중에
디온은 살해되고 만다. 플라톤은 이 내전에 휘말리지 않겠다고
말하여 빠졌으나 시라쿠사에 남은 디온의 추종자들에게 보내는
플라톤의 마지막 충고는 디온의 의도를 해명하는 것으로 대신
한다.

정도를 아는 사람으로서 디온은 수단과 방법을 가리지 않고
목적을 달성하려고 들지는 않았을 것이며, '최소한의 사형과 살
인조차 없이 가장 올바르고 가장 훌륭한 정부와 법의 설립이 이
루어지기를 추구(351c)'했을 것이라고 디온의 의도를 설명하면
서, 플라톤은 그와 같은 사람이 더러운 자들의 더러운 짓에 의해
쓰러짐으로써 시칠리아가 비극에 휘말리게 되었다며 개탄한다.
끝으로 플라톤은 시라쿠사에서 벌어진 일과 관련하여 항간에 떠
도는 자신에 대한 잘못된 소문을 불식하고자 쓴 이 편지의 목적
을 다시 밝히며 편지를 맺는다.

2.『일곱째 편지』와 플라톤 철학

『일곱째 편지』는『편지들』에 담긴 열세 개의 편지들 중에서『여덟째 편지』와 더불어 진위시비에서 가장 멀리 벗어나 있는 편지이다. 그러면서도 그 내용에 대한 논란은 또 가장 치열해서 편지를 쓰게 된 이유와 구성에서부터 이 편지의 저자가 스스로 여담(planos)이라고 말하는 342a~344d에 담긴 철학적 내용에 대한 논란까지 다양한 논의가 오랫동안 이루어져 왔다. 그 이유는 이 편지에 담긴 내용이 플라톤의 사상을 이해하는 데 중요한 단서들을 제공하기 때문이다. 따라서 이 편지가 전체 편지들의 이해와 플라톤 철학과 관련해서 갖는 의미에 비추어 볼 때, 본문의 번역과 주해가 담을 수 있는 내용을 넘어서서 이 편지에 담긴 철학적 논란을 해설하고 정리할 필요가 있다고 생각해서 이 글을 마련하였다.

①『일곱째 편지』의 집필 의도와 플라톤의 정치 철학

이 편지의 첫머리를 읽어보면 금방 알 수 있듯이 이 편지는 디온의 죽음 이후 여러 정치 세력으로 갈려 내전에 휩싸인 시라쿠사에 있던 디온의 추종자들에게 정치적 조언을 하고자 하는 목적으로 작성되었다. 그러나 얼핏 보기에 본래의 취지가 무색할 정도로 정치적 조언보다는 아테네 현실 정치에 대한 자신의 개인사와 그에 따른 자신의 정치관의 형성과정이 이 편지 전반부의 주요 내용을 이루고 있다. 또한 실제 시라쿠사의 정치적 위기에 대한 플라톤의 조언은『여덟째 편지』에 현실적 상황을 고려한 구체적인 형태로 담겨 있어서『일곱째 편지』가 과연 정치적 조언을 위한 목적으로 작성된 것인지 의심스러워 보인다. 그래서 이 점과 관련하여『일곱째 편지』가『여덟째 편지』보다 나중에 작성된 것이며, 편지의 목적도 디온의 추종자들에게 조언을 하려는 것이 아니라 항간에 떠도는 디오뉘시오스 2세와 플라톤에 대한 부정적인 소문들을 불식시키기 위해 공개 해명용으로 작성된 것이라는 주장도 있다.[1] 그러나『여덟째 편지』의 내용을 미루어봐서 이 편지는『일곱째 편지』보다 몇 달 이후에 써진 것으로 보인다.[2]

그렇다면 과연 플라톤이 배보다 배꼽이 더 커 보이는 이 편지를 작성한 진정한 이유는 무엇이고, 또 이 편지의 실질적인 수취인은 누구일까? 이 문제에 대해 모로우는 이 편지가 공개해명의 목적으로 쓰인 것은 분명하지만, 동시에 편지의 본래 목적에도 충실하게 구성되어 있다고 주장한다. 즉 디온의 추종자들에게 보내는 정치적인 조언의 용도와 공개해명의 용도를 겸하고 있다

---

1 모로우에 따르면 호발트(E. Howald)가 이런 주장을 했다고 한다. 모로우 (1962), 59쪽 참고.
2 『여덟째 편지』주석 참고.

는 것이다. 이것은 디온의 추종자들에게 보내는 자신의 정치적 비전(이것은 디온의 정치적 비전이기도 하다는 것이 플라톤이 이 편지에서 강조하는 점이다)이 당시 축출 상태에 있던 시라쿠사의 참주 디오뉘시오스 2세와 자신에 얽힌 추문에 대한 적절한 해명이 될 수 있다고 플라톤이 생각했기 때문에 가능한 일이다. 아테네를 비롯한 그리스권의 당시 사람들은 플라톤이 참주정을 지지하는 것이 아닌가 하는 의혹을 품고 있었다. 이 점은 묘하게도 20세기에 들어 칼 포퍼(K. Popper)를 비롯한 몇몇 사람들이 플라톤을 전제정치를 옹호한 정치철학자로 보는 시각과 맞물린다.[3] 어찌 보면 플라톤의 '철학자 왕'이라는 주장이 태생적으로 전제정의 절대 군주로 오해될 수 있는 운명을 타고난 것일지도 모른다. 따라서 『일곱째 편지』에 담긴 플라톤의 정치적 입장을 정확하게 이해하는 것은 플라톤 시대의 독자들과 아울러 현대의 독자들에게도 플라톤의 정치철학에 대한 올바른 이해를 전달하는 일과 통한다고 볼 수 있다. 앞에서도 말했듯이 이 편지에는 시라쿠사의 정치 현실에 대한 플라톤의 처방이 구체적으로 제시되어 있지는 않다. 그렇게 된 이유는 구체적인 정치적 대안을 제시하기 이전에 플라톤이 정치적 개혁의 기본 원리와 원칙을 천명하고자 했

---

3 칼 포퍼, 『열린 사회와 그 적들』, 1권 중 『플라톤』장 참고.

기 때문이다.[4] 그 덕에 우리는 『일곱째 편지』에서 바람직한 정치와 개혁의 방식에 대한 플라톤의 생각을 읽어볼 수 있다.

플라톤이 시라쿠사의 정치를 개혁하기 위해 첫 번째로 제안하는 방안은 '삶의 방식의 변화'이다. 플라톤은 자신이 처음에 방문했던 시라쿠사에서 겪은 그들의 삶의 방식을 전하면서 '그런 나라는 어떤 종류의 법률 아래서도 결코 평온할 수 없을 것(326d)'이라고 개탄한다. 따라서 이렇게 욕망의 노예가 되어 자신의 삶을 욕망에 내맡기는 자들에게는 조언을 해주는 것이 남자답지 못한 짓이라고 플라톤은 말한다(331a). 이것이 전제 조건이 되어야 하는 또 다른 이유는 플라톤이 생각하는 바람직한 삶이 '최선의 법에 따라 살아가는 자유인(324b)'의 삶이기 때문이다. 플라톤이 자신의 대화편들에서 숱하게 하는 말이 욕망의 노예가 아니라 주인이 되는 삶이 바람직하다는 것이다. 그러나 자유인이라고 해서 모든 속박으로부터 무조건 벗어나는 일탈의 자유를 누리는 자가 아니라 '최선의 법에 따르는' 자유인이라는 점에 플라톤 정치 철학의 특징이 있다. 플라톤의 정치철학이 『국가』에서 『법률』

---

4   모로우가 지적하듯이(앞의 책, 82쪽 참고) 『일곱째 편지』와 『여덟째 편지』 사이에 벌어진 정치 상황의 긍정적인 변화가 『여덟째 편지』에서 구체적인 정치 개혁 일정을 제시할 수 있게끔 했다고 볼 수 있다. 바꿔 말하면 디온의 죽음 이후 여러 정파로 분리되어 내란 중에 있던 상황에서 플라톤은 구체적인 일정보다는 원론적인 입장을 밝히는 것이 적절하다고 본 것이다.

까지 크고 작은 변화를 겪지만 이 기본 원칙만은 바뀌지 않으며 『일곱째 편지』에서도 핵심적으로 재천명된다고 볼 수 있다.[5]

또 한 가지 디온의 추종자들에게 주는 플라톤의 조언에서 읽어낼 수 있는 그의 정치관은 강압과 폭력이 아닌 지도자의 솔선수범과 자발적 동의를 통한 개혁이다. 플라톤과 디온이 디오뉘시오스 2세에게 철학교육을 시키려 한 이유가 바로 그것이다. 플라톤 당시에도, 또 현재에도 플라톤이 디오뉘시오스 2세에게 철학 교육을 시킨 이유가 사실은 디온에게 정권을 넘기려는 속셈이었다는 것에서부터 그를 진정한 철학자 왕으로 만들고자 한 선의의 발로였다는 것까지 다양한 주장이 있다. 그러나 플라톤이 디오뉘시오스 2세를 처음 만난 때가 디오뉘시오스의 나이 30세 무렵이어서 이미 철학자가 되기에는 다소 늦은 시점이었다. 따라서 플라톤이 그를 자신의 『국가』에서 꿈꾼 진정한 철학자 왕으로 기를 수 있다고 생각하기에는 무리가 있다. 또한 『일곱째 편지』에도 나오듯이 그는 철학자가 되기에 충분한 천품을 타고났다고 보기도 어렵다. 그러나 그렇다고 해서 플라톤이 디온을 왕으로 삼으려 했다는, 그래서 디오뉘시오스에게 철학을 가르쳐 거기에 빠져 정치에 관심을 끊게 하려 했다는 당시 모사꾼들의

---

5 물론 이 '최선의 법'을 철학적 지혜를 갖춘 철인정치가로 보느냐, 또는 그와 같은 입법가에 의해 성문화된 법으로 보느냐가 『국가』와 『법률』 사이의 입장의 변화일 수는 있다. 하지만 기본 원리는 변하지 않는다고 봐야 할 것이다.

말을 그대로 믿을 이유도 없다.[6] 그보다는 이미 하나의 권력에 의해 통합되어 있는 시라쿠사의 상황에서 참주의 마음을 플라톤과 디온이 공유하는 이상 정치로 돌려 세움으로써 평화로운 정치 개혁을 이루려는 생각이라고 보는 것이 합당할 것이다.[7] 알력과 내분이 없는 정치에 대한 플라톤의 바람은 기원전 403년에 복위된 아테네 민주정이 시행한 대사면에 대한 그의 긍정적 평가(325b)에서도 찾아볼 수 있다. 이러한 그의 평화주의는 과격하게 이상을 추구하지 않고 현실 상황을 고려하여 차선책이라도 실현하려고 하는 그의 현실주의(337d)와 연결된다.

플라톤이 지도자가 솔선수범하여 덕 있는 사람이 되어야 한다고 하는 이유가 첫째로는 정의롭고 용감하며 절제 있고 지혜를 사랑하는 사람이 되어야 지도자 본인이 행복할 수 있으며(335d), 둘째로는 그런 사람에게 비로소 '친분 있고 믿을 만한 사람(332c)'이 생기기 때문이다. 바로 이 대목에서 플라톤 정치철학의 또 다른 측면을 찾아볼 수 있다. 플라톤은 페르시아의 다레이오스 황제와 디오뉘시오스 2세의 아버지 디오뉘시오스 1세를 비교하면서 다레이오스의 제국은 법률을 완비하고 번성한 데 반해 디오뉘시오스 1세는 간신히 나라를 유지한 이유를 믿을 만한

---

6 『일곱째 편지』 333c, 플루타르코스, 『영웅전』, 「디온」 14절 참고.
7 모로우, 앞의 책, 155쪽 이하 참고.

친구들을 확보했느냐 여부에서 찾는다. 그가 믿을 만한 사람들을 확보하고 그들에게 나라를 분할통치하게 했던 것이 페르시아를 융성하게 만들었다는 것이다. 여기서 알 수 있듯이, 플라톤은 대규모 국가를 하나의 권력에 의지하여 운영하는 것에 반대하며 『국가』와 『법률』에 공통적으로 등장하는 소국과민(小國寡民: 국토의 크기와 인민의 수가 적은 나라)을 바람직한 나라의 형태로 보고 있다.

플라톤은 이러한 자신의 정치 철학을 정치적 조언의 형식에 담아내면서 디온의 추종자들이 지향해야 할 정치 체제의 철학적 근간을 드러내는 동시에 자신과 디오뉘시오스 2세의 관계에 대한 항간의 의혹을 철학적으로 해명하고자 하는 자신의 목적을 달성할 수 있으리라고 생각했던 것으로 보인다. 아울러 그것은 플라톤의 정치 철학이 이후 후대에 남긴 끊임없는 의혹과 오해에 대한 앞선 변론이 되기도 한 셈이다.

② 말과 글이 갖는 불확정성과 불확실성

디오뉘시오스 2세와 관련해서 플라톤을 곤혹스럽게 만든 또 다른 사실은 그가 플라톤과 마지막으로 만난 이후에 플라톤으로부터 자신이 들었다는 내용을 토대로 플라톤 철학의 핵심에 관한 책을 썼다는 점이었다. 이 사실은 플라톤으로서는 디오뉘시오스 2세와 연루되어 퍼진 정치적 추문 이상으로 확실한 해명을 할 필요가 있는 중요한 문제였다. 그 이유는 플라톤이 스스로 밝히듯이 '그가 몰두하고 있는' 핵심적인 것들에 대해서는 '저술이 있지도 않고 결코 나오지도 않을 것'이기 때문이다.[8] 이 문제를 해결하기 위해 플라톤은 자신의 철학의 핵심적인 주제들이 왜 말이나 글로 옮길 수 없는지를 『일곱째 편지』342a~344d 부분에서 별도의 지면을 할애하여 상세히 설명한다. 이른바 '철학적 여담(philosophical digression)'이라 불리는 이 부분은 플라톤이 저술한 대화편들 배후에 깔린 또 다른 문제 의식으로서, 플라톤 철학의 중요한 측면을 드러내는 것이다. 플라톤이 쓴 다른 대화편에서는 이 문제를 본격적으로 다룬 적이 없고, 또 『일곱째 편지』에서 플라톤이 논의를 펼치는 방식과 어휘가 다른 대화편과는 사뭇 달라 보인다는 이유로 오랜 세월 동안 논쟁이 되는 지점이기도 하다.

플라톤은 자신이 몰두하고 있는 주제(pragma)가 '다른 학문들처럼 결코 말로 옮길 수 있는 것이 아니라, 주제 자체와 관련하여 이루어진 오랜 교유와 공동생활로부터, 예컨대 튀는 불꽃에서 댕겨진 불빛처럼 갑자기 혼 안에 생겨나서 비로소 자기 자신을 스스로 길러 낸다(341c~d)'고 말한다. 그리고 이것이 말로 옮겨질 수 없는 이유로 말의 허약함과 고정성을 든다. 이 두 가지

8 341c.

특성이 그 자체로 존재하는 철학의 대상을 제대로 말로 옮기지도 못하게 하고, 또 잘못 옮겨진 말은 그 자체로 고정되어 오해를 낳게 한다는 것이다.

말의 허약함과 관련하여 플라톤이 드는 근거는 말은 대상의 본질(ousia)뿐만 아니라 그것의 부수적인 특성(to poion ti)까지 같이 담아내기 때문에 혼란을 야기시키고 정확한 지시를 못한다는 것이다. 왜 플라톤은 언어가 그런 특징을 가질 수밖에 없다고 생각할까? 이에 대해서 『일곱째 편지』는 구체적인 설명을 하고 있지는 않으나 다소 추상적인 설명을 통해 우리가 해석해 볼 여지는 있다. 일단 플라톤은 '있는 것들(ta onta) 각각에는 그것들을 통해서가 아니면 앎이 생길 수 없는 세 가지가 있고, 앎 자체는 네 번째 것이며, 앎의 대상이며 참으로 있는 것인 것 자체는 다섯 번째로 놓아야 한다(342a)'고 말한다. 그중 언어와 관계되는 것은 사물들의 이름과 그것에 대한 정의(定義)이다. 이름이 명사라고 하면 정의는 명사와 술어가 결합된 문장의 형태이다. 그리고 감각 경험의 대상이 되는 구체적인 대상은 세 번째 것이다. 예를 들면 원의 경우 '원'이라는 말은 이름으로 첫 번째 것이고, 원에 대한 정의가 두 번째고, 그리거나 깎거나 해서 만들어지고 부서지기도 하는 것이 세 번째 것이다. 이 세 번째 것은 '다섯 번째 것인 원 자체에 대립되는 것으로 가득 차 있다(343a)'고 플라톤은 말한다. 그래서 그것들에 대한 이름 역시 확고한 것이

못 된다. 왜냐하면 그것을 원이라고 부르면 원이 아닌 측면을 들어 반박할 수 있고, 직선이라고 말하면 원으로 보이는 측면을 들어 반박할 수 있기 때문이다.

우리가 해석을 넣어서 이해해야 할 첫 번째 지점이 여기이다. 이 맥락에서 플라톤은 분명 '감각되는 대상'으로서 구체적인 원이 반대되는 속성을 동시에 갖고 있는 문제를 제기하다가 어느 순간 이름이 갖는 불확정성의 문제로 넘어간다. 문제가 되는 것은 감각 대상에 대한 이름의 불확정성은 그 자체의 결함이 아니라 지칭 대상이 되는 감각적 사물의 결함 때문인데, 마치 플라톤은 그것이 이름 자체의 결함인 듯이 말한다는 점이다.[9] 이에 대해 테일러는[10] 이러한 이름들이 감각적 대상들을 의미하는 것으로 받아들여질 수 있는 가능성 때문에 이름들은 애매하게 이해될 가능성을 안고 있다고 말한다. 다시 말하면 이름은 일상적으로 감각적 대상과 으레 연관되어 이해되기 때문에 이름은 그려진 원이나 빚어진 원을 연상시키고, 그러한 감각적 대상은 본래 불확정적이기 때문에 결국 이름 역시 불확정적일 수밖에 없다는

---

9 이 문제와 관련해서 이 부근의 번역을 달리하는 방식으로 해결책을 찾는 방법도 생각해 볼 수 있다. 또 다른 번역이 있는 것도 사실이다. 그러나 앞뒤 맥락을 맞춰볼 때 감각 대상의 불확정성에서 이름의 불확정성으로 넘어가는 것이 자연스런 해석으로 보인다.

10 테일러(1912), 362쪽 참고.

것이다. 이 문제는 이름과 술어로 구성되는 정의에도 이어진다. 여기까지는 이름, 정의, 구체적 사물이 갖는 문제를 지적한 것이고, 결국 이것은 글자가 갖는 불확정성의 문제로 묶인다.

다른 한편 앎까지 포함되는 네 가지 것이 갖는 문제는 그것이 불확실하다는 것이다. 왜냐하면 영혼은 실재와 무엇임(to ti)을 찾는데, 이 네 가지는 '어떠어떠함'을 제시하기 때문이라는 것이다. 여기서 두 번째로 해석을 개입시켜야 할 부분이 생긴다. 왜 네 가지 것들이 영혼이 찾는 것 대신에 다른 것을 제시하는지에 대한 플라톤의 설명이 없기 때문이다. 역시 테일러의 도움을 받아 이 부분을 해석할 수 있다. 테일러의 설명으로는 예컨대 원의 실재와 무엇임에 대해 증명을 하려고 하면, 어쩔 수 없이 작도를 하여 개별적인 원을 그리고 증명을 하는 수밖에 없고, 따라서 결국 이 네 가지 것들은 감각적 대상으로 귀착될 수밖에 없다는 것이다.[11]

이렇게 살펴보고 나면 플라톤이 말과 글에 대해 불만스럽게 생각하는 것은 그것이 결국 경험의 영역에서 형성되고, 끊임없이 경험의 개별적 대상의 영역으로 회귀하기 때문에 지시되는 대상이 불분명하고, 또한 그것이 일단 글로 옮겨지게 되면 글이 갖는 특성상 지시되는 대상이 고정되어 버리기 때문이라 볼 수 있다.

---

11 테일러, 같은 책, 같은 쪽 참고.

③ 말과 글의 허약함에 대한 다양한 해석들

앞에서 말과 글이 갖는 허약함의 이유에 대해 살펴보았지만, 학자들 간에는 플라톤이 『일곱째 편지』에서 하는 의사소통매체에 대한 비판이 갖는 의미가 정확히 무엇인가에 대한 논란이 있다. 이 논란은 무척 복잡하고 플라톤 철학 전체에 대한 해석과 실타래처럼 얽혀 있지만, 여기서는 대표적인 입장 몇 가지에 대한 소개와 이론적 장단점을 간략히 밝혀 두는 선에서 정리하고자 한다.

1) 플라톤의 대화편에는 두 개의 의미층이 있다.

마이스너(Meissner)는 "플라톤의 저술들에는 두 층의 로고스가 문제되고 있다고 주장한다. 즉 한편으로는 전면에 드러나는 로고스가 문제이며, 다른 편으로는 배경에 숨어 있는 로고스가 문제라는 것이다. 외형적이요 철학적으로 가치가 덜한 로고스, 곧 전면에 드러나는 로고스는 독자들에게 직접적으로 파고든다. 그에 반해서 보다 깊고, 철학적으로 훨씬 더 중요하며 배경에 숨어 있는 로고스는 텍스트를 오래도록 각고의 노력을 다해 천착함으로써만 비로소 접근할 수 있다는 것이다."[12]

이러한 해석은 우리가 '행간의 의미를 읽는다'란 말에서 알 수

---

12 이강서, 1999, 「플라톤의 언어관」, 《서양고전학연구》 13집. 33~54쪽.

있듯이 쉽게 생각해볼 수 있는 해석 방식이라고 할 수 있다. 더구나 플라톤은 341e에서 자신이 몰두하고 있는 주제에 대하여 책을 쓰는 것이 좋은 시도라고 생각하지 않지만 "약간의 암시만 받아도 스스로 알아낼 수 있는 소수의 사람은 예외"라고 말하고 있어서 이런 해석을 부추길 수 있다. 하지만 이 말도 '대화편에 담긴 것은 암시일 뿐이고' 결국 중요한 것은 '스스로 알아내는 것'이라고 해석할 수 있어서 '대화편 자체에 숨은 의미가 있다'라는 말로 직결되지 않는 문제가 있다. 더군다나 플라톤이 그러한 주제에 대한 앎은 전수되는 것이 아니라 "오랜 교유와 공동생활로부터, 예컨대 튀는 불꽃에서 댕겨진 불빛처럼 갑자기 혼 안에 생겨(341c~d)"난다고 말함으로써 전수 과정상에서 일종의 논리적 비약을 인정한다. 따라서 이런 구절은 철학적 앎이 이미 대화편 안에 심층적으로 들어 있다는 해석을 어렵게 만드는 것으로 보인다.

2) 플라톤의 비판은 말과 글의 대립 구도에서 이루어진 것이다.

독일의 튀빙겐(Tübingen) 학파가 대변하고 있는 이 견해는 『일곱째 편지』에서 이루어지고 있는 비판은 글에 대한 비판에 국한된다는 것이다. 이 견해는 플라톤이 자신이 몰두하고 있는 주제에 대한 자신의 저술은 있지도 않고 앞으로도 없을 것이라고 밝힌 점과 그 주제의 전달은 오랜 교유와 공동생활을 통해 이루어진다고 말한 점(341c)에 근거를 둔다. 아울러『파이드로스』나『정치가』와 같은 대화편에서도 플라톤이 신화의 형식을 빌어 문자의 고정성과 허약함을 비판한 것도 이 견해가 취하고 있는 논거다. 이들의 주장에 따르면 플라톤의 대화편에는 플라톤 철학의 심오한 내용이 담기지 않았으며, 오직 말(구술)에 의해서만 아카데미 내부에서 제자들을 상대로 전수되었다고 한다.

하지만 이 학파의 해석에는 플라톤이 문자뿐만 아니라 말 자체에 대해서도 비판하는 것으로 보이는 구절을 속 시원하게 해명하지 못한다는 한계를 갖는다.[13] 플라톤은『일곱째 편지』뿐만 아니라『파이드로스』에서도 문자만이 아니라 언어 자체에 대한 비판을 하고 있는 것으로 보이며(341d, 342e), 말은 글이 갖고 있는 일방성 소통 방식을 극복할 수 있는 쌍방향성 소통 방식이기는 하지만 여전히 말과 마찬가지로 대상 자체를 드러내는 기호라는 점에서 동일하다는 철학적 비판에 대한 분명한 해명이 부족해 보인다. 아울러 플라톤이 평생을 통해 공들여 쓴 대화편이 갖는 가치를 너무 무력화시키는 문제점도 보인다.

3) 플라톤의 비판은 말과 글 모두를 향한 것이다.

이 입장에 서 있는 사람들은 많기도 하고, 또 세부적인 해석의

---

13 이에 대한 재반박으로는 이강서의 앞의 글을 참고.

차이도 다양하다. 이 해석을 취하는 사람들로는 된트(E. Dönt),
화이트(N.P. White), 빌란트(W. Wieland), 세이어(K.M. Sayre) 등
이 있다. 앞에 밝혔듯이 플라톤이 『일곱째 편지』에서 문자를 비
판하면서 동시에 말에 대해서도 비판하고 있으며 진정한 앎의
전달은 일종의 논리적 비약을 겪는다고 설명하는 듯이 보인다
는 점에서 이 해석은 텍스트의 내용 자체에 충실하다는 장점을
갖는다.

하지만 플라톤이 생각하는 철학의 핵심이 말로도 옮길 수 없
다는 주장은 플라톤의 문헌에 적극적으로 개진되어 있지 않아
이러한 입장을 취하기 위해서는 해석을 적극적으로 개입시켜 플
라톤의 생각을 재구성해야 한다는 난점이 있다. 아울러 앞의 튀
빙겐 학파와 마찬가지로, 플라톤이 그렇다면 왜 대화편을 썼는
가 하는 또 다른 문제를 낳는다.[14]

④ 플라톤은 왜 대화편을 썼을까?

앞에서 열거한 세 입장 중에서 두 번째와 세 번째 입장은 적어
도 플라톤의 대화편이 그의 철학의 핵심 내용을 전달하는 데 한
계를 안고 있다는 입장을 공유한다. 따라서 자연스럽게 『일곱째

---

14 또한 재구성되는 해석도 플라톤 철학에 대한 해석자의 입장에 따라 다양한
버전이 나와 있어 이 글에서는 개괄적으로라도 다루기 힘들다. 이에 대해서
는 이강서의 앞의 글 참고.

편지』에서 개진된 '글 또는 말이 갖는 한계'에 대한 해석은 '플라톤은 왜 대화편을 썼는가?' 또는 '그렇다면 플라톤의 대화편은 어떤 가치를 갖는가?'라는 또 다른 문제를 낳는다.

이 문제에 대해서 튀빙겐 학파가 갖는 입장은 플라톤이 글로 할 수 없는 핵심적인 주제는 아카데미에서 구두로 전달했으며, 대화편은 일반 독자들로 하여금 철학적 탐구를 하도록 자극을 주어 말로 하는 대화의 장으로 들어오도록 유도하기 위한 장치였다는 것이다.[15] 이 주장을 위해 튀빙겐 학파는 플라톤의 대화편들을 분석할 뿐만 아니라 아리스토텔레스를 비롯한 고대의 여러 철학자들과 주석가들을 원용하여, 플라톤이 아카데미에서 했던 이야기들은 대화편에 담긴 주장들과 사뭇 다르며, 오히려 아카데미에서 했던 주장이 핵심이었다는 증거로 삼는다.

물론 플라톤이 연구실에 틀어박혀 저술에만 전념한 아카데믹한 학자가 아니라 아카데미에서 학생들을 직접 지도하는 교사였다는 역사적 사실을 생각하면 튀빙겐 학파의 주장은 설득력을 가질 수 있다. 또한 플라톤이 대화편에서 하고 있는 주장들은 중기에서 후기로 넘어가면서 달라져 보이는 듯도 하며, 특히 『필레보스』에서 하는 주장은 마치 아리스토텔레스가 말했다는 '문자화

15 슬레작(T.A. Szlezak), 『플라톤 읽기』, 2001 참고.

되지 않은 학설(agrapha dogmata)'[16]을 연상시키기도 한다.[17] 하지만 플라톤이 고대 세계에서는 유례가 없을 정도로 자신의 저작이 고스란히 남아 있는 철학자이며, 그 자신 죽을 때까지 대화편 저술에 매달렸다는 사실은 여전히 그의 대화편을 철학적 탐구를 진작시키기 위한 입문서로만 보는 해석을 선뜻 받아들이지 못하게 한다.

플라톤은 자신의 철학의 핵심에 대해서는 글뿐만 아니라 말로도 옮길 수 없다고 생각했다고 보는 입장도 플라톤이 대화편을 쓴 이유를 해석해야 하는 문제를 안고 있다. 한편 이러한 해석을 취하는 입장에 대해서는 좀 더 구체적으로 '플라톤은 왜 자신의 저술을 대화의 형식으로 썼을까?'라는 질문을 할 수도 있다. 어차피 글로도 말로도 철학의 핵심을 전달할 수 없다면, 군이 왜 글을 썼으며, 왜 또 하필 대화의 형식으로 글을 썼을까?[18]

여기서 다시 앞에서 인용했던 『일곱째 편지』의 한 구절을 다시 인용해 보자. '오랜 교유와 공동생활로부터, 예컨대 튀는 불

16 이에 대해서는 다음 절을 참고.
17 하지만 『필레보스』가 '문자화되지 않은 학설'을 담고 있다면 그것은 오히려 튀빙겐 학파의 주장에 대한 반대증거가 될 것이다.
18 물론 플라톤이 자신의 핵심적인 생각을 글로 전달할 수 있다고 믿었으며, 그랬다고 주장하는 사람들에게도 이 질문은 의미 있을 수 있으며, 그들 역시 이 질문에 답을 내놓는다. 하지만 이 글의 논점이 글과 말의 전달 가능성이므로 그 점에 국한해서만 대화편이라는 형식의 문제를 다루기로 한다.

꽃에서 댕겨진 불빛처럼 갑자기 혼 안에 생겨난다(341c~d).' 앞에서 밝혔던 것과 같이, 이 구절에는 두 가지 생각이 담겨 있다. 하나는 철학적 앎은 일종의 논리적, 또는 절차적 비약을 거쳐 발생한다는 것이다. 그것은 스승의 혼에 있던 불이 옮겨 오는 것이 아니라 마찰에 의해 '발생'하는 것이다. 이는 철학적 앎은 말이나 글로 직접 전수되지 않는다는 생각으로 해석할 수 있다. 다른 하나는 '오랜 교유와 공동생활', 즉 철학적 탐구의 주제에 대한 오랜 기간의 수련, 특히 스승과 제자 간의 긴밀한 대화가 필요하다는 생각이다. 이 해석자들의 입장에서는 철학적 앎은 직접 전수의 형태로 전달되는 것은 아니지만 그렇다고 혼자서 면벽 수도 한다고 해서 생기는 것도 아니다. 플라톤은 『일곱째 편지』 344a~c에서 이 조건을 좀 더 구체적으로 명시하여 '올바른 것들과 그 밖의 아름다운 것들에 본성적으로 속하거나 친족 간'이어야 하며 '친족 간이라도 잘 배우지 못하고 기억력이 나쁘'면 안 되고, '많은 시간을 들여 온갖 연마', 즉 '이름들과 정의들, 시각들과 감각들이 서로와 관련해서 각각이 연마되고 호의를 품은 검토 과정에서 검토가 되고 질투심 없는 물음과 대답을 이용할 때, 인간의 능력의 최대치에 이르러, 가까스로 분별력과 지성이 각각과 관련해서 빛을 발한다'고 하였다. 이처럼 대화는 비록 철학적 앎을 얻기 위한 충분한 수단은 못되더라고 꼭 필요한 수단은 되는 만큼, 플라톤이 여러 가지 이유에서 부득불 글을 쓰고 말을 해야 했다면, 그것은 대화의 형식이 될 수밖에 없었을 것이다.

⑤ 말이나 글로 할 수 없는 철학의 핵심은 무엇인가?

이제 이 글의 마지막 주제이자, 가장 어려운 주제가 남았다. 앞의 두 가지 입장에서 보면 이 주제는 글로는 할 수 없거나 혹은 말로도 할 수 없는, 즉 전달 가능하지 않은 주제인 셈이다. 그러니 당연히 이 주제는 직접적으로 이야기될 수 없는 것이다. 또한 이 주제에 대한 여러 해석자들의 입장이 타당한지 아닌지는 이 글의 한계를 넘어서는 일이기도 하고, 또 플라톤의 대화편을 심층적으로 읽을 수 있는 좋은 문젯거리가 되기도 하기에 읽는 분들의 즐거움의 몫이 될 수 있다는 생각을 변명으로 내세워, 여기서는 위의 두 가지 해석을 취하는 여러 해석자들의 입장 중에서 몇 가지만 간략히 논평 없이 다루어보고자 한다.

먼저 튀빙겐 학파의 입장에서 플라톤이 구술로 전달했던 것은 아리스토텔레스가 그의 저술 『형이상학』에서 플라톤의 대화편에 나오는 형상 이론과는 다른 이론을 플라톤의 이론으로 소개했던 것이라고 본다. 그에 따르면 플라톤은 '모든 것의 배후에는 두 개의 근본적인 원리가 있고, 그것은 하나(hen)와 규정되지 않은 둘(aoristos dyas)'이고(『형이상학』 987b20~22, 988a10~15), 형상(eidos)은 하나와 둘, 즉 큼(to mega)과 작음(to mikron)에서 생성되고 감각적인 것들은 형상과 둘에서 생성되며(『형이상학』988a10~15), 하나는 좋음(to eu)의 원인이고, 둘은 나쁨(to kakon)의 원인, 또는 하나 자체가 좋음(to agathon) 자체(『형이상학』988a14~15, 1091b13~14)'라고 했다는 것이다.

또 다른 해석으로는 당연히 플라톤이 말이나 글로 할 수 없다고 생각한 것은 형상(idea)이라고 보는 해석이다. 이런 해석의 입장에서는 사람들은 플라톤이 자신의 대화편의 많은 곳에서 형상에 대하여 말했음에도 불구하고 형상은 우리의 일상적인 언어가 담기에는 너무도 추상적이고 전문적이라서 대화의 과정을 통해 일상 언어의 허약함을 끊임없이 지적받고 교정해야 한다고 본다. 플라톤이 후기 대화편에서 분석의 대상을 놓고 분석해 가면서(나눔의 방법) 말이 아닌 대상 본래의 결에 따라 해야 한다고 말하는 것이 바로 그런 경고라고 보는 것이다.[19]

다른 한편 빌란트 같은 학자는 말과 글에 대해 플라톤이 비판하는 이유는 말이나 글로 표현되어 있는 것 자체만을 중시하고 맹신할 것이 아니라 그것을 상황에 맞게 다룰 수 있는 실천적인 능력이 중요하다는 사실을 강조하기 위한 것이라고 주장한다.[20] 이러한 생각은 플라톤이 『정치가』에서 이상적인 의사의 예를 들

---

19 모로우, 앞의 책, 70~78쪽 참고.
20 이강서, 앞의 글, 42~43쪽 참고.

어 처방전에 매달리지 말고 환자의 상태에 그때그때 대응해야 참된 지식을 가진 의사라고 할 수 있다는 주장(295a~e)에서 잘 드러난다.

또한 다른 입장으로는 플라톤이 후기에 강조한 변증술에서 '모음'과 '나눔'[21]의 방법 중 '모음'의 방법이 말이나 글로 전달되지 않는 앎이라고 보는 입장이 있을 수 있다. '모음'은 플라톤이 후기 대화편들에서 강조한 '나눔'의 절차를 통해 나누어야 할 대상을 나누기 전에 그 대상을 한 가지 부류로 모아서 보는 것으로서 '총괄적 직관'의 능력이며 이에 대해서는 플라톤이 어느 대화편에서도 구체적으로 설명하고 있지도 않고, 또 설명할 수도 없다는 것이다.[22]

참고문헌

Morrow, G. R., *Plato's Epistles*, Indianapolis—New York: Bobbs—Merril, 1962.

Taylor A. E. 1912, "The analysis of EPISTEME in Plato's Seventh Epistle", *Mind, New Series*, Vol. 21, pp. 347~370.

21 플라톤 철학에서 '나눔'의 의미에 대해서는 박종현, 『헬라스 사상의 심층』, 208~221쪽 참고.
22 박종현, 앞의 책, 288~292쪽 참고.

박종현, 2001, 『헬라스 사상의 심층』, 서광사.

슬레작, 임성철 옮김, 2001, 『플라톤 읽기』, 한양대학교출판부.

이강서, 1999, 「플라톤의 언어관」, 《서양고전학연구》 13집.

칼 포퍼, 이한구 옮김, 2006, 『열린사회와 그 적들 1』, 민음사.

플루타르코스, 김병철 옮김, 2001, 『플루타르크 영웅전』(전8권), 범우사.

플라톤의 생애

1. 성장기와 청년기(28세까지): 태어나서부터 소크라테스의
죽음까지 (기원전 427~399년)

플라톤은 기원전 427년에 태어나 80년의 생애를 보낸 후 기원전 347년에 서거했다. 이것은 디오게네스 라에르티오스가 『유명한 철학자들의 생애와 사상』(이하 DL)에서(DL III 2) 아폴로도로스의 말을 인용하여 플라톤이 제88회 올림피아기 타르겔리온 달의 일곱째 날에 태어나서 제108회 올림피아기 첫해에 죽었다고 기록한 데 따른 것이다. 올림피아 제전이 기원전 776년에 처음 열리고 4년을 주기로 하였기 때문에 이러한 기록은 쉽게 오늘날의 연대로 환산될 수 있다. 그런데 그렇게만 단순 계산하면 플라톤의 생애는 기원전 428년부터 348년이 되는데, 타르겔리온 달이

7월이고 당시 1월이 오늘날의 11월에 해당한다는 것을 고려하면 결국 플라톤은 기원전 427년 5월경 태어나 기원전 347년 5, 6월쯤 죽은 것이 된다. 그리고 그가 태어난 곳은 아테네 혹은 아이기나 섬(DL III 3)으로 알려져 있다. 아이기나 섬 출생설을 주장하는 사람들은(『플라톤 철학 서설(Anonymi Prolegomena)』 2장, 『수다 사전(Suidae Lexicon)』 s.v. 등) 펠로폰네소스 전쟁 초기 아테네군이 아이기나 섬을 점령한 후 아테네인의 이주 정책에 따라 아리스톤이 이 섬의 토지를 할당받아 그곳으로 주거를 옮긴 후 플라톤을 낳았다는 것이다. 디오게네스 라에르티오스는 파보리노스의 말을 인용하여 플라톤이 탈레스의 아들 페이디아노스 집에서 태어났다고도 전한다.

플라톤(넓다는 뜻)이라고 하는 이름은 그의 건장한 체격 또는 넓은 이마 때문에 붙여진 별명이고, 본명은 조부의 이름을 본떠 아리스토클레스라고 불렸다는 설이 있지만(DL III 4) 믿기는 어렵다. 왜냐하면 플라톤 자신이 『변명』(34a)에서 자신을 '아리스톤의 아들 아데이만토스의 형제 플라톤'으로 소개하고 있는데, 재판정이라고 하는 공적인 장소에서 이름을 요구할 경우, 본명을 말하지 않고 다른 이름을 말한다는 것은 생각할 수 없기 때문이다. 그리고 소크라테스에게 부과된 30므나의 벌금에 대해 법률상 책임을 져야 할 공적인 보증인으로서 역시 플라톤이라고 하는 이름이 사용되고 있다(38b). 또 『파이돈』(59b)에서도, 병 때문에 소크라테스의 임종에 올 수 없었던 인물로서 플라톤의 이름이 나와 있다. 뿐만 아니라 플라톤이라는 이름은 별로 드문 이름이 아니고, 그 밖에 동명이인이 있었다(DL III 109).

플라톤의 가문은 친가 쪽, 외가 쪽 모두 그야말로 아테네에서 잘 알려진 명문 가문이었다. 아버지 아리스톤의 선조는 멜란토스의 아들 코드로스에까지 거슬러 올라가 포세이돈 신의 후예라는 기록도 있고(DL III 1) 그의 어머니 페릭티오네는 저 유명한 기원전 6세기 아테네의 개혁가이자 입법가인 솔론의 후손이었다. 그의 형제로는 글라우콘과 아데이만토스가 있고 포토네라는 여동생이 있었다. 아카데미의 제2대 원장인 스페우시포스는 이 포토네의 아들이다. 잘 알려진 30인 정권의 주요 구성원이었던 크리티아스와 카르미데스는 플라톤의 어머니인 페릭티오네와 각각 사촌간, 친남매간이었다. 플루타르코스가 전하는 바에 따르면(『후손에 대한 사랑(De amore prolis)』 496f) 플라톤의 아버지 아리스톤은 그가 철학에 입문하기 전에 사망했고 그래서 어머니 페릭티오네는 자신의 숙부인 퓌릴람페스와 재혼하였다. 플라톤 역시 『카르미데스』(158a)에서 그를 카르미데스의 숙부로 부르고 있고, 그가 아테네 사절로 페르시아 왕과 기타 아시아 지배자들을 방문한 적이 있다고 기술하고 있다. 『파르메니데스』의 주인공인 안티폰은 페릭티오네와 퓌릴람페스 사이에서 태어난 플라톤의 씨 다른 동생이다. 플라톤은 대화편에서 자신에 대해서는 침묵하고 있지만(플라톤은 다른 사람이 그의 이름을 거론하는 형식으로만 대화편에서 단 세 번 나올 뿐이다(『변명』 34a, 38b, 『파이돈』 59b). 친척들에 대해서는 여러 대화편에 끌어들여 대화의 주요 등장인물로 삼고 있다. 카르미데스의 이름을 딴 대화편이 있는 것은 물론 크리티아스는 『카르미데스』와 『프로타고라스』에서도 등장한다.(『티마이오스』에 나오는 크리티아스는 이 크리티아스와 동명의 조부 크리티아스이다). 아데이만토스는 『변명』(34a)에서 형으로 언급되고 있고 『국가』에서는 소크라테스와 대화하는 주요 인물로 등장한다. 플라톤이 대화편에 끌어들인 친척들의 명단을 종합해보면 당시 아테네의 고귀한 명문가의 가계를 그릴 수 있을 정도로 플라톤은 그의 가문을 자랑스럽게 여겼던 것으로 보인다.

그래서 어떤 사람들은 그의 이러한 귀족 가문에 대한 자부심이 그로 하여금 일찌감치 초년기부터 반민주정적인 입장을 갖게 만들었을 것이라고 쉽게 결론 내리곤 한다. 그러나 이러한 생각은 섣부른 것이다. 귀족정을 옹호한 것은 크리티아스와 카르미데스였을 뿐이고 오히려 그의 외가 쪽 가계로 보아서는 기본적으로 아테네 민주정의 기초를 닦은 솔론의 가문임을 잊어서는 안 된다. 뿐만 아니라 플라톤이 매우 따르던 그의 의붓아버지 퓌릴람페스는 아테네 민주정의 전성기를 주도한 페리클레스와 절친한 친구였고 전처와의 사이에서 낳은 그의 아들의 이름을 "데모스"라고 짓기까지 했다. 민주정과 귀족정을 구분하는 것과 평민과 귀족을 구분하는 것이 결코 동일하지 않다는 버넷의 말은 이런 점에서도 매우 중요한 지적이라 할 것이다.

아풀레이우스가 전하는 바에 따르면, 스페우시포스는 플라톤이 소년시절 명민했을 뿐만 아니라 겸손했으며, 공부에 대한 사랑과 열정으로 차 있었다고 칭송하고 있다.(『단편(Fragmenta)』 28L) 그리고 『파이돈』(97b~98b)을 보면 소크라테스의 열의에 찬 독서태도를 보여 주는 구절이 나오는데 아마도 이 또한 플라톤 자신의 젊은 시절의 모습을 그린 것인지도 모른다. 그는 어린 시절 다른 아테네의 소년들과 마찬가지로 철학교육은 물론, 레슬링 경기장(귐나시온)에 대한 그의 관심이 말해 주듯이 체육교육도 함께 받았을 것이다. 디카이아르코스는 그가 이스트미아 제전에서 레슬링 경기에 참여하기도 했고, 그림에도 관심이 있었으며, 처음에는 디튀람보스, 그다음에는 서정시와 비극시를 쓰기도 했다고 전한다(DL III 5). 후대의 사가들은 플라톤을 가르친 읽기 선생과 쓰기 선생의 이름은 물론 체육과 음악 선생의 이름까지도 거명하고 있다. 그러나 이러한 것들을 확인해 줄 만한 당대의 기록은 없다. 이 이야기의 진위가 어떠하건 간에 플라톤이 젊은 시절 시작에 천부적인 소질을 갖고 있었음은 그의 대화편만 보더라도 의심의 여지가 없어 보인다. 실제 플라톤이 지었다고 전해지는 많은 시구들이 오늘날까지도 전해지고 있다. 그러나 우리는 그의 성장기 시절의 모습을 확인할 수 있는 자료를 거의 갖고 있지 못하다. 다만 여러 다른 문헌을 통해 우리에게 알려진 그 당시 아테네 사회의 여러 모습들과 대화편 여기저기에 나타난 그의 몇 가지 철학 외적인 관심사에 대한 기록들을 토대로 그것을 추정할 따름이다.

한편 디오게네스 라에르티오스는 플라톤이 20세가 되기 전까지는 소크라테스의 이야기를 듣지 못한 것으로 말하고 있지만 이 또한 별로 설득력이 없다. 왜냐하면 크리티아스와 카르미데스 등 그와 가까운 친척들 가운데에는 소크라테스와 친한 사람들이 있었으므로 그에 대한 이야기를 플라톤이 모를 리 없었을 것이다. 그렇다고 20세가 되어 소크라테스의 제자로 입문했다는 것도 어색하다. 왜냐하면 소크라테스가 따로 제자를 공식적으로 두었다고 말하기에는 그 자신 너무나 자유로웠던 사람이기 때문이다. 아마도 소크라테스라고 하는 인물에게 흥미를 갖고, 점차 그의 이야기를 듣는 동안 어느새 그 매력에 사로잡혔을 것이다. 『향연』(222a)에서 알키비아데스가 실감나게 토로하고 있는 소크라테스 말의 흡인력은 아마도 플라톤 자신의 체험을 그대로 옮긴 것이리라. 디오게네스 라에르티오스 또한 그가 소크라테스를 만나 이야기를 들은 후 "헤파이스토스여, 이리 오소서. 플라톤이 지금 당신을 애타게 열망하고 있습니다"라고 호메로스조의 대사를 읊으면서 자기가 쓴 작품을 불 속에 던져 버렸다는 이야기를 전하고 있다. 그리고 그는 또 소크라테스가 플라톤을 만났을 때의 이야기도 전하고 있다. 소크라테스는 자신의 슬하에 있었던 백조 새끼가 어느새 깃털이 나더니 고운 소리로 울며 높이 날아가는 꿈을 꾸었는데, 그다음 날 플라톤이 모임에 온 것을 보고 이 사람이 그 새라고 말했다는 것이다(DL III 5). 어쨌거나 이런 일이 있었던 것은 아마 플라톤이 스무 살 때쯤의 일이었을 것이다. 시골에서 온 아리스토텔레스가 17세가 되어 규정에 따라 아카데미에 입학한 것과는 사정이 다른 것이다.

플라톤이 청년기 시절 어떤 철학에 관심 있었던가에 대해서는 몇 가지 정보가 있다. 먼저 아리스토텔레스는 『형이상학』(987a32~33)에서 플라톤이 젊은 시절부터 크라튈로스와 헤라클레이토스학파의 가르침에 친숙해 있었다고 말하고 있다. 디오게네스 라에르티오스와 올륌피오도로스(『플라톤의 생애(Vita Platonis)』 4) 역시 플라톤이 소크라테스 사망 후 크라튈로스에게서 배웠다고 말하고 있다. 그러나 『크라튈로스』에서 그가 등장인물 크라튈로스를 다룰 때 그에게서 스승으로서의 경의나 친밀감 등이 별로 느껴지지 않는다는 점을 보면 플라톤에게 있어서 크라튈로스가 그렇게까지 큰 의미를 가졌다고 보기는 힘들다. 아리스토텔레스는 플라톤의 생성에 대한 생각이 헤라클레이토스와 소크라테스의 영향을 배합한 것이라고 말하고는 있지만, 그 또한 당시 철학적 소양을 쌓아 가는 단계에서 그런 수준의 통찰에까지 이르렀다고 믿는 것은 별로 설득력 있어 보이지 않는다.

그리고 『변명』(19e)에 의하면, 소크라테스가 죽은 해인 기원전 399년 무렵 고르기아스, 프로디코스, 히피아스 등이 소피스트로서 활약 중이었으므로, 젊은 플라톤이 이러한 사람들의 주장을 접했다는 것도 시기적으로 충분히 가능했을 것으로 보인다.

그런데 플라톤의 성장기 환경과 관련해서 우리가 주목해야 할 것은 전체 그리스 사회의 몰락의 기운이 그의 성장기 전체를 드리우고 있었다는 점이다. 사실 기원전 4세기로 접어들면서 그리스는 고전기의 이른바 순수한 그리스풍의 도시 국가들이 쇠퇴해 가면서 여러 민족이 함께 섞인 대제국 시대로 급격하게 이행하는 격동기에 접어들고 있었다. 그 때문에 그리스 민족이라는 자긍심이나 도시국가에 대한 충성심이 차츰 약해져 갔고, 상당한 정도의 물질적 번영에도 불구하고, 파당적 권력 투쟁과 무질서, 지적인 데카당스, 치유할 수 없는 무기력 등 매우 불안정한 사회 분위기가 발칸 반도 전체를 뒤덮고 있었다. 특히 기원전 431년 스파르타 연합군과 아테네 간의 주도권 싸움으로 발발한 펠로폰네소스 전쟁은 개전 이래 무려 27년 동안 진행되면서 전체 그리스 사회를 도탄에 빠트리고 말았다. 물론 27년 동안 전투가 간단없이 계속되었던 것은 아니다. 그러나 그리스 여러 나라들 간에 이해관계가 겹치고 페르시아까지 끼어들면서 간헐적이지만 치열한 전투가 벌어졌고 그 과정에서 수많은 사람들이 참혹한 불행에 휩쓸리지 않으면 안 되었다. 투퀴디데스는 『역사』(3.82.2)에서 전쟁을 일상적 삶의 여유를 앗아가는 '가혹한 교사'로 표현하고 있는데 플라톤은 바로 그 전쟁이라는 가혹한 교사 밑에서 소년이 되고 청년이 되었던 것이다. 이에 따라 플라톤은 펠로폰네소스 전쟁은 물론 잦은 정변 속에서, 사람들이 겪은 수많은 불행은 물론 그리스 사회를 병들게 한 인간의 탐욕과 무지 그리고 정치제도가 갖는 여러 가지 모순들을 비감스러운 눈으로 직시하면서 고뇌하였을 것이다.

그리고 이러한 격변기에 청년으로 성장한 플라톤은 당연히 군대에도 징집되었을 것이다. 아테네에서는 남자 나이 18세에 이르면 최소 2년 동안의 병역의무가 주어졌기 때문이다. 아마도 그가 병역의무를 수행했다면 사회적 지위로 보아 기병이었을 것이다. 그러나 그의 나이로 보아 펠로폰네소스 전쟁의 마지막 5년(기원전 409년) 이후라면 모를까, 실제 전쟁에 참여했을 가능성은 없어 보인다. 물론 병역의무를 필했어도 경우에 따라 다시 군대에 동원될 수도 있었다. 그런 점에서 보면 장년이 된 연후인 기원전 395년에 일어난 코린토스 전쟁에 참전했을 가능성이 제일 높다. 그러나 이 또한 확실치 않다. 디오게네스 라에르티오스는 아리스토크세노스의 말을 인용하여(DL III의 9) 플라톤이 타나그라 전투(기원전 457년), 코린토스 전투(기원전 395년), 델리온 전투(기원전 424년)에 참전했다고 하는데 코린토스 전투를 제외하고는 시기도 거의 맞지 않을 뿐만 아니라 아리스토크세노스가 소크라테스와 플라톤에 대해 왜곡을 일삼은 사람이라는 점을 고려하면 그 말을 곧이곧대로 받아들이기도 힘들어 보인다. 참전했다고 하더라도 그의 나이로 보아 코린토스 전쟁 외에 아르기누사이 해전(기원전 406년) 정도가 거론될 수 있지만 그조차 해전이라는 점에서 별 가능성이 없다.

그런데 위와 같은 성장기의 환경과 청년기의 행적을 살피는 것도 그의 사상 형성을 이해하는 데 매우 중요한 일이긴 하지만, 무엇보다도 플라톤의 이 시절 행적과 관련하여 눈여겨보지 않으면 안 될 것은 그 스스로 고백하고 있는 철학과 정치에 대한 태도이다. 플라톤의『일곱째 편지』를 보면 플라톤은 나이 23살의 젊은 시절 다른 아테네 청년과 마찬가지로 정치에 뛰어들려고 마음을 먹고 있었다. 그래서 그는 그의 가까운 친척들이 기원전 404년 펠로폰네소스 전쟁 패전 직후 점령군 사령관 뤼산드로스의 양해와 협조 아래 아테네에서 30인 과두정 정권을 수립하게 되었을 때, 그 자신 또한 그들의 권유에 이끌려 평소 품어 왔던 정치참여의 꿈을 이루려는 생각도 갖고 있었다. 그러나 그는 이내 그들의 폭압적이고 과격한 행동들을 보고 그 이전의 정치체제가 황금으로 보일 정도로 큰 환멸과 좌절을 겪게 된다. 아니나 다를까 얼마 되지 않아 이 폭압적인 30인 정권은 민주파에 의해 붕괴되고 만다. 그리고 그의 친척이었던 크리티아스와 카르미데스도 그 과정에서 전사한다. 그런데 플라톤은 이 새로 들어선 민주정 하에서도 비록 이전만큼은 아니었지만 여전히 정치에 참여하고자 하는 미련을 버리지 않고 있었다. 그러나 새로 정권을 잡은 민주파들 역시 '당시 사람들 중 가장 정의로운 사람'(『일곱째 편지』 324e)인 소크라테스를 터무니없는 이유로 고소한 후 서둘러 처형까지 하게 되자, 그는 결국 당대의 현실 정치에 환멸을 느끼고 정계에 진출하려던 희망을 아예 접어 버리고 만다. 이때 그가 내린 결론은 그가 『일곱째 편지』에서 언급하고 있듯이 "올바르고 진실되게 철학하는 그런 부류의 사람들이 권좌에 오르거나 아니면 각 나라의 권력자들이 모종의 신적 도움을 받아 진정 철학을 하기 전에는, 인류에게 재앙이 그치지 않으리라"(326a, b)는 것이었다. 청년기 말기에 그가 맞이한 아테네 정치 현실에 대한 이와 같은 깊은 좌절과 철학에 대한 새로운 깨달음은 그로 하여금 평생을 통해 오로지 철학을 통한 진리 탐구와 교육에 몸담게 하는 결정적인 전기를 가져다주었던 것이다.

2. 장년기(28~40세): 소크라테스의 죽음에서부터 첫 번째 시칠리아 방문까지(기원전 399~387년)

디오게네스 라에르티오스는 플라톤의 제자 헤르모도로스의 말을 인용하여 소크라테스가 죽은 후 (그러니까 플라톤의 나이 28세쯤) 플라톤은 소크라테스의 다른 제자들과 함께 메가라의 에우클 레이데스에게 가 있었다고 말한다(DL III 6~7). 아테네에서 그들의 스승 소크라테스가 처형된 후 그들의 신변이 위험했는지 어 땠는지는 모르지만, 그 시절 그들은 아테네에 있는 것이 그렇게 행복하지는 않았을 것이라는 점에서 플라톤이 자기와 친한 사람이 있는 메가라에 갔다는 것은 충분히 있을 수 있는 일이다. 메가라의 에우클레이데스와 테릅시온은 소크라테스가 독배를 마시던 날, 곁에 있었던 사람이고(『파이돈』 59c) 후에 『테아이테토스』의 등장인물로도 나온다. 플라톤이 메가라에 머물렀던 것이 사실이라면 아마도 이 대화편은 그때 그곳에서 이루어진 대화를 기록한 것인지도 모른다.

플라톤이 메가라에 얼마나 머물러 있었는지는 확실치 않다. 디오게네스 라에르티오스는 이후 플라톤이 수학자 테오도로스를 만나기 위해 퀴레네에 갔고 그다음에는 피타고라스주의자인 필롤라오스를 보기 위해 이탈리아에, 그리고 신관을 만나러 이 집트에 갔다고 전하고 있다. 플라톤이 퀴레네에 갔다는 것은 아 풀레이우스도 말하고 있다. 플라톤이 수학자 테오도로스를 만난 적이 있고 그에게 호의를 가지고 있었다는 것은 『테아이테토스』에서 플라톤이 그리고 있는 테오도로스를 보면 어느 정도 신 빙성이 있어 보인다. 사실 퀴레네는 소크라테스주의자이자 퀴레 네 학파의 창시자인 아리스티포스의 고향이기도 했다. 디오게네스 라에르티오스는 플라톤이 여행한 순서를 퀴레네-이탈리아-이집트로 말하고 있지만 키케로는(『공화국(*De republica*)』I. 10. 16, 『최고선과 극악에 관하여(*De finibus bonorum et malorum*)』V. 29. 87) 퀴레네에 대한 언급은 없이 이집트의 경우만 언급하는데, 플라톤이 이탈리아와 시칠리아에 가기 전 두 번을 다녀왔다고 말하고 있다. 이탈리아와 시칠리아를 제외하면 플라톤이 앞서의 지역 모두를 다 다녔는지, 다녔다면 어떤 순서로 했는지는 그저 전설 정도 수준의 이야기로 전해질 뿐 확실한 근거는 없다. 퀴레네는 기원전 4세기 철학과 수학의 중심지였으므로 플라톤으로서는 방문했을 가능성이 높다. 그러나 플라톤이 정말 이집트를 방문했는지는 여전히 논란거리이다. 그러나 기원후 6세기경에 쓰인 저자 불명의 『플라톤 철학 입문(*Anonymi Prolegomena*)』(Westerink. L. G. (1962) ed., chap. 4)을 보면 플라톤이 이집트를 다녀갔다는 기록이 있고 키케로 또한 플라톤을 피타고라스나 데모크리토스와 더불어, 땅끝까지 간 사람(『투스쿨룸 담론 (*Tusculanae Disputationes*)』IV. 20. 45)으로 그리면서 "플라톤이 이집트에 건너가, 이방인 신관으로부터 수학과 천문학을 배우려고 한 이유는 무엇일까"(『최고선과 극악에 관하여』V. 26. 87)라고 말하고 있다. 그런데 이집트나 흑해 지방에 가는 것은 싼 뱃삯으로 누구라도 갈 수 있는 일이자 극히 일상적인 일이었음(『고르기아스』511d, e)을 고려하면 아마 플라톤이 이집트에 갔다는 것이 그렇게 믿지 못할 일은 아닌 것으로 보인다. 그리고 실제 플라톤이 이집트에 가서 직접 보고 쓴 것이 아닐까 추정되는 부분이 여러 군데 발견되기도 한다(『법률』 656e~657a, 819b, 『티마이오스』 21e, 22d, 『파이드로스』 274c~275b, 『필레보스』 28b, 『정치가』 290d, e, 『정치가』 264c 등). 물론 실제로 갔는지 여부는 확실하지 않다.

그러나 플라톤이 퀴레네를 다녀온 이후, 이탈리아와 시칠리아를 방문했다는 것은 틀림없어 보인다. 왜냐하면 그는 자신이 쓴 편지(『일곱째 편지』 324a, 326b)에서 처음으로 시칠리아를 방문한 것이 40살이 되던 해 즉 기원전 387년의 일이라고 못 박아 이야기하고 있기 때문이다. 그런데 방문 사실과 시기는 분명하지만 방문 목적은 분명하지 않다. 다만 일부 기록(키케로 Fin. 5.29.87)을 보면 그의 이탈리아 방문의 동기는 아마 그곳에 있는 유명한 피타고라스주의자 즉 타렌툼의 유력 정치가이자 철학자인 아르퀴타스를 만나러 간 것으로 판단된다. 물론 『유명한 철학자들의 생애와 사상』을 보면(DL III 6) 타렌툼이나 아르퀴타스의 이름은 나와 있지 않고 퀴레네로부터 "이탈리아에 있는 피타고라스 학파 사람인 필롤라오스와 에우뤼토스에게 갔다"고만 나와 있다. 그러나 플라톤이 다녀온 이탈리아가 구체적으로 타렌툼이었을 것이라는 것은 매우 신빙성 있어 보인다. 『법률』 1권을 보면 비록 기원전 387년의 최초의 이탈리아·시칠리아 여행 때의 인상이라 단정할 수는 없지만 플라톤이 "디오뉘소스 축제 때 타렌툼시 전체가 술에 취한 것을 보았다"(637b)라고 하는 말이 나오기 때문이다. 어쨌거나 타렌툼은 플라톤에게 관계가 깊은 곳으로서 대부분의 전승들이 일단 방문했다는 것에 무게를 싣고 있다. 왜냐하면 플라톤이 세 번째 시라쿠사를 방문하여 생명을 위협받는 궁지에 빠졌을 때, 플라톤이 아르퀴타스에게 도움을 청하자 기꺼이 사절을 보내 그를 구해 주었는데 그것은 이때의 교분 때문이었을 것으로 여겨지기 때문이다. 플라톤의 『편지』에는, 이 아르퀴타스 앞으로 보내는 편지가 『아홉째 편지』, 『열두째 편지』 등 2통이 있고 또 『일곱째 편지』에는 아르퀴타스의 이름이 4번이나 (338c, 339b, 339d, 350a) 나오고 『열셋째 편지』에도(360c) 그 이름이 나온다.

어쨌든 젊은 시절 서방을 여행하는 플라톤의 흥미를 끌었던 것은, 이러한 사람들 개인이라기보다는 오히려 그들의 도시 타렌툼이었을지도 모른다. 그곳은 피타고라스학파 사람들의 새로운 중심지가 되어 있었고, 강대국 시라쿠사의 압력에 저항해 자유 독립을 지키고 있는 나라로서도 주목받고 있었기 때문이다. 초기의 피타고라스학파 사람들은 피타고라스와 함께 남 이탈리아의 크로톤을 중심으로 세력을 펴고 있었지만, 450년 무렵 그들의 집회장이 전소되고, 대부분의 사람이 살해당하면서 잠시 그 중심지를 잃었었다. 그러나 그 후 기원전 300년대에 들어서부터 그들은 이 타렌툼에 새로운 중심지를 구축하게 된 것이다. 플라톤은 이 사람들의 사상에 대해서 모종의 흥미를 갖고, 유람을 하는 길에 그곳에서 아르퀴타스를 만났던 것인지도 모른다. 그러나 또 다른 일부 전승은 그가 아이트나 화산의 분화구와 그곳에서 흘러나오는 용암을 보러 갔다고 전하기도 한다(DL III 18, 아테나이오스 『식탁의 현인들(*Deipnosophistai*)』 2. 507b).

그런데 『일곱째 편지』(326e)에서 그 자신이 직접 시칠리아 방문과 관련해서 언급한 것을 보면, 그가 그곳에 간 것은 우연이었고 다만 나중에 일어난 일을 생각하면 디온과 시라쿠사의 일에 연루시키려는 어떤 초인간적인 힘 때문이었다고 기술하고 있다. 실제로 그는 『일곱째 편지』에서 첫 번째 시라쿠사 방문에서 무엇을 했는지 아무런 언급도 하지 않고 있으며 하물며 당시 시라쿠사의 참주였던 디오뉘시오스 1세의 이름조차 거론하고 있지 않다. 그러나 이것이 시라쿠사를 첫 번째 방문했던 시기의 플라톤이 생각했던 모든 것을 드러내주는 것으로 보기는 힘들다. 사실 시라쿠사는 펠로폰네소스 전쟁으로 아테네와 스파르타가 피폐함을 더해가던 시절, 시라쿠사를 침공한 아테네 대군을 궤멸시킬 정도로 날로 세력을 키워가고 있었다. 실제로 플라톤이 처음으로 이곳에 왔을 당시 시라쿠사는 이미 디오뉘시오스 1세의 주도하에 서쪽으로는 카르타고를 제압하고 동쪽으로는 아드리아해 연안에까지 지배권을 넓혀 앞 세기의 아테네 제국을 이을 정도의 대제국을 이루고 있었다. 그래서 당시의 저명한 수사학자

이소크라테스(기원전 436~338년)는 시칠리아의 참주 디오뉘시오스 1세를 그리스 세계를 재통일할 사람으로 기대하기도 하였다(『알키다모스』 63). 이렇게 본다면 플라톤도 일찍부터 시칠리아에 대하여 나름대로 관심을 갖고 있었을 것이 분명하다.

그런데 일찍이 카르타고를 무찔렀던 겔론에 이어 시라쿠사를 신흥강국으로 이끈 이 디오뉘시오스라고 하는 인물은 아테네의 시라쿠사 원정을 물리친 헤르모크라테스의 일개 수하로 있다가 그가 정쟁의 와중에서 죽음을 당하자, 역사가 필리스토스의 지지를 얻어 종국에는 참주의 지위에 오른 입지전적인 사람이다. 플라톤은 바로 이 디오뉘시오스가 참주의 지위에 있을 때 약관 20세의 청년 디온을 운명적으로 만나게 되는데, 그때의 운명과도 같은 인연이 결국 말년의 플라톤으로 하여금 시라쿠사를 재차 방문하게 만드는 계기가 되면서 플라톤의 말년의 삶에 심대한 영향을 끼치게 된다. 플라톤이 아주 특별하고도 지적이고 도덕적인 품성을 갖춘 젊은이로 많은 호감을 갖고 있었던 이 디온이란 청년은 우연찮게도 당시 디오뉘시오스 1세와 매우 가까운 친척 사이였던 것이다. 그의 여동생 아리스토마케는 참주의 아내였을 뿐만 아니라, 그 자신은 참주와 아리스토마케 사이에서 태어난 딸 즉 자신의 조카와 결혼하였다. 그러니까 참주와 디온의 관계는 처남매부지간이자 장인사위의 관계였다. 그만큼 참주의 인척으로서 디온이 갖는 정치적 영향력은 나중에 플라톤을 정치 개혁을 위한 조언자로 불러들일 정도로 지대했던 것이다. 그러나 플라톤의 첫 번째 방문기간 이루어진 플라톤과 디온의 위와 같은 운명적 만남은 불행하게도 참주 디오뉘시오스 1세의 참주정과 플라톤의 이상국가 간의 거리만큼이나 이미 엇갈리는 운명을 예고하고 있었다.

어쨌거나 플라톤의 첫 번째 시칠리아 방문 기간이 얼마 동안인지는 알려져 있지 않다. 『일곱째 편지』는 첫 번째 방문에 대해서는 시기만 간략히 언급하고, 이어서 한참 건너뛰어 디오뉘시오스 1세가 사망한 후 그의 아들이 뒤를 이어받았을 즈음의 두 번째 시라쿠사 방문에 관한 이야기로 넘어간다. 그러니까 첫 번째 시라쿠사 방문과 두 번째 방문 사이는 20년간의 차이가 있는데 그 사이에 어떤 일이 있었는지에 대해서 플라톤은 아무런 언급도 하고 있지 않다. 그러나 후대의 기록들은 첫 번째 시라쿠사 방문 시절 그가 디오뉘시오스 1세에 의해 노예로 팔릴 뻔하였다가 퀴레네 사람 안니케리스 혹은 이름이 알려지지 않은 친구가 몸값을 지불한 덕에 살아남았다는 이야기를 전하고 있다. 그 사이의 경위는 여러 가지로 전해지고 있지만, 그중에 가장 그럴듯한 것은, 디오뉘시오스 1세가 플라톤을 초청하여 자신과 친교를 맺을 것을 강권하자, 플라톤은 그의 참주정치를 들어 "강한 자가 덕에 있어서 뛰어나지 않은 한, 강한 자의 이익은 자족적이지 않다"고 입바른 소리를 했다가 참주에게 미움을 사 그 자리에서 죽임을 당할 뻔했으나 디온의 만류로 간신히 목숨을 건졌다는 이 야기이다. 그러나 이 이야기에 의하면 결국 플라톤은 참주의 지시로 아이기나 섬에 노예로 팔려가 사형에 처할 지경에 빠졌다가 누군가 그를 철학자라고 말하는 바람에 석방되었다고도 하고, 또 어떤 사람들은 플라톤이 사형을 앞둔 민회의 심문에 아무 말도 하지 않고 의연해하자 표결을 통해 사형을 면제하고 전시 포로로 취급하여 그냥 노예로 팔기로 했다고도 전한다. 확실한 증거는 없는 이야기이긴 하지만 한편으로 플라톤이 왜 첫 번째 시라쿠사 방문에 대해 그리고 디오뉘시오스 1세에 대해 일체 언급을 하지 않았는지 그 이유를 짐작할 수 있게 하는 이야기일 수 있다. 그러나 아무튼 아테네와 아이기나는 당시(기원전 387년경) 전쟁 중이라 서로에게 적대적이었으므로 이런 이야기가 그럴듯하게 들렸을지도 모른다.

그러나 무엇보다도 플라톤의 장년기에 일어난 아주 중요한 일로서 우리가 주목해야 할 것은 『변명』, 『크리톤』, 『라케스』, 『뤼시스』, 『에우튀프론』 등 그의 초기 작품들이 이 시기 즈음부터 써지기 시작했다는 점이다. 대화편의 저술 연대로 보면 초기 작품들은 대부분 플라톤의 나이 30대 후반부터 40대 전반에 걸쳐 써진 것으로 보이는데, 그 전반부인 30대 후반이 그의 장년기와 겹친다. 사실 엄밀히 말해 우리가 알고 있는 정보를 종합하면 플라톤의 이탈리아와 시칠리아 여행은 387년 무렵이고 메가라행은

399년 직후라고 여겨지지만, 그 외의 여행은 만약 이집트행이나 퀴레네행을 사실이라고 생각한다고 해도, 이 399년과 387년 사이에 간단없이 여행만 한 것이 아니고 오히려 여행은 30대 전반에 주로 이루어졌다고 생각하는 것이 좋을 것이다. 전술한 바와 같이 플라톤의 초기 작품은 그가 30대 후반 무렵에 집중되어 있기 때문이다. 그러나 어쨌든 플라톤의 장년기는 기원전 387년 무렵 그의 이탈리아 시칠리아행으로 마감된다.

3. 중년기(40~60세): 아카데미의 창설과 저작활동(기원전 387~367년)

시칠리아를 방문하여 디오뉘시오스 1세 치하 참주정치의 실상을 경험하고 돌아온 지 20년이 지났음에도 플라톤은 『일곱째 편지』에서 시칠리아의 정치현실에 대해 "그런 나라들의 법률 상태란 행운을 동반한 놀랄 정도의 대책 없이는 거의 구제가 불가능하다"(326a)라는 절망스러운 진단을 토로하고 있다. 이것은 플라톤이 디오뉘시오스 일가의 참주정치에 대해서 얼마나 혐오감과 적개심을 갖고 있었는지를 새삼 보여 준다. 실제로 그가 대화편에서 참주의 상을 그릴 때 그 모델이 된 자가 다름 아닌 디오뉘시오스 1세였다고도 전한다. 그러나 그는 자신이 겪은 피폐한 정치현실에 대한 좌절과 혐오가 깊어 가면 갈수록, 그것을 극복하는 유일한 길이 다름 아닌 철학에 있음을 뼈저리게 느끼고 있었다. 그의 말대로 나라에 있어서나 개인에 있어서나 올바른 것을 보는 일이란 그 자체로 단지 진리에 대한 치열한 교육과 탐구가 주어진 연후에 가능한 일이고 그러한 일은 현실 정치의 혼돈과 편견에서 벗어나 있어야 하는 것이었다. 한마디로 그것은 단지 철학자 즉 지혜를 사랑하는 자에게만 가능한 일이었던 것이다. 그리고 만일 철학자만이 좋은 지배자가 될 수 있는 것이라면 그가 지금의 상황에서 해야 할 일은 정치의 소용돌이에 휩싸이는 것이 아니라 그 자신은 물론 앞으로 지배자가 될 가능성이 있는 사람들을 철학자로 만드는 일이었던 것이다. 그리하여 그는 앞으로 자신이 평생 힘써야 할 가장 중요한 소임으로서 철학자 양성이라는 원대한 교육 목표를 가지고 시칠리아에서 돌아온 지 대략 2년쯤 후에 마침내 아카데미를 창설하기에 이른다.

플라톤의 아카데미는 오늘날의 교육기관과 전혀 다르며 오늘날의 대학과도 아주 다르다. 가깝다고 한다면 아마 중세시절 공동체 생활을 통해 종교적인 연대와 이상을 공유하던 초기 대학의 모습과 비슷하다 할 것이다. 아카데미는 아테네 성곽 바깥으로 1마일 정도 떨어진 곳에 세워졌는데 아마도 그 이름은 그 지역에서 신성시되던 아카데모스 혹은 헤카데모스라는 신의 이름에서 따왔을 것이다. 그곳은 숲과 정원들로 둘러싸여 있었고 경기장과 여러 건물들이 지어져 있었으며 그리고 신전도 아주 커서 아테네 여신을 위시한 신들에 대한 제사도 그곳에서 이루어졌을 것이다. 사실 이 아카데미는 그 이전부터 이미 공원이었다. 전하는 바에 의하면 그것이 처음 조성된 것은 이미 기원전 6세기 중반 히피아스, 히파르코스의 시대까지 거슬러 올라간다(아테나이오스 『식탁의 현인들』 XIII, 609d). 그리고 기원전 5세기 중반에는 그곳이 아주 메마른 땅이어서 키몬이 물을 그곳에까지 끌어들여 나무를 심어 숲을 조성하여 산책도 하고 경주도 하는 곳으로 만들었다(플루타르코스 『영웅전』, 「키몬」 XIII 8)고 한다. 그런데 플라톤의 아카데미 같은 조직이 신전이 있는 공원 근처에 나름의 땅을 차지하고 단체로서 성립하기 위해서는 당시에 티아소스(thiasos) 즉 그 재산의 공식적인 소유자가 될 어떤 신들을 모시는 일종의 종교법인으로 등록을 해야만 했다. 플라톤은 그 신으로서 교육의 후원자 뮤즈(본래는 무사이) 여신을 선택했다. 그 이유는 아마도 철학은 가장 위대한 시가(『파이돈』 61a)였기 때문일 것이다. 뮤즈 여신에 대한 찬미는 당시 학교가 갖는 통상적인 특징이었다. 이렇게 보면 오늘날 아카데미의 이름은 학문이나 예술과 결합되어 있지만 옛날의 고전기 그리스인이 생각하던 것과는 완전히 다른 것이었다. 아카데미가 오늘날 우리가 쓰는 의미로 변화된 것은 플라톤이 이 공원 근처에 학교를 세운 후부터이다. 그러나 아카데미에 어떠한 시설이 있었고 어떻게 운영되고 있었는지에 대해서는 갖고 있는 정보가 거의 없다.

그리고 아카데미에서 그들이 행한 공동식사(syssitia)는 검박한 음식을 나누며 서로 간에 기억될 만한 이야기를 나누는 자리로 유명하다.

『향연』을 보면 아가톤의 손님들이 연회자리에서 얼마나 격식을 갖추며 식사를 즐기고 있는지 또 각자 나름의 주제를 가지고 얼마나 절제 있게 이야기를 나누고 있는지가 잘 그려져 있다. 『프로타고라스』(347c)를 보더라도 소크라테스는 식사 후에 여흥을 요구하는 배우지 못한 사람들에 대해 경멸을 퍼붓고 있다. 배운 사람들은 순서에 따라 돌아가며 이야기하는 것만으로 연회를 즐길 수 있는 사람들이다. 그 손님은 "소크라테스가 아주 술을 많이 마실지라도"라는 말을 덧붙이고 있지만 그조차도 다만 소크라테스의 특징을 나타내기 위한 것일 뿐이다. 왜냐하면 소크라테스는 아무리 마셔도 취하는 일이 없었기 때문이다(『향연』 176c). 이로 미루어 짐작할 수 있듯이, 아마도 아카데미에서 식사는 아주 정교한 규칙에 따라 이루어진 것으로 보인다. 아카데미의 원장을 지낸 크세노크라테스도 그와 관련한 이야기를 전하고 있고 플라톤 자신 또한 『법률』(639c ff)에서 아주 진중한 의전관이 시키는 대로 엄격한 규칙 아래 이루어지는 공동연회의 필요성을 길게 이야기하고 있기도 하다. 그리고 정기적으로 이루어지는 티아소스 축제 기간 동안에는 예외 없이 종교적인 제례가 행해졌을 것이고 아카데미 학생들은 그 자리에서 신들을 칭송하고 서로 간의 교유를 나누면서 교양 있는 토론을 통해 마음가짐을 더욱 새롭게 했을 것이다.

아카데미의 교육방법의 대부분은 플라톤이 즐겨 사용했던 문답법이었을 것이다. 그러나 그는 강의도 자주 하였을 뿐만 아니라 일반 대중을 상대로 하는 강의도 열었다. 아리스토텔레스의 제자 아리스토크세노스는, 플라톤이 일반 대중을 대상으로 행한 "선에 관하여"라는 강의와 관련하여 아리스토텔레스가 말했다는 흥미 있는 이야기를 전하고 있다. 즉 플라톤의 강의에 참석한 대부분의 사람들은 인간의 행복을 위한 훌륭한 처방을 기대하며 강의에 귀를 기울였는데 그의 강의가 수학과 천문학에 대한 것이라 실망을 하고 떠났다는 것이다. 그래서 아리스토텔레스는 청중이 강의를 들을 준비가 안 되어 있을 때 적절한 입문교육이 필요하다는 것을 말하기 위한 예로서 이 이야기를 인용했다는 것이다(아리스토크세노스 『조화론(*Harmonica*)』 2. 20. 16~31). 일반 대중에 대한 강의는 아카데미 경내 공적인 장소의 일부인 경기장에서 이루어졌음이 분명하다. 아리스토텔레스, 스페우시포스, 크세노크라테스 등 그의 제자들도 이 자리에 참석했고 그의 이야기를 받아썼고 그것을 남겼다. 심플리키오스는 이 이야기는 아리스토텔레스에게서 나온 것이므로 의심할 나위가 없다고 말하고 있다(『아리스토텔레스 「자연학」 주석(*Aristotelis Physica*

Commentaria) 151.6).

물론 아리스토텔레스와 그 제자들은 이러한 대중 강의 말고도 플라톤의 중심논제와 관련한 훨씬 많은 훌륭한 강의를 들었을 것이다. 왜냐하면 아무도 플라톤이 그 자신의 난해한 가르침을 그저 일반 대중을 상대로 하는 강의를 통해서만 가르치려 했다고 생각하지는 않을 것이기 때문이다.

물론 아카데미에서의 공부 주제들은 아카데미가 세워진 이후 플라톤이 죽을 때까지 40년 동안 많은 변화가 있었을 것이다. 그러나 우리는 그러한 변화를 플라톤 대화편의 내용을 통해서나 짐작할 수 있다. 아마도 수학(음악이론과 천문학 이론을 포함해서)과 정치학은 지속적으로 개설되었을 것이다. 그리고 플라톤에게서 그것들은 분리될 수 없는 것들이었을 것이다. 그리고 플라톤 사상의 특성상 그러한 정밀과학은 좋음에 이르는 변증술의 예비과정으로서 필수적인 것이었을 것이다. 특히나 그것을 기초로 하여 이루어지는 변증술에 의한 철학적 통찰은 나라를 다스리기에 적합한 사람들이 배워야 할 가장 바람직한 교육목표였던 것이다. 아마도 플라톤의 『국가』에서 제시된 교과목은 아카데미의 교과과정에도 아주 주의 깊게 반영되어 있었을 것이다. 요컨대 현실정치를 이상적으로 이끌어 갈 수 있는 정치가를 길러 내거나 그를 도울 수 있는 전문가를 길러 내는 것이 의심할 바 없이 그가 아카데미를 세운 궁극적인 목표였을 것이다. 그는 초년

시절 그 자신이 그러한 사람이 되고 싶었던 만큼 지금은 그와 같은 사람들을 키워 내는 교사가 되고자 했던 것이다. 순수한 철학 이론에만 매달리고자 하는 유혹은 온갖 비합리적인 외적인 요인들과 싸워야 하는 사회적인 현실참여와 여전히 갈등을 일으키는 것이긴 하지만, 동굴의 비유에서 명백하게 드러나 있는 것처럼 철학자는 동굴 바깥 진상의 나라, 진리의 빛이 가득한 광명의 세계에 마침내 그 자신이 도달했을지라도 그곳에 머물러 있어서는 안 되고 아직도 거짓 미망을 진리인 양 믿고 있는 수많은 사람들을 진리와 광명의 세계로 돌려 세우기 위해 동굴 속 어둠으로 들어가야만 하는 것이다.

아마 자연학은 적어도 일정기간 동안 아카데미 입학생들에게 가르쳐졌을 것이다. 희극시인 에피크라테스는 플라톤이 식물분류의 원리를 가르치기 위해 교실에다 학생들을 불러 모았는데 모두 아이들뿐이었다고 전한다. 이러한 강의 또한 경기장에서 열렸을 것이다. 자연학 연구에 대한 그의 태도에서 보면 자연은 변화를 겪는 것이고 존재론적으로 보면 일시적인 것일 뿐 영원하고 완전한 세계가 아니다. 지성계만이 앎의 대상일 뿐, 그러한 감각계는 억견의 대상이다. 물론 『국가』에서 말년의 『티마이오스』로 옮겨가면서 그는 이 두 영역 사이의 새로운 조화를 모색하고 있다. 어쨌거나 아리스토텔레스의 왕성하고도 엄청난 생물학에 대한 관심은 이와 같은 아카데미의 분위기에서 형성되었음이 분명하다. 에피크라테스의 단편은, 파이드로스에서 처음 언급된 분할법이 『소피스트』와 『정치가』에서 다시 그대로 언급되고 있을 때 이미 플라톤의 마음에 그 이론이 자리 잡기 시작했다는 것을 잘 암시해 주고 있다. 플라톤의 대표적인 저술이라 할 수 있는 『국가』를 비롯해 『향연』, 『파이돈』, 『에우튀데모스』, 『크라튈로스』 등도 이 시기에 써진 것이고 『테아이테토스』와 『파르메니데스』 역시 이 중년기에서 만년기에 걸쳐 써진 것으로 여겨진다.

그러나 전문적인 정치가 내지 정치 이론가를 키워 내려는 그의 주된 교육 목표는 잠시도 그의 생각을 떠나지 않았다. 그래서 그의 많은 제자들은 그들 자신이 권력가가 되는 것이 아니라 권력가들에게 자문하기 위해 아카데미를 떠나야 했다. 트로아스 지방 스켑시스의 시민인 에라스토스와 코리스코스는 아카데미에서 공부를 마친 후 그들의 고향으로 돌아가 아타르네우스의 지배자 헤르메이아스를 끌어들여 그로 하여금 플라톤의 철학을 공부하게 했고 그 결과 보다 온건한 정치 체제를 택하게 만들었다. 그 후 플라톤은 또 아리스토니모스, 포르미오스, 메네데모스 등을 각각 아르카디아, 엘레아 그리고 퓌라로 보내 그 헌법을 개혁하게 했고 에우독소스와 아리스토텔레스를 그들 고향으로 파견하여 법률을 기초하게 했으며, 알렉산더는 크세노크라테스에게 자문관을 보내 줄 것을 의뢰하기도 했다(플루타르코스 『콜로테스 논박(*Adversus Colotem*)』 1126c). 아테네의 카프리아스, 포키온 등의 장군들도 아카데미 출신들이다. 그리고 에우독소스의 이론은 정치와 과학과 철학을 연계시킨 좋은 사례이다. 크뉘도스에서 그가 법률을 제정했다는 사실은 헤르미포스에 의해 입증되고 있다(DL VIII 88에서 아리스토텔레스는 이것을 의심하고 있지만). 그는 수학자인 동시에 천문학자, 철학자였고 이른바 우리식으로 말해 물리학자이기도 했던 것이다. 물론 플라톤 자신도 여러 곳에서 법률을 기초해 달라고 초청을 받았다. 그러나 그 자신만은 그러한 역할을 정중히 사양하였다.

그런데 플라톤의 생애와 가르침을 이야기하면서 이소크라테스를 함께 이야기하지 않으면 안 된다. 이소크라테스는 플라톤보다 여덟 살 위였지만 기원전 338년 98세로 죽어 플라톤보다도 더 오래 산 사람이다. 두 사람은 지적 호적수였다. 그들은 플라톤이 『파이드로스』(279a~b)에서 상대를 한 번 거론한 것 말고는 서로에 대해 언급하기를 피하고 있는데, 이소크라테스 역시 아카데미가 세워지기 몇 년 전에 이미 아테네에 학교를 세웠다. 두 사람 모두 그곳에서 철학을 가르치는 교사를 자처했지만 교육내용은 아주 달랐다. 이소크라테스는 고르기아스의 영향을 받아 수사학을 주로 하는 문과계의 교육에 힘을 기울이고 있었던 데 반해, 플라톤의 아카데미는 이과계통의 학문을 중시하고 있었고, 학교뿐만 아니라 연구소의 성격도 갖고 있었다는 점에서 이소크라테스가 세운 학교와는 전혀 다른 것이었다.

잘 알려져 있다시피 아카데미 뮤즈 신전(museum) 앞에는 "기하학을 알지 못하는 사람은 들어오지 말 것"이라고 하는 말이 내걸려 있었다고(필로포노스 『아리스토텔레스 「영혼론」 주석(*Aristotelis De Anima Commentaria*)』 I. 3. 406b25) 하는데 이 전승과 관련해서도 논란이 있다. 이 말의 의미는 물론 플라톤이 기하학을 철학의 예비학으로서 중시했다는 점에서 있는 그대로의 의미로 이해해도 큰 문제는 없을 것이나, 중세 비잔틴학자(Tzetzes, Chiliades VIII. 972)의 다음과 같은 말은 그 의미가 반드시 기하학 그 자체에 한정되는 것만은 아니라는 것을 시사해 주고 있다.

"기하학을 하지 않는 자는 한 사람이라도 우리 지붕 아래에 들어와서는 안 된다고 하는 것은 부정한 자는 한 사람도 내 제자가 되는 것을 허락하지 않는다는 것이다. 기하학은 평등과 정의를 의미하기 때문이다." 즉 일반적으로 '기하학을 모르는 자'라고 번역되고 있는 원어(ageometretos)는 '기하학적으로 똑바르지 않은 자'의 의미로도 해석되는 것이다.

4. 노년기(60~80세) : 두 번째 시칠리아 방문부터 죽음에 이르기까지(기원전 367~347년)

플라톤이 아카데미를 창설하여 왕성한 연구 활동과 교육에 전념하는 동안 저 멀리 시칠리아라는 서방의 땅에서는 플라톤이 전혀 의식하지 못했을, 그러나 노년에 들어선 플라톤의 인생 역정과 뗄래야 뗄 수 없는 인연을 준비하는 사건들이 하나둘 일어나고 있었다. 시칠리아 땅에서는 기원전 367년 디오뉘시오스 1세가 죽자 그의 아들이 참주 자리를 이어받았다. 그는 별로 교육다운 교육도 받지 못한 채 젊은 나이로 아버지가 이룬 대제국을 갑자기 물려받게 된 것이다. 그의 외삼촌 디온은 이 유약한 젊은 참주에게 막대한 영향을 미칠 수 있는 사람이었는데 그는 이전의 플라톤과의 교유를 상기하고서 디오뉘시오스 2세에게 플라톤을 초청하도록 설득하였다. 디온은 플라톤을 불러들여 참주 2세로 하여금 그의 철학을 배우게 하여 플라톤이 평생을 통해 이루려고 했던 철학자 왕정의 체제를 시칠리아 땅에서 구현하기를 원했던 것이다. 그러나 플라톤은 디온의 요청에도 불구하고 시칠리아를 둘러싼 여건상 그것을 구현할 가능성이 별로 없었을 뿐만 아니라 디오뉘시오스가 젊은 사람이고 그 젊은 사람의 욕구란 늘 어떻게 변할지 모르는 것이기 때문에 시칠리아 땅에 가기를 주저하였다. 그러나 그는 결국 디온의 간곡한 청원과 그에 대한 신뢰 때문에 그곳에 가기로 결심하기에 이른다. 아마도 플라톤을 초청한 디온은 "한 사람만 충분히 훈련되면" 참주 주변의 아첨꾼과 중상꾼들을 물리치고 나라가 제대로 설 수 있는 길이 열릴 것이라고 생각했을 것이다.

그러나 이러한 동기 이상으로 그를 그곳으로 가게 한 것은 철학자 왕정을 이론적으로 주장하면서 그것을 구현할 수 있는 기회를 거부한다는 것 자체가 앞뒤가 안 맞는다는 판단에서였을 것이다. 즉 디온과의 우정을 배반하여 그를 위험에 빠트리는 것도 문제지만 자칫하면 철학에 대한 비난을 초래할 수도 있기 때문이다. 이와 관련하여 『일곱째 편지』(329b)에서 그는 이렇게 말하고 있다. "오히려 나는 온당한 이치에 따라서 그리고 인간으로서 할 수 있는 최대한에 따라서 그곳에 갔던 것입니다. 이러한 이유들 때문에 나는 결코 부끄럽다고 할 수 없는 나 자신이 종사해온 일마저 뒤로하고, 나의 주장과도 나와도 어울린다고 여겨지지 않는 참주정 치하로 간 것이지요. 그리하여 내가 감으로써 나는 외국인 친구를 돌보는 제우스의 책망으로부터 벗어났고 철학 쪽에 대한 비난도 일게 하지 않았습니다. 내가 만일 뭔가 기운을 잃고 비겁한 짓을 저질러 형편없는 수치 속에 처했더라면 더불어 모욕을 당했을 그 철학에 대해 말입니다."

그러나 그곳에 도착한 후 플라톤은 참주에 대한 철학교육이 그렇게 뜻대로 이루어질 수 있는 것이 아님을 새삼 깨달았다. 디온의 주위에서는 온갖 중상모략꾼들이 도사리고 있었고 급기야 그가 도착한 지 4개월 후 디온은 참주에 대한 모반을 꾀했다는 누명을 쓰고 추방을 당하는 일까지 벌어졌던 것이다. 그러나 플라톤은 참주로 하여금 어떻게든 철학을 배우게 하면 사태가 호전될 수 있을지도 모른다는 일말의 기대를 가지고 최선의 노력을 경주해 보지만 그것도 허사로 돌아간다. 그리하여 플라톤은 참주 2세에게 아테네로 돌아가게 해 줄 것을 청원하게 되고 때마침 시칠리아에 전쟁이 일어나 참주 또한 경황이 없었던 터라, 전쟁이 끝나 안정이 되면 디온과 함께 시칠리아로 돌아오겠노라 약속한 후 결국 아테네로 돌아오게 된다. 그리하여 플라톤은 아카데미를 찾아온 디온과 다시 만나게 된다(플루타르코스『영웅전』「디온」17).

이때가 기원전 365년쯤이다. 그리하여 그렇게 돌아온 지 4년 동안 플라톤은 다시 한번 아카데미에서 교육과 저술에 몰두하게 된다. 그런데 이후 디오뉘시오스는 플라톤과의 약속과 달리 디온은 빼고 일단 플라톤 혼자 다시 시칠리아를 방문해 주었으면 좋겠다고 초청을 하였고 또한 플라톤이 그 초청을 받아들이도록 여러 경로를 통해 압력을 가해왔다. 그러나 플라톤은 나이도 있고 자신과 합의한 당초의 약속도 지켜지지 않았다는 것을 이유로 그 초청에 응하려 하지 않았다. 그러나 점점 압력이 드세어지고 디온도 자신의 처지가 나아질 수도 있다는 판단에서 플라톤이 시칠리아에 다시 갔으면 좋겠다고 원하여 결국 참주의 초청을 수락하게 된다. 사실 디오뉘시오스 2세는 플라톤의 디온에 대한 애정에 질투를 느껴 자신도 철학공부를 잘 할 수 있다는 것을 보여 주기 위해 자신의 궁정에 철학자들을 불러 모아 토론도 하는 등, 플라톤의 가르침을 받을 준비가 되어 있음을 과시하기도 한다. 사실 그는 나름대로 플라톤이 이전에 체재할 때 그에게서 가르침을 받지 못하였음을 후회하고 있었고, 플라톤이 자신의 초청을 거부하는 것이 사람들에게 자신의 천성이나 삶의 방식에 대한 거부로 여겨지지는 않을까 두려워하고 있었다. 그래서 그는 타렌툼에서 피타고라스주의 철학자이자 유력 정치가인 아르퀴타스를 초대하는 등 철학에 대한 자신의 진심을 보여 주려고도 하였다. 아르퀴타스와 그의 학파들은 플라톤이 평소 호의와 존경을 갖고 있었기 때문이다. 그래서 그는 아르퀴타스에게 부탁하여 플라톤에게 편지까지 보낸다. 이렇게 해서 결국 기원전 361년 플라톤은 다시금 시칠리아를 방문하게 된다. 이것이 플라톤의 세 번째 시라쿠사 방문이다.

　그는 그곳에 도착한 이후 우선 디오뉘시오스에게 철학의 예비적인 공부를 하게 하여 그가 철학공부를 할 수 있을지를 시험한다. 그러나 그는 기대만큼 그러한 것에 관심을 크게 기울이지 않다가 급기야는 그와 함께 지내며 철학공부를 하는 것조차 꺼린다. 게다가 주변의 모함도 많아져 상황은 더욱 악화되어 플라톤이 바라고 서로가 약속했던 디온에 대한 초청도 물 건너 가버리고 오히려 참주는 디온의 재산을 동결하고 디온에게 연례적으로 보내던 생활 보조금마저 끊어 버린다. 그래서 플라톤은 시칠리아를 떠나고자 청원하나 디온은 자신에게 미칠 비난을 두려워하여 그를 달래 다가오는 다음 해 항해기에 떠날 것을 간청한다. 그러나 실제로 그는 참주의 성에 감금된 상태였고 그 사이 참주는 디온의 재산도 디온의 승낙 없이 처분해 버린다. 게다가 헤라클레이데스, 테오도테스와 관련한 사건에 우연찮게 연루되면서 참주의 오해와 미움을 사서 신변의 위험마저 느끼게 된다. 이에 플라톤은 타렌툼의 실력자 아르퀴타스에게 사람을 보내 도움을 요청하고 급기야 그곳의 친구들이 사절을 보내 디오뉘시오스로 하여금 플라톤을 내보내도록 하여 결국 그는 아테네로 돌아오게 된다.

플라톤의 세 번째 시칠리아 방문이자 마지막 방문은 이와 같이 실패로 막을 내렸다. 그러나 시칠리아와의 인연은 이것으로 끝나지 않았다. 플라톤이 아테네로 돌아오자 디온은 자신의 부당한 추방과 망명에 맞서 디오뉘시오스에게 복수할 채비를 갖추자고 플라톤에게 도움을 청한다. 그러나 플라톤은 디온과 디오뉘시오스의 사이를 화해시키는 일이라면 몰라도 그 한쪽 편을 들어 싸우는 일은 이제 나이도 나이거니와 어쨌든 불행한 일이므로 그럴 수 없노라 거절한다. 그러나 스페우시포스나 에우데모스 등의 아카데미의 제자들은 이미 디온의 편이어서, 시라쿠사를 독재자의 지배로부터 해방하는 데 적극 동참하려 한다. 젊은 아리스토텔레스가 이 해방전에서 쓰러진 에우데모스를 위해, 같은 이름의 대화편을 쓴 것은 잘 알려져 있다. 디온은 이러한 사람들의 격려에 용기를 얻어 용병을 모집하여 마침내 시칠리아에 상륙해 지지자들과 합세해 시라쿠사의 해방을 선언하고 원정에서 돌아온 디오뉘시오스 2세를 훈계한 후 화해를 하고 다시 시칠리아를 개혁하는 전면에 서게 된다. 그러나 디온은 이후 디오뉘시오스 2세 일파의 모략과 더불어 참주 치하에서 오랫동안 병들어 있던 시민들의 해방 이후 통제되지 않은 방종 때문에, 그것을 치료하기 위한 엄격한 의사로서 끊임없이 그들과 싸워야만 했다. 그러나 해방된 시민들은 자신들의 욕망을 만족시켜 주는 민주적인 정치가로 헤라클레이데스를 내세워 다시금 시라쿠사는 혼란스런 정쟁에 휘말리게 된다. 이 과정에서 디온은 다시 권력에서 쫓겨나는 수모를 겪는다. 그러나 우여곡절 끝에 그는 다시 승리를 거두어 시라쿠사를 또 한 번 해방시키게 된다. 이후 디온은 플라톤이 '전 세계의 사람들이 당신만을 주목하고 있다'(『넷째 편지』 320d)라고 말할 정도로 시칠리아, 카르타고뿐만 아니라, 그리스 세계 전체에서 주목을 끄는 화제의 인물이 되었다. 그러나 디온은 위와 같은 정쟁과정에서 힘을 소진한 데다가 이후 마음의 병까지 얻어 급기야 자기 고향으로 돌아온 지 4년째 되는 기원전 354년에 자기가 가장 신뢰하고 있었던 동료 칼리포스에 의해 암살당하고 만다. 디온이 절친했던 자기 동료의 손에 죽게 된 배경을 두고 일부에서는 그가 정신 이상을 겪었던 것이 아닐까 추측하는 사람들도 있으나 정확한 사실은 알 수가 없다.

그러나 디온이 죽은 후에도 시라쿠사와 플라톤의 인연이 아주 끝나 버린 것은 아니다. 왜냐하면 플라톤은 디온이 죽은 후 여전히 시라쿠사의 개혁을 바라는 디온의 친지들이 남아 있었고 그들은 다시금 플라톤에게 도움을 요청하고 있었기 때문이다. 플라톤의 편지 중 『일곱째 편지』는 바로 그러한 친지들의 요청에 대한 답신의 형식으로 디온이 죽은 지 7년 뒤에 써진 것이다. 그렇다고 한다면 플라톤에게 있어 시칠리아는 그의 인생 종반기 거의 대부분을 끊임없이 붙어 다니며 흔들어 놓고 있었던 일종의 멍에이자 운명과도 같은 것이었다.

그러나 결국 디온과의 운명과도 같은 인연은 그의 죽음으로 참혹한 좌절을 고하게 되었다. 그러나 그 좌절이 반드시 플라톤 자신의 정치적, 혹은 정책적인 실패를 의미하는 것은 아니다. 왜냐하면 플라톤은 셋째, 일곱째, 여덟째 편지에서 일관되게 디온의 정치적 목적과 정책을 지지하고 있었고 디온은 여전히 그에 대한 신뢰를 기초로 시라쿠사를 개혁하려고 했었기 때문이다. 플라톤의 말대로 디온의 좌절은 예상되었던 것이라기보다는 '노련한 뱃사람도 생각지 못한 폭풍우 때문에 난파하는 것'(『일곱째 편지』 351d, e)과 같은 우연적인 것이었다.

다소 길게 다룬 감이 없지 않으나 분명 시칠리아 사건은 플라톤에게 있어 만년의 20년 중 4분의 3 이상의 세월에 걸쳐 일어난 중대사건이 아닐 수 없었다. 그러나 플라톤의 만년이 이것만으로 가득 차 있었던 것은 아니다. 오히려 플라톤의 만년 20년간에 이루어진 것 가운데, 가장 먼저 들지 않으면 안 되는 것은 그의 왕성한 저작 활동이라 아니할 수 없다. 『파이드로스』, 『파르메니데스』, 『테아이테토스』 등의 저작의 뒤를 이어 『소피스트』, 『정치가』, 『티마이오스』, 『크리티아스』, 『필레보스』, 『법률』 등 플라톤의 주요 작품들이 그 사이에 써졌던 것이다. 더구나 그것은 평온하고 안정된 환경 속에서 써진 것도 아니었다. 디온이 시라쿠사로 돌아간 후에도 플라톤은 여전히 시라쿠사 소식에 애를 태우고 있었고 더구나 『열셋째 편지』(361d)를 믿는다면, 플라톤은 조카딸들의 어린아이들까지 돌보지 않으면 안 될 처지에 있었기 때문이다. 어쩌면 플라톤은 말년에 조카딸들의 어린아이들이 보채며 울부짖는 소리를 들어가면서 집필에 몰두했었을지도 모른다. 다만 이러한 상상을 하기 위해서는, 과연 아카데미에서 가족들이나 친족들과 함께 사는 것이 가능했을까가 문제가 되겠지만 그에 관계없이, 아이들의 존재는 노년의 플라톤에게 있어서 무거운 짐이 되었을 것이다.

어쨌든, 플라톤의 생애에는 어머니나 자매를 제외하고 여성이라곤 한 명도 등장하지 않는다. 소크라테스에게는 크산티페와 테오도테, 아리스토텔레스에게는 퓌티아스와 헤르퓌리스라는 여성이 이야기되곤 하지만 평생을 독신으로 산 플라톤에게는 그런 사람은 물론 사실 여부와 관계없이 유명인사에게 늘 따라다니는 여성 스캔들 관련 일화조차 없다. 게다가 그는 예상과 달리 동성애에 대해서도 매우 비판적이었다. 아마도 그는 그의 철학이 갖는 엄격함만큼, 마치 수도승처럼 경건하고도 금욕적인 태도로 평생을 살아간 것으로 보인다.

그러나 플라톤이 시라쿠사에서 완전히 돌아온 이후 그의 마지막 10여 년의 생애와 관련해서는 그가 아카데미에 처박혀 연구와 저작에 몰두했다는 것 그리고 사적으로는 그렇게 편안한 환경은 아니었을 것이라는 정도의 내용을 빼고는 사실 거의 알려진 게 없다. 그런데 여기서 좀 우리가 눈여겨볼 것이 있다. 사실 우리는 플라톤의 철학이나 시칠리아 방문을 통해서 보여 준 그의 행적으로 보아 그가 정치현실에 대해 결코 관심을 끊어 버릴 사람이 아니라는 것에 결코 이의를 달지 않을 것이다. 그러나 그럼에도 불구하고 그는 그의 말년에 진행된 격동의 아테네 정치 현실 속에서조차 믿기지 않을 정도로 침묵으로 일관하고 있다. 어쩌면 그는 기원전 399년의 소크라테스의 처형을 절망 어린 눈으로 지켜본 이래, 아테네의 정치에 발을 끊고 오직 철학적 탐구와 교육에만 전념하는 것이 자신의 천성에 맞는 시대적 직분이라고 생각했던 것인지도 모른다. 그러나 그의 나이 60이 넘어 감행한 시칠리아행은 아테네의 정치현실보다, 아득한 서방 시칠리아의 정치현실에 더 관심을 기울이는 그 자신의 기묘한 이중성을 보여 주는 것이기도 하다. 특히 플라톤이 시라쿠사에서 돌아온 이후 죽을 때까지의 기간은 실로 아테네로서는 나라의 존망이 걸려 있는 심각한 위기의 시절이었음에도 플라톤 말년의 아테네 정치현실에 대한 그의 일관된 침묵은 참으로 당혹감을 안겨다 주는 일이라 아니할 수 없다. 사실 그즈음 동시대의 아테네 지식인 이소크라테스(기원전 436~338년)는 『축제 연설(*Panegyricus*)』(기원전 380년) 이래, 수많은 논설을 통해서 분열과 몰락의 위기에 빠진 그리스 세계의 새로운 결속에 힘을 기울여 플라톤이 죽은 바로 다음 해인 기원전 346년에는 신흥 마케도니아의 왕 필리포스에게서 그 희망의 단초를 찾으려는 『필리포스에게 보내는 공개장(*Philippos*)』을 발표하기도 했으며, 또 이에 대항하여 동시대 같은 아테네 지식인 데모스테네스(384~322년)는 플라톤이 죽기 4년 전인 기원전 351년에 이미 마케도니아의 위협과 필립포스의 야심에 대한 아테네 시민의 각성을 촉구하는 논설을 발표하고 있었던 것이다. 그러나 만년의 플라톤은 비록 제자들을 통해서 현실정치를 개혁하려는 자신의 꿈을 지속적으로 실천해왔긴 하지만 그 자신은 이러한 절체절명의 정세 속에서도 아카데미에 파묻혀 집필과 교육에만 몰두했던 것이다. 그는 어떤 생각에서 그렇게 처신했을까? 시칠리아에서 겪은 환멸과 좌절이 현실정치에 대한 그의 의욕을 꺾어 버린 것일까? 혹은 정치적 행동을 하기에는 이미 늙어 버린 자신의 운명을 감지하고 있었던 것일까? 아니면 되돌릴 수 없는 그리스의 운명과 세계사의 새로운 흐름을 이미 내다보고 있었던 것일까? 유감스럽지만 이것을 확인해 줄 만한 어떠한 것도 우리는 갖고 있지 않다. 분명한 것은 어쨌든 플라톤의 죽음을 전후해 아테네의 정세는 급속히 변화하기 시작했고 플라톤은 그러한 와중에 세상을 떠난 것이다. 이것은 그에게 있어서 오히려 행운이었다. 정치적 현실에 침묵하며 서가에 처박혀 써 내려간 자신의 저작들이 이미 기울 대로 기울어 버린 당대의 그리스적 현실을 넘어 인류 일반의 정치적 현실에 대한 철학적 통찰로 영원히 살아 있기를 그는 소망했을 것이고 그 소망은 그 후 현실이 되었기 때문이다.

5. 플라톤의 죽음

플라톤의 죽음에 관해서는 '결혼식 피로연에서'(DL III, 2)라는 설과 '집필 중에'(키케로 『카토 또는 구시대에 관하여(*Cato Maior seu De senectute*)』 13)라고 하는 두 가지 전승이 있다. 그러나 이 둘은 반드시 모순되는 것이 아니다. 집필 활동 중에 어느 날 결혼식 피로연에 참석했다가 죽음을 맞이할 수도 있기 때문이다. 이 밖에, 1752년 남이탈리아의 폼페이 북쪽 근처에서 발견되어 1902년 메크라에 의해 발간된 파피루스를 토대로 플라톤 임종 광경을 그려 내려는 시도도 있었다. 그곳에는 비록 훼손된 문장 가운

336

데 이어진 것들이긴 하지만 '열이 있었다', '죽었다' 등의 말이 나와서 노령의 플라톤이 카르다이아에서 온 손님을 접대하고 있다가 혹은 그 직후에 죽음을 맞이한 것은 아닐까 상상되는 부분이 있다. 그리고 같은 파피루스 문서의 또 다른 곳에는 플라톤이 노래를 듣다가 열이 더 높아지면서 졸음을 참지 못해 잠이 드는 광경도 그려져 있다. 이 광경이 앞서 인용한 파피루스의 '열이 있었다', '죽었다' 등의 말과 어떻게 연결되는지 알 수는 없지만 만약 관계가 있다면, 분명 플라톤은 열병을 앓고 있었고 노래는 접대 혹은 병과 관계된 주술 음악으로도 해석될 수 있을 것이다. 만약 이것이 플라톤의 죽음과 연관된 광경이 맞다고 한다면 주변에 누가 있었는지는 몰라도 다소 외로운 느낌이 든다. 그러나 이러한 파피루스로부터 소설 같은 이야기를 만드는 것은 어려운 일이 아니다. 더구나 옛날 사람들은 사람이 어떻게 죽어 갔는지에 대해 흥미를 갖고 그 임종 사례를 자세히 기록하는 경우(예를 들면 DL IX 3~4)도 있었으므로 이것도 그러한 기록의 하나였을지 모른다. 그러나 그것이 어디까지 진실인지는 물론 아무도 모른다.

디오게네스 라에르티오스에 의하면(DL III 41~43) 플라톤 역시 당시 관습에 따라 유언장을 남겼는데 주로 유산과 관련된 내용들이다. 플라톤은 유산으로서 토지 두 필지와 다른 재산으로서 은화 3므나, 165드라크마 무게의 은 접시, 45드라크마 무게의 잔, 4드라크마 3오볼로스 나가는 금반지와 금 귀걸이를 남겼고,

빛은 없었지만 석공인 에우클레이데스에게 3므나 빌려 주었다고 적었다. 그리고 하인과 관련해서는 아르테미스라고 하는 이름의 여자 하인은 해방시키고 다른 네 명의 남자 하인은 그대로 남겨 두라고 기록되어 있다. 남긴다는 것은 다른 사람에게 매도하지 말라는 뜻이다. 이 유언장이 정말 플라톤의 것이라면 플라톤의 말년은 그리 풍족하지 않았던 것으로 보인다. 그것은 아리스토텔레스가 남긴 유산과 비교하면 정말 초라하기 그지없는 수준이다. 설사 위작이라고 생각해도, 플라톤의 유언장은 누가 지어낸 것치고는 너무 궁핍하다고 말하지 않을 수 없다. 유언장에는 그 밖에 특별히 흥미를 끌 만한 대목은 없다.

어쩌면 플라톤은 친척 크리티아스와 카르미데스가 주동이 되었던 30인 정권이 몰락하면서 수백 년을 이어온 명문가의 화려함은 끝이 나고, 기원전 4세기에 들어와서는 플라톤 스스로가 가문의 버팀목이 되면서 힘든 노년의 생활을 헤쳐 왔었던 것인지 모른다. 디오게네스 라에르티오스는 그의 무덤에 새겨졌다는 비문 몇 개를 싣고 있는데(DL III 44. 45) 끝으로 그중 2개를 소개하면 다음과 같다.

"사멸하는 자들 중 절제와 정의로운 품성에서 뛰어난 자,
바로 여기에 신적인 아리스토클레스가 눕다.
누군가가 모든 이로부터 지혜에 대한 위대한 명성을 얻는다면,

이 사람이 가장 많은 것을 얻을 것이고 질투는 뒤따르지 않을 것이다."

"그리고 만약 포이보스가 플라톤을 그리스에 태어나게 하지 않았더라면, 어떻게 인간들의 혼을 글로써 치유할 수 있었겠는가?
그리고 아스클레피오스가 이 육신의 의사이듯이,
플라톤은 혼의 의사로다"

이상이 전승에 기초해서 살펴본 플라톤의 전기적(biographical) 기록의 개요이다.

참고문헌

1. 일차 문헌

Cicero, *De Republica, De Legibus*, tr. by C. W. Keyes, Loeb Classical Library 1928.

Cicero, *Tusculanae Disputationes*, tr. by J. E. King, Loeb Classical Library 1945.

Cicero, *De Finibus Bonorum et Malorum*, tr. by H. Rakham, Loeb Classical Library 1914.

Cornelius Nepos, *Florus and Cornelius Nepos*, tr. by E. S. Forster & J. C. Rolfe, Loeb Classical Library 1984.

Diogenes Laertius, *Bioi kai gnōmai tōn en philosophia eudokimēsanōn, Lives of Eminent Philosophers*, tr. by R. D. Hicks, Loeb Classical Library 1925.

Ploutarchos, *The Parallel Lives*, tr. by B. Perrin, Loeb Classical Library 1916.

Westerink L. G.(ed), *Anonymous Prolegomena to Platonic Philosophy, Introduction, Text, Transl, & Indices*, Amsterdam 1962.

2. 이차 문헌

Burnet J., *Greek Philosophy*, Macmillan 1968(1st 1914).

Field G.C., *Plato and his Contemporaries*, Methuen & Co Ltd. 1967(1st 1930).

Gigon O., *Platon*, Ebd. Bd. II, 12, Bern 1951.

Gomperz T., Griechische Denker, 3Bände, Berlin−Leipzig(1st 1896) 1931.

Grote G., *Plato and the other Companions of Socrates*, Burt Franklin 1974(1st 1888).

Guthrie W.K.C., *A History of Greek Philosophy*, Vol. IV, Cambridge University Press, 1978.

Herter H., *Platons Akademie*, Bonn 1946. Horneffer E., Der Junge Platon, Giessen 1922. Howald E., Platons Leben, Zurich 1923.

Ritter C., *Plato: Sein Leben, Seine Schriften, Seine Lehre*, History of Ideas in Ancient Greece Series, Ayer Co Pub 1976.

Taylor A. E., *Plato the man and his work*, Methuen 1986(1st 1926).

Wundt M., *Platons Leben und sein Werke*, Jena 1924.

연대표

421 아테네와 스파르타의 니키아스 평화 협정

415~413 아테네의 시칠리아 원정(실패)

411 아테네에 400인 과두정 쿠데타

409 시라쿠사와 카르타고 간 전쟁 시작

407* 플라톤이 소크라테스 문하 젊은이 그룹에 합류

405 디오뉘시오스 1세가 참주로 등극

404 펠로폰네소스 전쟁 종료.

아테네 – 페이라이에우스 간 성벽 파괴.

아테네에 30인 참주의 공포 정치

403 30인 참주정 8개월 만에 전복되고 아테네에 민주정
회복

399 소크라테스의 재판과 죽음

387 플라톤의 제1차 시칠리아 여행.

아르퀴타스 등 피타고라스주의자들과 교류.

디온과 만남.

귀국 후 아카데미 설립

384 아리스토텔레스 탄생(~322)

367 아리스토텔레스가 아카데미에 합류.

디오뉘시오스 1세 사망.

디오뉘시오스 2세 즉위.

플라톤의 제2차 시칠리아 여행(~365)

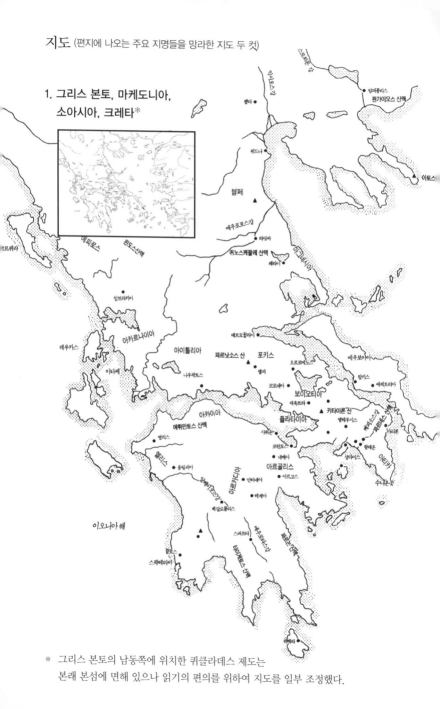

지도 (편지에 나오는 주요 지명들을 망라한 지도 두 컷)

1. 그리스 본토, 마케도니아, 소아시아, 크레타*

스트뤼몬 강
암피폴리스
판가이오스 산맥
펠라
이토스
퓌드나
마그네시아
템페
에우로포스 강
라리사
퀴노스케팔레 산맥
페라이
크르퀴라
에피로스
핀도스 산맥
크르퀴라
암브라키아
아카르나니아
에우로카스
아이톨리아
이타케
테르모퓔라이
파르낫소스 산
포키스
에우보이아
나우팍토스
델피
오르코메노스
칼키스
코로네이아
에레트리아
아카이아
에뤼만토스 산맥
플라타이아이
보이오티아
키타이론 산
엘레우시스
엘리스
테게온
시퀴온
올륌피아
알페이오스 강
코린토스
네메아
페라이
살라미스
이르기디아
아르골리스
아티카
인티네아
아르고스
팔레온
수니온 곶
메세니아
메가아
이오니아 해
스파르타
에우로타스 강
퓔로스
스파크테리아
타위게토스 산맥
퀴테라

---

* 그리스 본토의 남동쪽에 위치한 퀴클라데스 제도는
본래 본섬에 면해 있으나 읽기의 편의를 위하여 지도를 일부 조정했다.

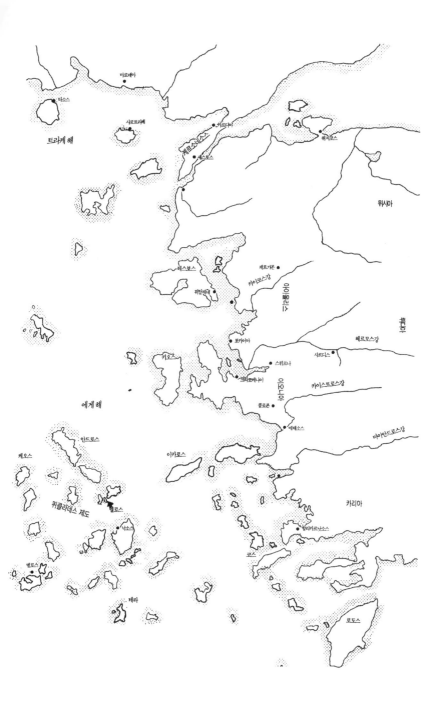

마로네아

타소스

트라케 해

사모트라케

케르소네소스

임브로스

렘노스

뷔잔티온

뮈시아

프로폰티스 해

헤스보스

헤르가몬

카이코스강

레스보스

뮈틸레네

스캄강

포카이아

키오스

스뮈르나

헤르모스강

사르디스

클라조메나이

카이스트로스강

콜로폰

뤼디아

에페소스

에게 해

안드로스

이카로스

마이안드로스강

케오스

델로스

카리아

퀴클라데스 제도

낙소스

할리카르나소스

멜로스

코스

테라

로도스

2. 남부 이탈리아와 시칠리아

─하워드(1932) 16쪽과 17쪽 사이에 있는 지도

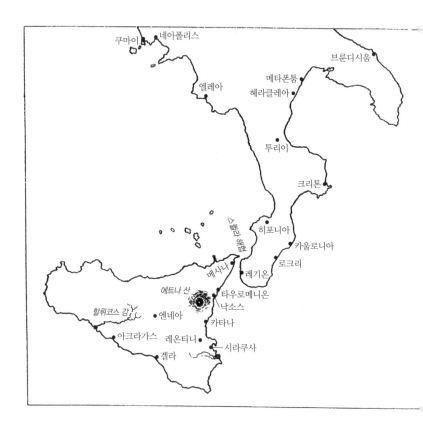

디오뉘시오스 가계도

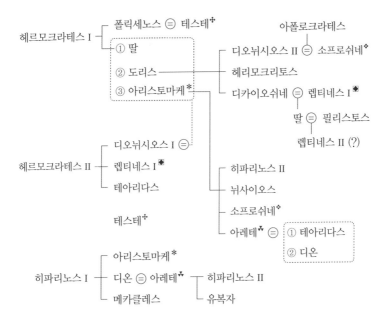

[일러두기]

· ⊜ : 혼인 관계 　　　· 원 번호 : 결혼 차수 　　　· 로마자 : 1세, 2세, …
· 그 밖의 기호들은, 기호가 같을 경우 동일 인물임을 나타낸다.

(출처: 하워드가 인용한 Holm, A., *Geschichte Siciliens*, Vol. II, Leipzig, 1874의 가계도를 적
절히 수정하였음.)

디오뉘시오스 전후의 시라쿠사 통치자 목록

겔론 1세   (기원전 491~478) – 데이노메네스의 아들

히에론 1세   (기원전 478~466) – 데이노메네스의 아들

트라쉬불로스   (기원전 466~465) – 데이노메네스의 아들

민주정   (기원전 465~415//405)

               헤르모크라테스 1세(기원전 415~410) – 헤르몬

               의 아들 디오클레스 (기원전 410~407)

               다프나이오스 (기원전 407~406)

디오뉘시오스 1세 (기원전 406/405~367) – 헤르모크라테스 1세의

               사위, 헤르모크라테스 2세의 아들

디오뉘시오스 2세 (기원전 367~357) – 디오뉘시오스 1세의 아들

디온   (기원전 357~354) – 히파리노스 1세의 아들

칼리포스   (기원전 354~352) – 필론의 아들

히파리노스 2세　(기원전 352~350) ─ 디오뉘시오스 1세의 아들

뉘사이오스　(기원전 350~346) ─ 디오뉘시오스 1세의 아들

디오뉘시오스 2세　(기원전 346~344) ─ 357년에 쫓겨났다가 이때 다시 복귀

히케타스 1세　(기원전 345~343)

티몰레온　(기원전 343~337) ─ 티모데모스의 아들

(이후 10명의 이름은 생략)

기원전 212년 로마에 의해 정복됨.

(출처 : http://en.wikipedia.org/wiki/List_of_Tyrants_of_Syracuse,
http://www.e-grammes.gr/rulers_en.htm에 나온 목록을 적절히 첨삭
하였음.)

참고문헌

Bluck, R. S. 1947, *Plato's Seventh & Eighth Letters Edited with Introduction and Notes*, Cambridge.

Bluck, R. S. 1960, "The second Platonic epistle", *Phronesis*, 5.

Bobonich, C. 2002, *Plato's Utopia Recast: His Later Ethics and Politics*, Oxford.

Brisson, L. 1987, *Platon Lettres*, GF Flammarion.

Burnet, J. 1914, *Greek Philosophy*, Macmillan, 1968.

Bury, R. G. 1929, *Epistles, in Plato: Critias, Cleitophon, Menexenus, and Epistles*, Loeb Classical Library. Harvard, 1999.

Cooper, J. M. 1997 (ed.), *Plato: Complete Works*, Hackett.

Field, G. C. 1930, *Plato and his Contemporaries*, Methuen, 1967.

Gaiser, K. 1980, "Plato's Enigmatic Lecture 'On the Good'", *Phronesis 25: in Gesammelte Schriften*, Academia Verlag, 2004.

Gigon, O. 1951, *Platon*, Ebd. Bd. II, 12, Bern.

Gomperz, T. 1895, *Griechische Denker*, Berlin–Leipzig, 1931.

Grote, G. 1865, *Plato and the Other Companions of Sokrates*, I, Burt

Franklin, 1974.

Guthrie, W. K. C. 1978, *A History of Greek Philosophy*, Vol. IV, Cambridge University Press.

Harward, J. 1932, *The Platonic Epistles*, Cambridge.

Herter, H. 1946, *Platons Akademie*, Bonn.

Horneffer, E. 1922, *Der Junge Platon*, Giessen.

Howald, E. 1923, *Platons Leben*, Zurich.

Morrow, G. R. 1929, "The theory of knowledge in Plato's seventh epistle", *The Philospbical Review*, Vol. 38, No. 4, pp. 326~349.

_____, 1962, *Plato's Epistles*, rev. ed., Bobbs–Merrill.

Post, L. A. 1925, *Thirteen Epistles of Plato*, Oxford.

_____, 1930, "Plato, Epistle VI. 322D", *The Classical Review*, Vol. 44, No. 4, p. 116.

Ritter C. 1976, *Platon: Sein Leben, Seine Schriften, Seine Lehre*, History of Ideas in Ancient Greece Series, Ayer Pub.

Roncalli, F. 1989, *Vatican City: Monumenti, Musei e Gallerie Pontificie*, Gestione Vendita.

Saunders, T. J. 1970, *Plato, The Laws: Translated with an Introduction*, Penguin Books.

Souilhe, J. 1977, *Platon oevres completes, tome xiii*, Les belles lettres.

Taylor A. E. 1912, "The analysis of EPISTEME in Plato's Seventh Epistle", *Mind*, New Series, Vol. 21, pp. 347~370.

_____, 1926, *Plato the man and his work*, Methuen, 1986.

Too, Y. L. 1995, *The Rhetoric of Identity in Isocrates: Text, Power, Pedagogy*, Cambridge.

Wundt M. 1924, *Platons Leben und sein Werke*, Jena.

이창우 · 김재홍 · 강상진(옮김) 2006, 『아리스토텔레스, 니코마코스 윤리학』, 이제이북스.

찾아보기

일러두기

- 본문의 내용을 파악하는 데 도움을 주는 용어에 국한했으며, 철학적인 용어라도 비철학적 의미로 사용될 경우에는 찾아보기에서 뺐고, 일상적인 용어라도 본문의 철학적 맥락을 이해하거나 해석하는 데 필요할 경우에는 찾아보기에 넣었다.
- 그리스어 표기는 단수를 원칙으로 했으나 복수 사용이 관례인 경우에는 그에 따랐다.
- 약호는 다음을 사용한다
  1) * : * 표시가 있는 부분은 그 대목에 해당 주석이 있음을 가리킨다.
  2) ☞ : 해당 항목에 가서 확인할 수 있다.
  3) → : 표제어에서 파생되거나 연관되는 낱말을 표제어 밑에 둘 때 사용한다.
  4) ─ : 표제어와 같은 낱말을 다른 말로 번역했을 때 사용한다.

갑자기 exaiphnēs 339c

강건하다 errōsthai 361c

강제 bia 329b,d, 335a

강제하다 anankazein 320e, 360d
　　cf. 필수적인

(거리가) 같은 isos 340b

같은 종교에 입문하다 myein 331e

개인생활 ta tōn idiōtōn 324a

거짓 pseudos 342b

거짓말을 하다 pseudesthai 317a /
　　katapseudesthai 317d

건강 hygieia 328c

건강하다 rhnnynai 308b

건설하다 katoikizein 314b, 317b /
　　oikizein 317d

건실한 → 건전한

건전한 / 건실한 hygiēs 308c, 320d,
　　353e, 356c

검토 elenchos 338b, 342b

검토하다 exelenchein 337e, 342b

겁쟁이 → 악*

겨루다 → 경연자가 되다

*겨룸 → 싸움

겪어 보다 → 노력하다(peirasthai)

겪어 보다 empeirōs echein 360c cf.
　　경험

경건한 / 고결한 hosios 349d, 354a
　　cf. 불경한 일을 행한 자

경멸 hybrisma 317b

경멸감 kataphronēsis 339e

*경연 → 싸움

경연자 agōnistēs 319a

경연자가 되다 / *겨루다
　　agōnizesthai 319a

경험 empeiria 321a cf. 겪어 보다,
　　실제 행동

경험이 부족한 apeiros 320e

경험한 empeiros 314d

계획하다 → 사고하다

고결한 → 경건한

고립 / 사라지는 상태 erēmia 319c,
　　351e

고상한 kompsos 316b

고정성 ametakinēton 341a

고쳐 부르는 노래 palinōidia 317e

고향을 떠나 있음 apodēmias 315a

공감 → 심정적 공감

공공연한 → 명백한

공동생활 syzēn 339c

공동의 / 함께 / 불편부당한 / 공적
　　(公的)인 koinos 321c, 352a,
　　353a, 355a, 355b, 355e, 356a,
　　356b cf. 친교, 사적(私的)인

공적(公的)인 dēmosios 314e cf. 공
　　동의, 사적(私的)인

공적(公的)인(koinos) → 공동의

공적활동 ta koina 323d

공포 phobos 331b, 335a

과도한 hyperballōn 352e cf. 적당
　　한, 적정한
과두정 oligarchia 319d, 324d, 325a
관장하는 자 → 다스리는 자
관직 → 권위
교양 → 교육
교양인답지 않은 amousos 321d
교유 synousia 308d~e, 309d, 313a,
　　325c~d, 330d, 339c, 342e
교육 / 교양 paideia 317c, 326a,
　　330d, 331c, 332b, 343a
구원자 sōtēr 332d
구원하다 / 지켜내다 / 유지하다 /
　　보관하다 sōzein 319e, 351c,
　　352b, 353d, 361e cf. 안녕
구하기 → 안녕
국가 → 나라
국사 ta poleōs pragmata 322c, 323a
궁정 kēpōs 317a
권력 → 능력
권력자 dynastēs 309a
권세 → 능력
권위 / 권력 / 정부/ 지배권 / 통치
　　권 / 관직 // 시작 archē 307a,
　　330c, 331a, 333e, 350c, 351c,
　　352b, 353d, 353e, 354e, 357b,
　　360d // 351d, 358a
권위 있는 // 주재자 / 지도자 kyrios
　　321c, 321d, 352c, 354c, 354d,

357a // 321d, 328d cf. 다스리
는 자, 시작하다, 권위 있는
귀담아 듣다 diakouein 336d~e
귀동냥하다 parakouein 337e
귀동냥한 것 parakoa 339b
귀동냥한 소리 parakousma 336d,
　　338b
귀히 여김 → 명예
규정 thesmos 353c
그리스를 사랑하는 사람 philehhēn
　　352a
그림으로 옮기다 deiknynai 341c
근본에서부터 anōthen 308e
글 grammasis 341d
글 grammata 308d, 342c
글로 옮겨 내다 / 글을 쓰다
　　graphein 339d, 342c
글로 옮길 수 있는 graphteos 339d
금강석 adamas 308a
기대감 / 희망 elpis 325d, 339e
기도(祈禱) euchē 350e, 351a, 355c
기도(祈禱)하다 euchesthai 357b
기병 hippeus 326b
기술 // 작품 technē 321a//339b
기억력 mnēmē 342a
기억력이 나쁜 amnemōn 342a
기억해 내기 위한 수단 hypomnēma
　　342d
기하학 공부 geōmetrein 317c

길러내다 trephein 339c

나라 / 국가 polis 307b, 328d,
    329c,d, 331b, 332e, 351c,
    352b, 354a, 355c, 355e, 357a,
    357b, 359b cf. 조국, 정치 체
    제, 시민
나랏일 ta tēs poleōs pragmata 314b
나랏일 / 정치문제 ta politika 316d,
    323c, 324a
나쁜 → 악
낙담하다 malthakizesthai 315c
낚아채다 harpazein 332d
남자다운 → 유능한(andreios)
남자다운 andrikos 357a cf. 유능한,
    용기
낭비하다 analiskein 324c
노고 ponos 338c, 302e
노력하다 / 시도하다 / …해 보다
    / 겪어 보다 peirasthai 321a,
    350b, 352a, 352c
노예 doulos 357a cf. 종살이
노예상태 / 예속상태 / 종살이
    douleia 331a, 334a, 352e
(쉽게) 논박되는 euelenktos 341c
논박하다 / 반박하다 elenchein
    317d, 341c~d
논변 → 말
논의 → 말

늑대의 우정 lykophilia 316e
능동적인 것 → 시
능력 / 할 수 있는 한도 / 힘 // 권력 /
    권세 dynamis 320d, 320e,
    321c, 321d, 350b, 360d //
    308e, 326a, 333d, 357b,
    352b, 354b

다스리는 자 / 지휘하는 자 / 관장
    하는 자 archōn 351b, 352d,
    354b, 354d cf. 권위, 지배자
다스리다 → 시작하다
다행스런 → 행운-(eutychēs)
담론 → 말 cf. 권위, 시작하다
당부 epistolē 335e
대가 → 정의 cf. 행운이 있다
대왕 basileus megas 361c
대중 hoi polloi 339d
대충 짐작하다 eikazein 322a
대화 → 말
대화를 나누다 → 대화하다
대화하다 / 대화를 나누다 / 이야
    기를 나누다 dialegesthai
    308e~309a, 352a, 360e, 361a
    cf. 말
더도 덜도 smikteron kai meizon
    341a
덕 aretē
덕 / *도움 ōphelia cf. 도움, 도움을

주다

덕 / 덕성 / 탁월함 / *덕(德) aretē
324c, 325b, 330c,d, 334b,
334d, 342a, 343b, 351b,
353b

덕성 → 덕

덕을 보게 하다 → 도움을 주다

도가 넘침 hyperbolē 324c

도시 asty 322c

도움 boētheia 354a

*도움 ōphelia → 덕

도움을 주다 / 덕을 보게 하다
ōphelein 320a, 320d, 358b,
358e cf. 덕, 도움이 되다

도움이 되다 / 혜택을 주다 oninanai
320a, 360a cf. 도움을 주다, 덕

돈 argyrion 359b, 361d

돈 chrēma 316e, 329a, 332b, 333a,
353b, 359c, 360a, 360c, 360d
cf. 부(富)

돈벌이 chrēmatismos 353b cf. 부(富)

돌보는 법 → 돌봄

돌보다 / 신경 쓰다 epimeleisthai
319c, 320e, 359a, 359b, 361d

돌보아지지 않음 atherapeusia 354b
cf. 돌봄을 베풀 줄 아는 정신
을 가진

돌봄 epimeleia 329b, 356b

돌봄을 베풀 줄 아는 정신을 가진 /

*친절한 therapeutikos 319b
cf. 소홀히 하다

돌팔이 atechnos 328d

동지 / 친구 hetairos 307c, 321d,
323b, 329e, 331d, 332a, 337e
cf. 외지 친구

동지애 hetaireia 326c,d, 331e cf.
돌보아지지 않음, 의사 노릇을
하다

동참하는 metochos 340e

뒤엎다 anatrepein 341d

드러내다 sēmainein 351a

뛰어나다 diapherein 318b, 318c,
318d

뜻을 같이 하다 homonoein 309b

마땅하다 prosēkein 318c

마땅한 → 정의로운

*마음 → 영혼

마음에서 우러난 → 자발적인 cf. 응
분의

마음을 쓰다 spoudazein 314a

만족 → 쾌락

말 → 목소리(phonē)

말 / 언사 / 이야기 / 주장 / 논변 /
논의 / 담론 / 대화 / 메시
지 / 전갈 / 이론 / 정의 / 해
명 logos 308c, 309c, 320a,
321b, 322a, 325a, 325c, 326a,

326c~d 327b,d, 328b, 330d,
331a, 333a, 336b, 337b, 337e,
338b, 340a~b, 340e, 341b~d,
342b, 344d, 344e, 350e, 351a,
352a (두 번), 352c, 353a, 353c,
353d, 360e, 361a, 361d, 346c
말로 옮기다 legein 339d, 341c
말로 옮길 수 있는 rhētos 339c~d
망각 lēthē 313c
망신 adoxia 307c
매진하다 / 신경을 기울이다
synteinein 314e, 338c
매진해야 하다 syntateon 338c
멋있는 → 아름다운
메시지 → 말 cf. 대화하다, 이야기를
들려주다
명민한 oxys 325a
명백한 / 공공연한 phaneros 318a,
318c, 360c, 361b cf. 분명한
명예 / 영예 / 존경 / 귀히 여김
timē 331d, 332b, 352c, 353b,
354a, 354c, 355c cf. 열망, 존
중하다, 존귀한
*명예에 대한 사랑 → 열망
명예욕 → 열망 336e
명예욕이 강한 philotimos 336d
모상 eidōlon 340b, 341c
모습 → 형상
목소리 // 말 phōnē 319d, 319e //

351e
몸 → 육체
못난 / 별것 아닌 / 형편없는
phaulos 356b, 357a, 358d
무던한 → 적당한
무법 anomia 334b
무엇임 to ti 341c
무역상 emporos 327e
무절제 aphrosynē 313c
무정부 상태 anarchia 352d
무지 amathia 334b
물체 → 육체
민망하다 → 부끄러워하다
민주정 dēmokratia 319d, 320a,
324d, 334d
민주파 dēmotikon 351e
민중 / 민회 dēmos 320a, 354d cf.
평의회
민회 → 민중

바람 → 욕구
반박하다 → 논박하다
밝혀 주다 → 보여 주다
방종 tryphē 325b
배우다 / 설명을 듣다 manthanein
340b, 341a, 341e
배울 것 / 학문 mathēma 338d, 339c
법 수호자 nomophylax 354d
법(률) nomos 322b, 323c, 324a, 324d,

불분명한 asaphēs 341b
불분명함 asapheia 341c
불빛 phōs 339c
불신 apistia 335b
불의한 → 부정한
불편부당한 → 공동의
불화 diaphora 334e
불화하다 diapheresthai 309b
비극시인 tragōdopoios 308a
비난 / 비방 / 중상 diabolē 307a,
　　314a, 314e, 316d, 317c
비난하다 kakēgorein 308d
비방 → 비난
비범한 → 신적인
비협조 akoinōnia 316e
빗나가다 diamarthein 308b

사고하다 noein 340b
사고하다 / 생각을 가지다 / 유념
　　하다 / 계획하다 / 생각하다
　　dianoeisthai 336d, 350b,
　　355a, 355b, 357a, 357c
사라지는 상태 → 고립
사랑 erōs 337e, 352d
사려 / 생각 / 지각 / 지성 nous 316d,
　　332b, 322e, 340c~d, 342d
사려 깊은 / 절도 있는 / 절제 / 절제
　　있는 sōphrōn 330e, 334b~c,
　　352e, 357a

사려 없는 aphrōn 353a
사려분별 → 분별(력)
사악한 kakos 323a phronimos 324c
사악한 ponēros 320d
사이가 틀어진 diaphoros 314e
사적(私的)인 idios 359e cf. 공적(公
　　的)인
사형 apothnēskein 322d
살육 sphagē 329d
삶 → 중재자
삼단노선 triērēs 315b, 336e
상스러운 agennēs 338b
상태 hēxis 337a, 341e~342a
새점(鳥占) oiōnos 334c
생각 → 사려(nous)
생각 logismos 338a
생각 noēsis 308a
생각 dianoia 321d, 322a, 324b, 326c
생각을 가지다 → 사고하다
생각하다 → 사고하다
생각한 것 nenoemenon 341a
생기다 paragignesthai 240a
*생성 → 존재
생활방식 diaita hē kata hēmeran
　　338e
생활양식 trophē hē kata hēmeran
　　338d
서문 prooimion 314a
선(善) → 좋은

선린 xenia 336c

선생 didaskalos 350e

선조 progonos 335c

설득 peithos 326d, 330a

설명을 듣다 → 배우다

섭렵 diagōgē 341e

성 / 아크로폴리스 akropolis 313e,
327e

성과 → 행위

성과를 얻어 내다 → 행하다

성문법 ta tōn nomōn grammata
323d

성의 eunoia 334c

성적 쾌락 aphrodisios 324c

성품 tropos 354a

성품 / 성향 / 품성 ēthos 314a, 318d,
320d, 321a, 323c~d, 328a,
340d, 356c

성향 → 성품

성향 → 상태

소리 phōnē 340c

소용 / *필요 chreia 320c

소원함 allotriotēs 316d

소질 → 본성

소홀히 하다 amelein 320e

손님 → 외지 친구

손님을 살해한 자 xenophonōn
334d

수동적인 것 pathēma 340d

수치 aischunē 327b, 331c, 332a cf.
돌보다

수치스런 / 치욕 aischros 315d, 331c

수행 / 대상 / 주제 pragma 338c,
338e, 339a, 339c, 342a

술어 rhēma 340b, 341b

쉬 배우는 능력 eumatheia 342a

습속 → 성품

승리 nikē 331c

시 // 능동적인 것 poiēma 308a,
309a, // 340d

시각 opsis 342b

시금석 basanos 353c

시도 epicheirēsis 339e

시도하다 → 노력하다

시민 politēs 351b, 353e, 354e, 358d

시의적절한 kata kairon 307c

시인 poiētēs 309a-b cf. 국가, 정치
체제

시작 → 권위

시작하다 // 다스리다 archein //
archesthai 351a, 361b // 351a,
352d

시장 agora 322c

시험 peira 338b, 339a cf. 국가

신 theos 318b, 318c, 319e, 320c,
321c, 321d, 351a, 351b, 352e,
353e, 355c, 357b, 361b

신경 쓰다 → 돌보다

신경을 기울이다 → 매진하다

신령 daimōn 334b

신묘한 semnos 339e

신성모독적인 atheotēs 334b

신적인 / 비범한 theios 338c, 351b

*신화를 이야기해 주다 → 이야기를 들려주다

실재 ousia 342a

실제 → 실제 행동

실제 경험 → 실제 행동

실제 사태 → 실제 행동

실제 행동 / 실행 / 행동 / 행위 / 실제 경험 / 실제 사태 // 작품 / 실제 ergon 321d, 323a, 326c, 331b, 341c, 352a, 352b, 353c, 355a, 360e // 359a

실천 → 행위

실행 → 실제 행동

실행하다 → 행하다

심정적 공감 / *열망 prothymia 318a cf. 열망하다

싸움 / *경연 / *겨룸 agōn 318b cf. 투쟁, 전쟁

아는 사람들 gnōrimoi 322d cf. 투쟁, 전쟁

아름다운 / 잘 / 멋있는 kalos 318a, 318b, 320d, 332e, 357b, 358a, 360d

아주 나쁜 pankakos 352e

아주 좋은 panagathos 352e cf. 좋은

아크로폴리스 → 성

아테네 사람들 Athēnaioi 330b, 331d, 332

악 / 악한 / 사악한 / 나쁜 / 재앙 / 해악 / 화 kakos 315d, 316d, 320e, 323a, 324b, 333a~b, 334b, 335a~b, 350d, 350e, 351d, 354c cf. 악

악 / 악덕 / 겁쟁이 kakia 327a, 330c, 342a cf. 좋은

악덕 → 악

악한 → 악

안녕 / 구하기 sōtēria 351b, 354c cf. 구원하다

안정을 위한 sōtērios 352b

알아내다 aneuriskein 339e

앎 epistēmē a~b, 341d

앎의 대상 gnoston 340a

암시 endeixis 339e

야만스럽게 만들다 ekbarbaroun 351a cf. 이방인

야망 → 열망

야심 philonikia 354b

약속 hyposchesis 316b

양육 trophē 341c

어떠어떠한 → 어떠어떠함

어떠어떠함 / 어떠어떠한 것

to poion ti 310e, 340e, 341b~c

어려운 문제 aporia 341c

언사 → 말

여담 planos 342d

연마 tribē 342b

열망 / 야망 / 명예욕 / *명예에 대한
사랑 philotimia 318a, 318e,
336e

*열망 → 심정적 공감

열망하다 prothymeisthai 357c

염두에 두다 dianoeisthai 338d

염치 / 외경 / 존경심 aidōs 321b,
335a, 338a

영예 → 명예

영입하다 parakalein 334d, 335d

영혼 / *혼 / *마음 psychē 329b,
331b, 332b,d,e, 333a,b, 339d,
340c~d, 341c~d, 342d, 343c,
349d, 353b, 355b, 361a

예속상태 → 노예상태

오만 hybris 313c

온건한 → 적당한

올곧은 epieikēs 318b

올바른 orthos 324a,b, 325c, 328d,e,
332e, 334e

왕 basileus 330b,331b, 352b, 352c,
353e, 354a, 354b, 354d, 354e
cf. 대왕

왕권 / 왕의 권력 basilikē archē

352b, 353e

왕의 권력 → 왕권

왕의 지위를 가진 basilikos 352c

왕정(王政) basileia 313d, 317d, 352a

외경 → 염치

외국인 → 외지 친구

외지 친구 / 손님 / 외국인 xenos
316e, 327b, 337e, 360a cf.
친구, 친구로서의

욕구 / 바람 epithymia 322a~b,
323b, 325d, 326a,b, 328b,
329c, 335b

용감한 → 유능한 334b

용기 andreia 318b

용기 tolma 326c cf. 유능한

*용기 있는 → 유능한

용병 hoi misthophoroi 313e

우둔함 dysmatheia 313c

우애 → 우정(philia)

우애 philotēs 321c cf. 우정, 친구

우연 → 행운(tychē)

우유부단 rhaithymian 315d

우정 xenios 326c cf. 우애, 친교, 친
구

우정 / 우애 / 우호 philia 321b, 326e,
331d, 336c, 337d

우호 → 우정

운명 → 행운(tychē)

운명 moira 335d

운영하다 / 처리하다 / 추구하다
　　diōkein 307a, 308e, 323d
원 (자체) kyklos 340b~c, 341a
원망을 사다 apechthanesthai 315a
원수 / 적 echthros 326d, 350c, 350e,
　　355a
원수짐 echthra 335b cf. 적
원인 aition / aitia 321d, 351b, 351d
위해 zēmia 307b
유념하다 → 사고하다
유능한 hikanos 350e
유능한 // 남자다운 / 용감한 / *용
　　기 있는 andreios 319e, 328d,
　　334b cf. 남자다운, 용기
유사성 homoiotēs 340d
유익한 sympherōn 320a, 350b,
　　350e, 353d
유지하다 → 구원하다
육체 / 몸 / 물체 sōma 329b, 333a,
　　340c, 353b, 356e
은덕 / 감사 charis 351c, 353e
응분의 / 적정한 prosēkōn 318b,
　　319b cf. 마땅하다
(참된) 의견 / 평판 / 명상/ 결정사
　　항 doxa 318b, 338d, 340c,
　　342e, 344d, 358d, 360d
의사 iatros 328d
의사 노릇을 하다 iatreuein 318e cf.
　　치유책, 치유 불가능한, 돌봄

을 베풀 줄 아는 정신을 가진
이로움 ophelos 339e
이론 → 말
이름 onoma 340b, 341a~b, 342b
이민족(異民族) / *오랑캐 / *이방
　　인 / *야만인 barbaros 317d,
　　329e, 330b,e, 333d, 334a,
　　353d, 353e, 354b, 355a
이방에서 온 사람들 othneios 330a
이생 ta nyn 332e
이야기 mythos 342d
이야기 → 말(logos)
이야기를 나누다 → 대화하다
이야기를 들려주다 / *신화를 이야
　　기해 주다 mythologein 350e
　　cf. 말
이유 → 말
이익 kerdos 332d
이주 metastasis 336b, 354e
인공적인 skeuazos 340d
인류 ta anthrōpina genē 324b
인사말 prosrēsis 313b cf. 종살이
인사말을 하다 prosagoreuein 313b
　　cf. 노예
인정받다 dokimazein 308a
인척관계 / 친족성 syngeneia 332b,
　　340d
일인 군주 monarchos 315c
일인정 monarchia 319d, 320a

입법가 / 법률가 nomothetēs 330b, 342c

(참으로) 있는 것(들) / 실재 ta onta 340a, 340e, 341b, 342c

잊다 epilanthanein 342e

자발적인 / 마음에서 우러난 hekōn 352c, 354a, 354b

자연적으로 kata physin 340d

자유 / 해방 eleutheria 331b, 352d, 352e, 353d, 355a

자유로운 / 자유인 / 자유인다운 eleutheros 322b, 332b, 343c, 352d, 352e, 357a, 361e

자유롭게 만들다 eleutheroun 353e, 354a

자유인 → 자유로운

자유인다운 → 자유로운

자질이 없는 aphyēs 336d

작위적인 plastos 317c

작품 → 실제 행동(ergon)

작품 → 기술

잘 → 아름다운

잘 지내다 eu prattein 307a, 308b, 317e, 319c, 320c, 321d, 350b, 355d, 356b, 356d, 357c, 358a cf. 강건하다

잘못 ta hamartēmata 333a

장인(匠人) dēmiourgos 359a

재앙 → 악

저술 syngramma 342c

적 → 원수

적 polemios 350c, 350d, 351a, 354b, 355b

적당한 / 온건한 / 무던한 metrios 320e, 352e, 359e

적도(適度)를 벗어난 ametros 352d, 352e

적절하게 emmelōs 335e

적절한 euschēmōn 359b, 359c

적정한 → 응분의(prosēkōn)

적정한 emmetros 352e

전갈 → 말

전권을 가진 (직위) autokratōr 307b, 351b cf. 참주

전쟁 polemos 351a, 351b, 354d, 357b cf. 싸움, 투쟁

전쟁의 polemikos 320d, 351b, 절도 있는 → 사려 깊은

절제 → 사려 깊은

절제 있는 → 사려 깊은

젊은이들 neōi 322b, 324b, 326b,d

정당한 → 정의로운

정부 → 권위 307a

정부 / 정치체제(politeia)

정의 dikaiosynē 318b 333c,d

정의 ta dikaia 326e, 332d, / dikē 327b

정의 / 대가 dikē 321b, 351c
정의(定義) → 말
정의로운 / 마땅한 / 정당한 dikaios
 318b, 319c, 321a, 321d, 322d,
 324a, 324d, 326c, 334a~b,
 351c, 352a, 353d, 354e, 359c,
 360c cf. 부정한
정치 → 정치체제
정치체제 / 정치 / 정부 politeia 318d,
 319d, 319e, 322b~d, 323a,
 324a, 324d, 328d~e, 329d~e,
 330e, 349c, 353d, 354d, 357a
정치문제 → 나랏일 316d
제도 epitēdeuma 323d
조건 → 말
조국 patris 320a, 354b, 356a
조언 symboulē 319c, 320b, 320c,
 335e, 350c, 350e, 352a, 353a
조언의 → 조언자
조언자 / 조언하는 / 조언의
 symboulos 319d, 320b, 321b,
 351b, 352a
조언하는 → 조언자
조언하다 symbouleuein 319c, 320a,
 320b, 321a, 324e, 328c~e,
 329a~d, 330c, 331a, 334c,
 350b, 350d, 351c, 352d, 353a,
 355b, 357a cf. 노예, 자유
존경 → 명예

존경심 → 염치
존귀한 entimos 353b cf. 명예
존재 / *생성 genesis 356a cf. 형태,
 적절한
존중하다 timan 318c
종사해온 일 diatribē 327b
종살이 → 노예상태
종살이의 douleion 352d
종속되다 doulousthai 332c
좋은 / 훌륭한 / 선(善) agathos 320c
 (tychē agathē 행운: 좋은 운명),
 321c, 326e, 322a, 322b, 326b,
 328b, 332d, 333a, 333d, 334e,
 350d, 352b, 357b, 357d, 359a,
 360d cf. 아주 좋은, 악
좋은 모양새 euschēmosynē 318c
 cf. 형태, 좋은 모양새
주도권을 잡다 kratein 341d
주문(呪文) epōidē 321b
주장 → 말
주재자 → 권위 있는
주제 → 수행(praxis)
중무장 보병 hoplitēs 26d
중상 → 비난
중상하다 diaballein 313e, 315d
중심 meson 340b
중재자 diaitētēs 352a
중재자 // 삶 diaitētēs 352a // 357a
중후한 embrithēs 326c

증오 misein 335b

증인 martys 314e, 331d

지각 → 사려

지내다 → 잘 지내다

지도자 → 권위 있는

지배권 → 권위

지배자 hēgemōn 321d

지성 → 사려

지켜내다 → 구원하다

지혜 sophia 320d, 320e, 330c, 356c, 358b

지혜 사랑 / 철학 philosophia 324a, 326a,e, 327b, 328b, 331e, 333d, 336b~d, 337a~b, 337d, 338b, 338d, 343d, 345e, 356c, 361c

지혜 사랑에 힘쓰다 → 지혜를 발휘하려 애쓰다

지혜롭다 / 현자 sophos 309a, 352b, 356c

지혜를 발휘하려 애쓰다 / 지혜 사랑에 힘쓰다 / 철학적 탐구를 하다 /철학하다 philosophein 321c, 321d, 324b, 358e, 361c

지혜를 사랑하는 philosophos 338c~d

지휘하는 자 → 다스리는 자

진상 → 진실

진실 t'alēthē 308d, 317a

진실 / 참으로 alētheia 318b cf. 진실, 참된

진실 / 진상 / 참다운 / 참된 (것) / 진실인 / 참된 alēthes 320e, 325d, 328a, 333d, 341c, 342b, 353c, 356c, 359b cf. 진실

진실되게 alēthōs 324a

진실인 → 진실 cf. 심정적 공감, 열망

진심 → 진지함

진지한 spoudaios 342c

진지한 바람 → 진지함

진지함 / 진심 / 진지한 바람 spoudē 318a, 319a, 321d, 361b

질탕 먹고 마시는 것 euōchia kai potos 324c cf. 진실

질투심 phthonos 314e

징표 symbolon 358a, 361b

참다운 → 진실

참된 (것) → 진실

참으로 → 진실

참주 tyrannos 307b~308a, 327c, 327e, 338b, 348c, 351b, 352a, 352b, 352c, 354a, 358a

참주로 지배하다 → 참주이다

참주이다 / 참주로 지배하다 tyranneuein 352a

참주정 / 참주정권 tyrannis 313d,
    324d, 325b, 327b, 331c, 350c,
    351c, 352c, 352e, 354a, 355b
참주정권 → 참주정
참주파 tyrannikon 351e
찾다 zētein 308e
책임을 지는 / *법의 지배를 받는
    hypeuthynos 353e
처리하다 → 운영하다
철학 → 지혜 사랑
철학자 philosophos 326b
철학적 탐구를 하다 → 지혜를 발휘
    하려 애쓰다
철학하다 → 지혜를 발휘하려 애쓰다
초인간적인 힘 kreissōn 324e
추구하다 → 운영하다
추론하다 logizesthai 355b
추방 ekbolē 331c, d, 334a
추방 phygē 329d, 336a
축복 makariotēs 325c cf. 우정, 공
    동의
축출하다 ekballein 314d
치욕 → 수치스런
치유 불가능한 aniatos 320b, 350c
    cf. 의사 노릇을 하다
치유책 pharmakon 351e, 352b
친교 koinōnia 321c cf. 다스리는 자
친구 → 동지
친구 epitēdeios 308b~c, 359c,

    359d
친구 / 친분 있는 philos 308a, 319a,
    320d, 322d, 329e, 331d~e,
    332b~c, 334c, 350d, 350e,
    353a, 355c, 356a cf. 외지 친
    구, 우정, 우애
친구로서의 / 친구의 모습을 한
    xenikos 319c, 355a
친구의 모습을 한 → 친구로서의
친분 있는 → 친구(philos)
*친절한 → 돌봄을 베풀 줄 아는 정
    신을 가진
친족 간인 syngenēs 342a
친족성 → 인척관계
친척 / 가족 / 가까운 사이인 oikeioi
    321d, 322d, 338c

쾌락 hēdonē 315d, 325b, 333b,
    335c, 353a
쾌활함 paidia 321d cf. 싸움, 전쟁

탁월함 → 덕
탈바꿈하다 apallattesthai 354b
탈바꿈하다 / (…한 상태로) 들어가게
    되다 / 변심하다 metaballein
    316e, 351e, 352b, 352c
통치권 → 권위
투쟁 machē 350c
특권 exousia 315d

특별한 비밀의식에 참여하다
　　epopteuein 331e

파벌 싸움 stasis 335b
판결 krisis 317d
편지를 보내다 epistellein 315a
평등한 isonomou 324d
평온 hēsychia 329d
평의회 boulē 354d cf. 민중
평판 → 의견
평화 eirēnē 315a
포획하다 perilambanein 342d
품성 → 성품
필연적인 → 불가피한
*필요 → 소용
필요한 → 불가피한

하늘 ouranos 324c
학문 → 배울 것 339c
한결같은 homophradmōn 308a
…할 수밖에 없는 anankē 357c cf.
　　필수적인
할 수 있는 한도 → 능력
함께 → 공동의
함께 지내다 syngignesthai 321a,
　　358c
합당하게 eikotōs 335e
합의 homologia 315a
해명 → 말

해명 apologia 314b, 316e
해방 → 자유 cf. 행복한
…해 보다 → 노력하다
해악 → 악(kakos)
해악 blabē 315d
행동 → 실제 행동
행동을 보이다 → 행하다
행복이라 여겨지는 것 eudaimonisma
　　352c cf. 행복한
행복한 eudaimōn 321d, 324b, 325d,
　　332e, 333e, 352d, 353c cf. 행
　　복이라 여겨지는 것
행운 / 다행스런 eutychēs 335d,
　　355d, tychē 324a
행운 / 운명 / 우연 tychē 320c, 324e,
　　325e, 335e, 351b, 354b cf. 다
　　행스런
행운의 신 theia tis tychē 334e
행운이 있다 eutychein 319c, 320c,
　　357c
행위 → 실제 행동
행위 / 수행 / 실천 / 성과 praxis
　　318a, 319e, 338d, 351b,
　　355b, 357b
행하다 dran 350d
행하다 poiein 321c cf. 잘 지내다
행하다 / 실행하다 / 성과를 얻어 내
　　다 / 행동을 보이다 prattein
　　318b, 319b, 320b, 355b, 355e,

356a, 360c

향응을 즐기다 xenizein 331e

허약함 asthenes 340e

혁명 metabolē 322c, 323b

현자 → 지혜롭다

협력하다 koinōnein 321d

협약 synthēkē 321c

형상 // 모습 eidos 320d // 352c

형태 schēma 354b

형편없는 → 못난

혜택을 주다 → 도움이 되다

호기 kairos 322b, 325e

호방함 megaloprepeia 318b

호의를 품은 eumenēs 342b

*혼 → 영혼

화 → 악

확고한 → 변함없는

확실하게 enargēs 336e

환관 eunouchos 330a

환대 euergesia 330a

활동 → 행위

황금 chrysos 322e

훌륭한 → 좋은

흔들리지 않는 → 변함없는

희망 → 기대감

힐난하다 memphesthai 317a

힘 → 능력

힘 rhmē 318b

그리스어 – 한국어

adamas 금강석

adikēmata 부정

adikos 부정한

adoxia 망신

agathos 좋은

agennēs 상스러운

agōn 싸움

agōnistēs 경연자

agōnizesthai 경연자가 되다

agora 시장

aidōs 염치

aischros 수치스런

aischunē 수치

aischynesthai 부끄러워하다

aisthēsis 감각

aition 원인

akoinōnia 비협조

akropolis 성

alētheia 진실

alēthes 진실

alēthōs 진실되게

allotriotēs 소원함

amathia 무지

amelein 소홀히 하다

ametakinēton 고정성

ametros 적도(適度)를 벗어난

amnemōn 기억력이 나쁜

amousos 교양인답지 않은

analiskein 낭비하다

anankaios 불가피한

anankazein 강제하다

anankē …할 수밖에 없는

anarchia 무정부 상태

anatrepein 뒤엎다

andreia 용기

andreios 유능한

andrikos 남자다운

aneuriskein 알아내다

aniatos 치유 불가능한

anomia 무법

anosios 불경건한

anosiourgos 불경한 일을 행한 자

anōthen 근본에서부터

anthrōpina genē 인류

apallattesthai 탈바꿈하다

apechthanesthai 원망을 사다

apeiros 경험이 부족한

aphrodisios 성적 쾌락

aphrōn 사려 없는

aphrosynē 무절제

aphyēs 자질이 없는

apistia 불신

apodēmias 고향을 떠나 있음

apologia 해명

aporia 어려운 문제

apothnēskein 사형

archē 권위

archein 시작하다

archōn 다스리는 자

aretē 덕

argyrion 돈

asapheia 불분명함

asaphēs 불분명한

aschēmōn 볼썽사나운

asebēs 불경죄

asthenes 허약함

asty 도시

atechnos 돌팔이

Athēnaioi 아테네 사람들

atheotēs 신성모독적인

atherapeusia 돌보아지지 않음

atimōs 불명예스럽게

autokratōr 전권을 가진 (직위)

barbaros 이민족(異民族)

basanos 시금석

basileia 왕정(王政)

basileus 왕

basileus megas 대왕

basilikē 왕권

basilikos 왕의 지위를 가진

bebaios 변함없는

bia 강제

blabē 해악

boētheia 도움

boulē 평의회

charis 은덕

chreia 소용

chrēma 돈

chrēmatismos 돈벌이

chrysos 황금

daimōn 신령

deiknynai 그림으로 옮기다

dēlos 분명한

dēloun 보여 주다

dēmiourgos 장인(匠人)

dēmokratia 민주정

dēmos 민중

dēmosios 공적(公的)인

dēmotikon 민주파

diaballein 중상하다

diabolē 비난

diagōgē 섭렵

diaita hē kata hēmeran 생활 방식

diaitētēs 중재자

diakouein 귀담아듣다

dialegesthai 대화하다

diamarthein 빗나가다

dianoeisthai 사고하다

dianoeisthai 염두에 두다

dianoia 생각

diapherein 뛰어나다

diapheresthai 불화하다

diaphora 불화

diaphoros 사이가 틀어진

diasōzein 보전하다

diatribē 종사해 온 일

didachē 가르침

didaskalos 선생

dikaia 정의

dikaios 정의로운

dikaiosynē 정의

dikastērion 법정

dikē 정의

diōkein 운영하다

dokimazein 인정받다

douleia 노예상태

douleion 종살이의

doulos 노예

doulousthai 종속되다

doxa (참된) 의견

dran 행하다

dynamis 능력

dynastēs 권력자

dysmatheia 우둔함

echthra 원수짐

echthros 원수

eidōlon 모상

eidos 형상

eikazein 대충 짐작하다

eikotōs 합당하게

eirēnē 평화

ekballein 축출하다

ekbarbaroun 야만스럽게 만들다

ekbolē 추방

elenchein 논박하다

elenchos 검토

eleutheria 자유

eleutheros 자유로운

eleutheroun 자유롭게 만들다

elpis 기대감

embrithēs 중후한

emmelōs 적절하게

emmetros 적정한

empeiria 경험

empeiros 경험한

empeirōs echein 겪어 보다

emphrōn 분별 (있는)

emporos 무역상

enargēs 확실하게

endeixis 암시

entimos 존귀한

ephoros 감독관

epicheirēsis 시도

epieikēs 올곧은

epilanthanein 잊다

epimeleia 돌봄

epimeleisthai 돌보다

epistellein 편지를 보내다

epistēmē 앎

epistolē 당부

epitēdeios 친구

epitēdeuma 제도

epithymia 욕구

epōidē 주문(呪文)

epopteuein 특별한 비밀의식에 참여
하다

eran 갈망하다

erēmia 고립

ergon 실제 행동

erōs 사랑

errōsthai 강건하다

eskatos 가장자리

ēthos 성품

eu prattein 잘 지내다

euchē 기도(祈禱)

euchesthai 기도(祈禱)하다

eudaimōn 행복한

eudaimonisma 행복이라 여겨지는
것

euelenktos (쉽게) 논박되는

euergesia 환대

eumatheia 쉬 배우는 능력

eumenēs 호의를 품은

eunoia 성의

eunouchos 환관

euōchia kai potos 질탕 먹고 마시는
것

euschēmōn 적절한

euschēmosynē 좋은 모양새

eutychein 행운이 있다

eutychēs 행운

exaiphnēs 갑자기

exelenchein 검토하다

exousia 특권

genesis 존재

geōmetrein 기하학 공부

gnōrimoi 아는 사람들

gnoston 앎의 대상

grammasis 글

grammata 글

graphein 글로 옮겨 내다

graphteos 글로 옮길 수 있는

hamartēmata 잘못

harpazein 낚아채다

hēdonē 쾌락

hēgemōn 지배자

hekōn 자발적인

hēsychia 평온

hetaireia 동지애

hetairos 동지

hēxis 상태

hikanos 유능한

hippeus 기병

hoi dianeimamenoi 분배자들

hoi misthophoroi 용병

hoi polloi 대중

homoiotēs 유사성

homologia 합의

homonoein 뜻을 같이 하다

homophradmōn 한결같은

hoplitēs 중무장 보병

hopoios (peri) (…에 관해) 어떤 태도
　　를 갖다

hosios 경건한

hybris 오만

hybrisma 경멸

hygieia 건강

hygiēs 건전한

hyperballōn 과도한

hyperbolē 도가 넘침

hypeuthynos 책임을 지는

hypomnēma 기억해 내기 위한 수단

hyposchesis 약속

iatreuein 의사 노릇을 하다

iatros 의사

idios 사적(私的)인

isonomia 법적 평등

isonomou 평등한

isos (거리가) 같은

kairos 호기

kakēgorein 비난하다

kakia 악

kakos 사악한

kakos 악

kalos 아름다운

kata kairon 시의적절한

kata physin 자연적으로

kataphronēsis 경멸감

katoikizein 건설하다

kēpōs 궁정

kerdos 이익

koina 공적활동

koinōnein 협력하다

koinōnia 친교

koinos 공동의

kompsos 고상한

kratein 주도권을 잡다

kreissōn 초인간적인 힘

krisis 판결

kyklos 원 (자체)

kyrios 권위 있는

legein 말로 옮기다

lēthē 망각

logismos 생각

logizesthai 추론하다

logos 말

lykophilia 늑대의 우정

machē 투쟁

makariotēs 축복

malthakizesthai 낙담하다

manthanein 배우다

martys 증인

mathēma 배울 것

megaloprepeia 호방함

memphesthai 힐난하다

meson 중심

metaballein 탈바꿈하다

metabolē 혁명

metastasis 이주

metochos 동참하는

metrios 적당한

misein 증오

mnēmē 기억력

moira 운명

monarchia 일인정

monarchos 1인 군주

myein 같은 종교에 입문하다

mythologein 이야기를 들려주다

mythos 이야기

nenoemenon 생각한 것

neōi 젊은이들

nikē 승리

noein 사고하다

noēsis 생각

nomophylax 법 수호자

nomos 법(률)

nomothetēs 입법가

nous 사려

nyn 이생

oikeioi 친척

oiōnos 새점(鳥占)

oligarchia 과두정

oninanai 도움이 되다

onoma 이름

onta (참으로) 있는 것(들)

ōphelein 도움을 주다

ōphelia 덕

ophelos 이로움

opsis 시각

orthos 올바른

othneios 이방에서 온 사람들

ouranos 하늘

ousia 실재

oxys 명민한

paideia 교육

paidia 쾌활함

palinōidia 팔리노이디아

panagathos 아주 좋은

pankakos 아주 나쁜

paragignesthai 생기다

parakalein 영입하다

parakoa 귀동냥한 것

parakouein 귀동냥하다

parakousma 귀동냥한 소리

paranomos 불법적인

pathēma 수동적인 것

patris 조국

peira 시험

peirasthai 노력하다

peithos 설득

penēs 가난뱅이

perilambanein 포획하다

phaneros 명백한

pharmakon 치유책

phaulos 못난

philehhēn 그리스를 사랑하는 사람

philia 우정

philonikia 야심

philos 친구

philosophein 지혜를 발휘하려 애쓰다

philosophia 지혜 사랑

philosophos 지혜를 사랑하는

philosophos 철학자

philotēs 우애

philotimia 열망

philotimos 명예욕이 강한

phobos 공포

phōnē 소리

phōnē 목소리

phōs 불빛

phrēn 분별

phronēsis 분별(력)

phthonos 질투심

phygē 추방

physis 본성

planos 여담

plastos 작위적인

plousios 부유한

ploutos 부(富)

poiein 행하다

poiēma 시

poiētēs 시인

polemikos 전쟁의

polemios 적

polemos 전쟁

polis 나라

politeia 정치체제

politēs 시민

ponēros 사악한

ponos 노고

pragma 수행

prattein 행하다

praxis 행위

progonos 선조

prooimion 서문

prosagoreuein 인사말을 하다

prosēkein 마땅하다

prosēkōn 응분의

prosphyēs 본성적으로 속하는

prosrēsis 인사말

prothymeisthai 열망하다

prothymia 심정적 공감

psēphisma 법령

pseudesthai 거짓말을 하다

pseudos 거짓

psychē 영혼

pyr 불꽃

rhaithymian 우유부단

rhēma 술어

rhētos 말로 옮길 수 있는

rhmē 힘

rhnnynai 건강하다

saphēs 분명한

schēma 형태

sēmainein 드러내다

semnos 신묘한

skeuazos 인공적인

smikteron kai meizon 더도 덜도

sōma 육체

sophia 지혜

sophos 지혜롭다

sōphrōn 사려 깊은

sōtēr 구세주

sōtēria 안녕

sōtērios 안정을 위한

sōzein 구원하다

sphagē 살육

spoudaios 진지한

spoudazein 마음을 쓰다

spoudē 진지함

stasis 파벌 싸움

symbolon 징표

symboulē 조언

symbouleuein 조언하다

symboulos 조언자

sympherōn 유익한

syngeneia 인척관계

syngenēs 친족 간인

syngignesthai 함께 지내다

syngramma 저술

synousia 교유

syntateon 매진해야 하다

synteinein 매진하다
synthēkē 협약
syzēn 공동생활
ta poleōs pragmata 국사
ta politika 나랏일
ta tēs poleōs pragmata 나랏일
ta tōn idiōtōn 개인생활
ta tōn nomōn grammata 성문법
t'alēthē 진실
technē 기술
theia tis tychē 행운의 신
theios 신적인
theos 신
therapeutikos 돌봄을 베풀 줄 아는
    정신을 가진
thesmos 규정
timan 존중하다
timē 명예
timōria 보복
to poion ti 어떠어떠함
to ti 무엇임
tolma 용기
tragōdopoios 비극시인
trephein 길러내다
tribē 연마
triērēs 삼단노선
trophē 양육
trophē hē kata hēmeran 생활 양식
tropos 성품

tryphē 방종
tychē 행운
tyranneuein 참주이다
tyrannikon 참주파
tyrannis 참주정
tyrannos 참주
xenia 선린
xenikos 친구로서의
xenios 우정
xenizein 향응을 즐기다
xenophonōn 손님을 살해한 자
xenos 외지 친구
zēmia 위해
zētein 찾다

고유명사

옮긴이의 말

『편지들』의 번역 작업이 시작된 것은 지난 2004년의 일이다. 그해 초 동계 집중 독회가 열린 횡성 학당에서 여러 사람의 관심 대상인 『일곱째 편지』를 함께 읽었고, 서울로 돌아온 후에도 계속 만나 나머지 편지들을 읽었다. 그 이듬해에 『소크라테스 이전 철학자들의 단편 선집』이 출간되고 후속 작업으로 『플라톤 전집』이 기획되면서 독회 초고의 대부분을 만들었던 우리 세 사람이 자연스럽게 번역의 책임을 맡게 되었다. 2008년 초 횡성에서 다시 집중 독회를 열어 편지 전체를 학당 구성원들이 함께 읽고 토론하면서 초고를 새로 다듬었는데, 이때도 역시 작업은 서울에까지 이어졌다. 두 번째 작업은 강철웅이 케임브리지에 가 있는 사이에 진행되었기에 생각만큼 속도를 붙이기 어려웠다. 결국 예정보다 반 년 이상 늦은 지금에서야 비로소 옮긴이들과 다른 모든 정암학당 구성원들의 노고가 결실을 보게 되었다.

옮긴이들은 플라톤 해석의 방향, 번역의 태도와 방식 등에서 서로 미세한 차이를 갖고 있지만, 플라톤『편지들』의 원전 번역을 국내에서 처음으로 내놓는 일을 함께 진행하면서 서로의 힘을 북돋고 냉철한 비판 못지않게 합의의 정신을 발휘하는 데 조금도 망설임이 없었다고 자부한다. 여기 내놓는 작업의 주요 부분들은 다음과 같이 분담되어 이루어졌다.

- 작품 내용 요약: 강철웅
- 본문과 주석
  - 『첫째 편지』,『둘째 편지』,『일곱째 편지』후반부(337e ~ 끝): 김주일
  - 『셋째 편지』,『일곱째 편지』전반부(처음 ~ 337e): 이정호
  - 『넷째 편지』~『여섯째 편지』,『여덟째 편지』~『열셋째 편지』: 강철웅
- 작품 안내: 강철웅
- 부록
  - 『일곱째 편지』에 관하여: 김주일
  - 플라톤의 생애: 이정호

힘든 작업을 마치고 나니, 좀 더 시간을 두고 음미했으면 좋겠

다는 아쉬움과 그래도 큰 고비를 하나 넘겼다는 안도감이 교차한다. 플라톤의 작품들을 하나하나 번역해 나갈 때마다 플라톤에 대한 이해 못지않게 번역하는 사람 자신들도 부쩍 커 가는 느낌이다. 플라톤이 『편지들』에서 지혜에 대한 사랑은 자신의 삶을 바쳐 문자와 씨름하고 다른 사람들과 대화하는 과정에서 불현듯 빛을 발한다고 했듯이 우리 옮긴이들의 노력도 글자로만 남지 않고 우리의 영혼에 아로새겨지고 있는 중이라고 믿고 싶다.

이 번역서에 칭찬받을 만한 대목이 있다면, 그것은 이악스런 세상에 지혜에 대한 사랑 하나로 모여 서로를 키워 주는 정암학당의 동료, 선후배 연구자들의 몫이고, 흠결이 있다면, 옮긴이들의 몫이다. 이 책을 기다려 온 독자 여러분의 아낌없는 비판과 질정을 바란다.

2009년 3월 옮긴이 일동

사단법인 정암학당을 후원해 주시는 분들

정암학당의 연구와 역주서 발간 사업은 연구자들의 노력과 시민들의 귀한 뜻이 모여 이루어집니다. 학당의 모든 연구는 시민들의 자발적인 후원을 바탕으로 하기 때문입니다. 그 결실을 담은 '정암고전총서'는 연구자와 시민의 연대가 만들어 내는 고전 번역 운동의 산물이라고 할 수 있습니다. 이 같은 학술 운동의 역사적 의미를 기리고자 이 사업에 참여한 후원회원 한 분 한 분의 정성을 이 책에 기록합니다.

평생후원회원

Alexandros Kwanghae Park	강대진	강상진	강선자	강성훈	강순전	강창보
강철웅	고재희	권세혁	기종석	길명근	김경랑	김경현	김기영	김남두
김대오	김미성	김미옥	김상기	김상수	김상욱	김상현	김석언	김석준
김선희(58)	김성환	김숙자	김영균	김영일	김운찬	김 율	김은자	김인곤
김재홍	김정락	김정란	김정례	김정명	김정신	김주일	김진성	김진식
김출곤	김 헌	김현래	김현주	김혜경	김효미	류한형	문성민	문수영
문종철	박계형	박금순	박금옥	박명준	박병복	박복득	박상태	박선미
박세호	박승찬	박윤재	박정수	박정하	박종철	박진우	박창국	박태일
박현우	반채환	배인숙	백도형	백영경	변우희	서광복	서 명	설현석
성중모	손병석	손윤락	손효주	송경순	송대현	송성근	송유레	송정화
신성우	심재경	안성희	안 욱	안재원	안정옥	양문흠	양호영	여재훈
염수균	오지은	오흥식	유익재	유재민	유태권	유 혁	윤나다	윤신중
은규호	이기백	이기석	이기연	이기용	이두희	이명호	이민정	이상구
이상원	이상익	이상인	이상희(69)	이상희(82)	이석호	이수미	이순이	이순정
이승재	이영원	이영호(48)	이영환	이옥심	이용술	이용재	이용철	이원제
이원혁	이유인	이은미	이임순	이재경	이정선(71)	이정선(75)	이정숙	이정식
이정호	이종환(71)	이종환(75)	이주형	이지수	이 진	이창우	이창연	이창원
이충원	이춘매	이태수	이태호	이필렬	이향섭	이향자	이현숙	이황희
이현임	임대윤	임보경	임성진	임연정	장경란	장동익	장미성	장영식
전국경	전병환	전헌상	전호근	정선빈	정세환	정순희	정연교	정 일
정정진	정제문	정준영(63)	정준영(64)	정태흡	정해남	정흥교	정희영	조광제
조대호	조병훈	조익순	지도영	차기태	차미영	최 미	최세용	최수영
최병철	최영임	최영환	최운규	최원배	최윤정(77)	최은영	최인규	최지호
최 화	표경태	풍광섭	하선규	하성권	한경자	한명희	허남진	허선순
허성도	허영현	허용우	허정환	허지원	홍순정	홍 훈	황규빈	황희철
나와우리〈책방이음〉			도미니코 수도회		도바세	방송대문교소담터스터디
방송대영문과07 학번미아팀			법률사무소 큰숲		부북스출판사(신현부)	
생각과느낌 정신건강의학과			이제이북스		카페 벨라온	

개인 223, 단체 10, 총 233

후원위원

강승민	강용란	강진숙	강태형	고명선	곽삼근	곽성순	김경원	길양란
김대권	김명희	김미란	김미선	김미향	김백현	김병연	김복희	김상봉
김성민	김성윤	김수복	김순희(1)	김승우	김양희(1)	김양희(2)	김애란	김영란
김용배	김윤선	김정현	김지수(62)	김진숙(72)	김현재	김형준	김형희	김희대
맹국재	문영희	박미라	박수영	박우진	백선옥	사공엽	서도식	성민주
손창인	손혜민	송봉근	송상호	송순아	송연화	송찬섭	신미경	신성은
신재순	심명은	엄윤경	오현주	오현주(62)	우현정	원해자	유미소	유효경
윤정혜	이경진	이광영	이명옥	이봉규	이봉철	이선순	이선희	이수민
이수은	이승목	이승준	이신자	이재환	이정민	이주완	이지희	이진희
이평순	이한주	임경미	임우식	장세백	전일순	정삼아	정선빈	정현석
조동제	조문숙	조민아	조백현	조범규	조성덕	조정희	조준호	조진희
조태현	주은영	천병희	최광호	최세실리아		최승렬	최승아	최정옥
최효임	한대규	허 민	홍순혁	홍은규	홍정수	황정숙	황훈성	

정암학당1년후원

문교경기〈처음처럼〉	문교수원3학년학생회	문교안양학생회
문교경기8대학생회	문교경기총동문회	문교대전충남학생회
문교베스트스터디	문교부산지역7기동문회	문교부산지역학우일동(2018)
문교안양학습관	문교인천동문회	문교인천지역학생회
방송대동아리〈아노도스〉	방송대동아리〈예사모〉	방송대동아리〈프로네시스〉
사가독서회		

개인 116, 단체 16, 총 132

후원회원

강경훈	강경희	강규태	강보슬	강상훈	강선옥	강성만	강성식	강성심
강신은	강유선	강은미	강은정	강임향	강주완	강창조	강 항	강희석
고경효	고복미	고숙자	고승재	고창수	고효순	곽범환	곽수미	구본호
구익희	권 강	권동명	권미영	권성철	권순복	권순자	권오성	권오영
권용석	권원만	권장용	권정화	권해명	김경미	김경원	김경화	김광석
김광성	김광택	김광호	김귀녀	김귀종	김길화	김나경(69)	김나경(71)	김남구
김대겸	김대훈	김동근	김동찬	김두훈	김 들	김래영	김명주(1)	김명주(2)
김명하	김명화	김명희(63)	김문성	김미경(61)	김미경(63)	김미숙	김미정	김미형
김민경	김민웅	김민주	김범석	김병수	김병옥	김보라미	김봉습	김비단결
김선규	김선민	김선희(66)	김성곤	김성기	김성은(1)	김성은(2)	김세은	김세원
김세진	김수진	김수환	김순금	김순옥	김순호	김순희(2)	김시형	김신태
김승원	김아영	김양식	김영선	김영숙(1)	김영숙(2)	김영순	김영애	김영준
김옥경	김옥주	김용술	김용한	김용희	김유석	김유순	김은미	김은심
김은정	김은주	김은파	김인식	김인애	김인욱	김인자	김일학	김정식
김정현	김정현(96)	김정화	김정훈	김정희	김종태	김종호	김종희	김주미

김중우 김지수(2) 김지애 김지유 김지은 김진숙(71) 김진태 김철한 김태식
김태욱 김태헌 김태희 김평화 김하윤 김한기 김현규 김현숙(61) 김현숙(72)
김현우 김현정 김현철 김형규 김형전 김혜숙(53) 김혜숙(60) 김혜원 김혜자
김혜정 김흥명 김흥일 김희경 김희성 김희준 나의열 나춘화 남수빈
남영우 남원일 남지연 남진애 노마리아 노미경 노선이 노성숙 노혜경
도종관 도진경 도진해 류다현 류동춘 류미희 류시운 류연옥 류점용
류종덕 류진선 모영진 문경남 문상흠 문영식 문정숙 문종선 문준혁
문찬혁 문행자 민 영 민용기 민중근 민해정 박경남 박경수 박경숙
박경애 박귀자 박규철 박다연 박대길 박동심 박명화 박문영 박문형
박미경 박미숙(67) 박미숙(71) 박미자 박미정 박배민 박보경 박상선 박상준
박선대 박선희 박성기 박소운 박순주 박순희 박승억 박연숙 박영찬
박영호 박옥선 박원대 박원자 박윤하 박재준 박정서 박정오 박정주
박정은 박정희 박종례 박종민 박주현 박준용 박지영(58) 박지영(73) 박지희
박진만 박진현 박진희 박찬수 박찬은 박춘례 박한종 박해윤 박헌민
박현숙 박현자 박현정 박현철 박형전 박혜숙 박홍기 박희열 반덕진
배기완 배수영 배영지 배제성 배효선 백기자 백선영 백수영 백승찬
백애숙 백현우 변은섭 봉성용 서강민 서경식 서동주 서두원 서민정
서범준 서승일 서영식 서옥희 서용심 서월순 서정원 서지희 서창립
서회자 서희승 석현주 설진철 성 염 성윤수 성지영 소도영 소병문
소선자 손금성 손금화 손동철 손민석 손상현 손정수 손지아 손태현
손혜정 송금숙 송기섭 송명화 송미희 송복순 송석현 송염만 송요중
송원욱 송원희 송유철 송인애 송태욱 송효정 신경원 신기동 신명우
신민주 신성호 신영미 신용균 신정애 신지영 신혜경 심경옥 심복섭
심은미 심은애 심정숙 심준보 심희정 안건형 안경화 안미희 안숙현
안영숙 안정숙 안정순 안진구 안진숙 안화숙 안혜정 안희경 안희돈
양경엽 양미선 양병만 양선경 양세규 양예진 양지연 엄순영 오명순
오서영 오승연 오신명 오영수 오영순 오유석 오은영 오진세 오창진
오혁진 옥명희 온정민 왕현주 우남권 우 람 우병권 우은주 우지호
원만희 유두신 유미애 유성경 유정원 유 철 유향숙 유형수 유희선
윤경숙 윤경자 윤선애 윤수홍 윤여훈 윤영미 윤영선 윤영이 윤 옥
윤은경 윤재은 윤정만 윤혜영 윤혜진 이건호 이경남(1) 이경남(72) 이경미
이경선 이경아 이경옥 이경원 이경자 이경희 이관호 이광로 이광석
이군무 이궁훈 이권주 이나영 이다영 이덕제 이동래 이동조 이동춘
이명란 이명순 이미란 이미옥 이민숙 이병태 이복희 이상규 이상래
이상봉 이상선 이상훈 이선민 이선이 이성은 이성준 이성호 이성훈
이성희 이세준 이소영 이소정 이수경 이수련 이숙희 이순옥 이승훈
이시현 이아람 이양미 이연희 이영숙 이영실 이영애 이영철 이영호(43)
이옥경 이용숙 이용웅 이용찬 이용태 이원용 이윤주 이윤철 이은규
이은심 이은정 이은주 이이숙 이인순 이재현 이정빈 이정석 이정선(68)

▌옮긴이

강철웅

서울대 철학과를 졸업하고 플라톤 인식론 연구로 석사학위를, 파르메니데스 단편 연구로 박사학위를 받았으며, 하버드대 철학과에서 박사논문 연구를, 케임브리지대 고전학부에서 기원전 1세기 아카데미 철학을 주제로 박사후 연수를 수행했다. 미 국무부 초청 풀브라이트 학자로 보스턴 칼리지 철학과에서 활동했고, 현재 강릉원주대 철학과 교수로 있다. 저서로는 『설득과 비판: 초기 희랍의 철학 담론 전통』(제29회 열암철학상), 『서양고대철학 1』(공저), 역서로는 『소크라테스 이전 철학자들의 단편 선집』(공역), 『소크라테스의 변명』, 『뤼시스』, 『향연』, 『법률』(공역), 『편지들』(공역), 『민주주의의 수수께끼』(공역) 등이 있다.

김주일

성균관대학교에서 플라톤과 파르메니데스 철학의 관계에 대한 주제로 박사학위를 받았다. 현재 성균관대학교와 군산대학교에 출강하며 그리스 로마 고전 연구소인 정암학당의 학당장으로 있다. 저서로는 『소크라테스는 악법도 법이라고 말하지 않았다. 그럼 누가?』, 『서양고대철학 1』(공저)이 있고, 역서로는 『소크라테스 이전 철학자들의 단편선집』(공역), 플라톤의 『에우튀데모스』, 『파이드로스』, 『편지들』(공역), 『알키비아데스 1, 2』(공역), 『법률』(공역) 등이 있다.

이정호

한국방송통신대학교 문화교양학과 교수로 재직하다 정년퇴임하였다. 현재 그리스 로마 원전을 연구하는 사단법인 정암학당 이사장으로 있다.

정암고전총서는 정암학당과 아카넷이 공동으로 펼치는 고전 번역 사업입니다.
고전의 지혜를 공유하여 현재를 비판하고 미래를 내다보는 안목을 키우는
문화적 기반을 마련하고자 합니다.

정암고전총서 플라톤 전집

편지들

1판 1쇄 찍음 2021년 3월 19일
1판 1쇄 펴냄 2021년 4월 2일

지은이 플라톤
옮긴이 강철웅 · 김주일 · 이정호
펴낸이 김정호
펴낸곳 아카넷

출판등록 2000년 1월 24일(제406-2000-000012호)
주소 10881 경기도 파주시 회동길 445-3 2층
전화 031-955-9511(편집) · 031-955-9514(주문)
팩스 031-955-9519
www.acanet.co.kr

© 강철웅 · 김주일 · 이정호, 2021

Printed in Paju, Korea.

ISBN 978-89-5733-727-1 94160
ISBN 978-89-5733-634-2 (세트)